权威·前沿·原创

皮书系列为
"十二五""十三五"国家重点图书出版规划项目

中国驾培行业发展报告
（2018）

ANNUAL REPORT ON CHINA'S DRIVER TRAINING INDUSTRY
(2018)

主　编／刘治国　刘伟俊
副主编／胡小婧　刘文海　熊燕舞

社会科学文献出版社
SOCIAL SCIENCES ACADEMIC PRESS (CHINA)

图书在版编目(CIP)数据

中国驾培行业发展报告.2018 / 刘治国, 刘伟俊主编. -- 北京：社会科学文献出版社, 2018.5
（驾培行业蓝皮书）
ISBN 978-7-5201-2738-7

Ⅰ.①中… Ⅱ.①刘…②刘… Ⅲ.①汽车驾驶员－培训－研究报告－中国－2018 Ⅳ.①U471.3

中国版本图书馆CIP数据核字（2018）第083813号

驾培行业蓝皮书

中国驾培行业发展报告（2018）

主 编 / 刘治国 刘伟俊
副 主 编 / 胡小婧 刘文海 熊燕舞

出 版 人 / 谢寿光
项目统筹 / 陈凤玲 田 康
责任编辑 / 田 康 关少华 宋淑洁

出 版 / 社会科学文献出版社·经济与管理分社（010）59367226
地址：北京市北三环中路甲29号院华龙大厦 邮编：100029
网址：www.ssap.com.cn

发 行 / 市场营销中心（010）59367081 59367018
印 装 / 三河市东方印刷有限公司

规 格 / 开 本：787mm×1092mm 1/16
印 张：16.75 字 数：247千字

版 次 / 2018年5月第1版 2018年5月第1次印刷
书 号 / ISBN 978-7-5201-2738-7
定 价 / 119.00元

皮书序列号 / PSN B-2018-710-1/1

本书如有印装质量问题，请与读者服务中心（010-59367028）联系

▲ 版权所有 翻印必究

《中国驾培行业发展报告（2018）》编委会

主　　　编　　刘治国　中国交通运输协会驾校联合会秘书长
　　　　　　　　　刘伟俊　趣学车创始人 & CEO
　　　　　　　　　　　　　趣学车安全驾驶研究院院长
副　主　编　　胡小婧　趣学车安全驾驶研究院总研究员
　　　　　　　　　刘文海　趣学车安全驾驶研究院执行院长
　　　　　　　　　熊燕舞　交通运输科学研究院高级工程师
　　　　　　　　　　　　　交通运输科技传媒有限公司总编
编委会成员　（按姓氏拼音排序）
　　　　　　　　　董　强　长征驾校集团董事长
　　　　　　　　　冯晓乐　中国交通运输协会驾校联合会专家委员会主任
　　　　　　　　　黄英伟　中国社会科学院经济研究所副研究员
　　　　　　　　　姜占峰　人民交通出版社股份有限公司信息技术总监
　　　　　　　　　刘　彬　趣学车合作经理
　　　　　　　　　刘　阔　趣学车产品经理
　　　　　　　　　刘昌奎　趣学车产品经理
　　　　　　　　　聂　品　趣学车合作经理
　　　　　　　　　秦　磊　趣学车安全驾驶研究院资本 & 战略研究员
　　　　　　　　　王　萍　趣学车安全驾驶研究院市场营销研究员
　　　　　　　　　谢连康　趣学车高级合作经理
　　　　　　　　　袁　哲　上海财经大学商学院助理教授
　　　　　　　　　张泽涛　趣学车安全驾驶研究院技术 & 产品研究员
　　　　　　　　　赵兵兵　趣学车合作经理
　　　　　　　　　钟鸿峰　趣学车市场经理

序一

中国机动车驾驶培训行业的 2017 年，可谓风起云涌、风云变幻。随着新一轮驾培驾考改革[①]三年行动期的深入展开和驾培行业"放管服"[②]的积极推进，驾培行业的市场化进程正在加速。

一方面，市场的需求侧发生了重大的变化，学员愈加年轻化，需求更加个性化，刚刚年满 18 岁的"千禧后"学员纷纷走入驾校学习驾驶技能；伴随消费结构的变化，消费升级也正在驾驶培训（以下简称驾培）市场悄然兴起，人们开始重视实用的驾驶技能，更加关注心理和安全的需要。另一方面，驾培市场的供给侧也在发生着深刻的演变，驾校数量不断增多，许多驾校原有的市场份额不断被蚕食下降，产能闲置率进一步上升。驾培行业进入微利时代，一些驾校开始亏损、转让、倒闭，也有一些驾校开始主动或被动地进行区域整合，驾校的集约化、品牌化进程开始加速，市场从分散开始走向集中。

更为重要的是，驾培行业的市场需求增速已经见顶。公安部交通管理局统计数据显示：截至 2017 年底，全国机动车保有量达 3.10 亿辆，其中汽车 2.17 亿辆；机动车驾驶人达 3.85 亿人，其中汽车驾驶人 3.42 亿人，新增驾驶人 3054 万人。而 2015 年、2016 年全年新增驾驶人分别为 3613 万、3314 万人，呈逐年下降趋势。这说明，驾培市场的高速发展时期已近尾声。新时代，驾

[①] 指 2015 年 12 月 10 日，国务院发布《国务院办公厅转发公安部交通运输部关于推进机动车驾驶人培训考试制度改革意见的通知》（国办发〔2015〕88 号）。

[②] "放"即简政放权，降低准入门槛。"管"即公正监管，促进公平竞争。"服"即高效服务，营造便利环境。

培行业的发展必须转型升级为高质量的发展,更好地满足人民群众日益增长的对美好生活(安全出行)的需要。

驾培市场的转型升级成果,具体体现在以下三个方面。

第一,从"数量竞争"转向"质量竞争"。如果说,在高速增长阶段,招更多的生源是驾校的利润源泉,主要任务是实现"数量追赶"的话,那么,进入高质量发展阶段,提高教学服务质量、运营效率等"质量缺口"就是驾校发展的潜力所在,主要任务则是实现"质量追赶",优质优价,显著增强驾校的单个学员利润贡献率,不能再"有量没有价、赔本赚吆喝"。

第二,从"规模扩张"转向"结构优化"。在高速增长阶段,驾校发展主要依靠产能的规模扩张:扩场地、增车辆、要考试指标。但随着学车需求达到历史需求峰值,像过去那样的大规模产能扩张的路子越来越走不下去,必须从"外延式铺摊子"为主转向"内涵式上台阶"为主的发展模式,着力练内功、提升价值链和附加值,去掉过剩的低端产能,推动产业迈向中高端水平。从"大而全"转向"精而特",不仅要从低质低价转向高质优价,以满足驾培市场消费升级对安全驾驶素质教育的需求,而且要从低效领域转移到高效领域,通过精细化管理不断提高资源配置效率。

第三,从"要素驱动"转向"创新驱动"。随着近年来我国学车适龄人口地逐年减少,"数量红利"正在消失,支撑驾培行业发展的主要驱动力已由训练场地、车辆、资金要素大规模高强度投入,转向管理创新、服务创新、营销创新提升带来的"乘数效应"。因此,必须把创新作为第一动力,依靠人力资本投资,向管理要效益,不断增强驾校的创新力和竞争力。

中国驾培行业的有识之士和领军企业已经付诸行动和做出努力:行业经营者有的进行标准化管理,努力提升教学服务质量、打造区域品牌;有的创新教学模式,引进机器人辅助教学设备,尝试进行换轮胎、汽车自燃灭火自救等驾驶技能教育;有的推出一站式感动服务,力争让每位学员都高度满意;有的开展品牌营销,融入当地社区主动做市场沟通;也有的开展特许品牌经营,打造驾校连锁企业;还有的开启资本扩张,加快全国市场战略布局……纵观充分市场化行业的发展历程,从无序到有序,从分散到集中,是一种不可逆转的趋势。而行业整合，市场集中度的提升无不是伴随着一系列的并购重组。通过拥抱资本、产权交易、合并重组，转型升级为跨区域、跨行业、互联网化的现代驾培集团，延伸产业链，形成规模效应，不失为良策。

市场是有效的资源配置手段。在市场这双无形之手的引导下，驾培市场的活力已经被进一步激发出来：市场竞争加剧，价格战此起彼伏；驾培行业的服务质量也大幅提升，教练员主动吃拿卡要现象基本绝迹；学员的满意度和社会评价逐步提高，2018年驾培行业第一次站上春晚舞台。

然而，驾培行业是一个特殊的教育培训行业，既有市场属性，又有教育属性。驾校是安全文明驾驶的源头，是培养机动车驾驶人安全意识和驾驶技能的主要阵地，交通安全人命关天、事关全社会。《国务院安全生产委员会关于印发道路交通安全"十三五"规划的通知》（安委〔2017〕5号）要求："提升驾驶人交通安全意识和驾驶技能。全面落实驾驶培训考试制度改革各项措施，改进驾驶人培训教育模式，强化驾驶人安全意识和良好驾驶习惯养成。"2018年3月5日，第十三届全国政协副主席、交通运输部党组书记杨传堂做客中央电视台时指出："在谋划交通强国时，将努力体现'四个零'①的理念。"其中"零死亡"就是通过技术进步和管理创新，大幅降低交通事故发生率，让出行更安全。在日本、德国、奥地利等驾培行业监管严格的国家，驾培在降低交通事故死亡率的过程中功不可没。今天，我国的驾培人更是责任重大、使命光荣。

日本等发达国家综合运用驾培行业"市场"这双无形之手与"监管"这双有形之手，是值得驾培从业者们借鉴的成功经验。凡是采用了这两种手段的地方，既通过自由的市场促进了驾培行业高质量的发展，同时又通过管理更加有效地利用了一切市场资源。因此，在驾培行业市场化的过程中，"放管

---

① 交通强国"四个零"理念指："零距离"换乘，各种运输方式空间上与时间上的"零距离"，让出行更方便更愉快；"零排放"，燃油运输装备将逐步退出历史舞台，新能源运输装备将逐步成为主流，绿色出行成为常态，建成更高水平的环境友好、资源节约的绿色交通；"零死亡"，通过技术进步和管理创新，大幅降低交通事故发生率，让出行更安全；"零库存"，打造现代化的物流体系，运输装备将成为移动的仓库，物流的中间环节将大幅减少，物流效率大幅提升。

服"政策齐头并进，对驾培市场的健康发展非常关键。如果某些环节缺位，很可能导致市场失灵，无法实现资源的最优配置和社会责任的有效担当。例如，对驾培驾考监管平台不能无缝对接；对黑驾培[①]和互联网黑中介无法有效打击；对恶性价格战的治理引导不力，都可能导致驾培市场畸形发展。目前，一些地区业已出现"劣币驱逐良币"的现象：学费低于正常成本价；减工减料、低进高出时有发生；规范的干不过不规范的；正规驾校干不过黑驾培……

再加上近两年来，无人驾驶技术从理念转向应用等市场环境挑战增多，驾校经营态势发生了重大变化，行业发展进入拐点阶段。"行业走向哪里？如何走出一条新驾培之路？行业美誉度如何塑造？行业品牌如何崛起？"这些问题成为亟须业内人士研究的课题，除此之外，更是社会对行业认同的观察和考验。行业是否良性发展、行业形象的好坏，将直接影响社会对行业的评判与支持程度，关系到行业能否再次蓬勃发展。

2018年，是我国驾培行业发展历史上的重要节点，是驾培驾考改革三年行动期的收官之年，是行业发展新旧动能转换的关键时期。基于此，在中国交通运输协会驾校联合会和趣学车安全驾驶研究院的努力下，在青岛市道路运输管理局等交通运输管理部门的支持下，在《2017驾培行业发展蓝皮书》的基础上，我们深入开展调查、研究，在充分收集数据资料的基础上进行客观分析，重点挖掘行业发展的核心价值，分析诸多驾校的特色发展案例和模式，深入把握行业脉搏，并在此基础上做出展望和预测。我们努力使这本书成为一部较为全面、系统、翔实、权威和具有参考意义的公益性行业研究报告，同时展现给行业参与者、研究部门、政府机构和社会公众一个千姿百态的中国驾培行业发展画卷。

"欲成就行业品牌，先打造品牌行业。""驾培行业蓝皮书"旨在展现行业发展演变，集中行业思想智慧，塑造品牌行业，提升行业整体形象，探索行业未来发展之路。希望本蓝皮书成为社会了解中国驾培行业动态的重要窗口，

---

① "黑驾培"泛指非法的驾驶员培训机构。

成为驾校经营管理者了解驾培市场变化和趋势的重要渠道。同时供从业者之间拓宽思路、取长补短，成为行业同仁了解行业宏观发展与微观运营的重要共享平台。

每一个事件都值得思考，每一次变革都值得期待，每一步进化都值得总结。中国交通运输协会驾校联合会联合趣学车安全驾驶研究院一起编写本书，编写组成员多次讨论，反复修改，尽力去"做对"，更希望能"做好"。然而，限于时间、能力和篇幅，有些驾校、事迹、案例、数据有遗漏，这些遗漏会对行业发展趋势预判的精准性有所影响，为此深感惭愧。恳请广大读者包涵本书的不足，提出宝贵意见，明年我们将更加努力，将蓝皮书准备得更充分。

刘治国

2018 年 4 月 18 日

序二

2017年5月，中国交通运输协会驾校联合会联合趣学车安全驾驶研究院，共同出版了全国首部驾培行业蓝皮书——《2017驾培行业发展蓝皮书》。在蓝皮书发布会上，一位校长握着我的手说，经营驾校20年，驾培行业终于有了第一本蓝皮书，终于对驾培行业有了既高屋建瓴又清晰完整的认识。受宠若惊之余，我深深感受到，趣学车肩负着"为驾培行业创造价值"的重担，内心又增添了一份期待与力量。

作为在驾培行业耕耘的一分子，趣学车自成立以来，一直以"让天下没有难考的驾照，成为马路杀手的杀手"为使命，用互联网软件信息化手段来解决学员的显性痛点。随着业务的推进，对行业的了解和参与度进一步加深，发现在学员的显性痛点背后，驾校也有着强烈的隐性痛点：产能过剩、运营成本提高、价格战、品类品牌缺失、资本参与度低、信息化程度不足、管理难度大……学员在抱怨，驾校校长和教练同样也在迷茫、在阵痛，这是整个行业的痛。因此，趣学车的战略定位越来越明确，我们不仅要解决学员痛点，更要做优秀驾校校长的好朋友，帮助传统驾校实现品牌化、规模化、互联网信息化、服务标准化、用户粉丝化和资产证券化。

在趣学车探索最优商业模式的过程中，我们找遍了市面上关于驾培行业的研究报告，甚至花重金向咨询公司购买。但是，这些报告只是把碎片化的信息杂糅在一起，既不成体系，又缺少对行业客观、有价值的判断和思考。可以想见，整个驾培行业，16512所驾校，87.1万名教练，他们急需一份全面、客观、严谨、对行业有深度思考、指引行业未来方向的研究报告。

所以，做一份从无到有、填补我国驾培市场系统研究空白的报告，对于处在改革边缘的驾培行业的重要意义不言自明。趣学车要为行业未来的发展勇敢地迈出这一步，哪怕只是一小步，它也是从 0 到 1 的差别，无论代价如何。

当然，这只是一个开始。我们计划每年定期发布蓝皮书，搭建驾培行业相关人士进行理论和应用实践研究的平台，为行业参与者提供全面的行业发展历史总结和未来业态预测；为政策制定者提供客观公正的行业现状和趋势判断；为潜在投资者提供严谨可信的行业数据分析。同时，这也是我们作为行业参与者，为推动行业发展所做出的一份努力。这是从 1 到 100 的努力，它需要源源不断的行业参与者加入其中。

在发布《2017 驾培行业发展蓝皮书》之后，我们希望能够在行业数据采集上更加客观全面，在研究成果上更加精准，因此，做了大量的研究准备工作。

2017 年 9 月，趣学车参与了由中国社会科学院经济研究所领衔，中央财经大学、清华大学交通研究所、中国公安大学、中国交通运输协会驾校联合会、成都长征驾校、济南交警支队、甘肃警察学院等共同参与的"驾培行业对城市交通安全的影响"课题。

该课题研究历时八个月余，课题组专家采集全国各城市共计 3657 所驾校的数据，以及 100 个城市的截面数据和 7 个城市 4 年的面板数据，运用固定效应模型、解释变量、情景模拟、政策检验等科学手段对研究对象进行客观深入的分析。从量化的角度研究了道路交通安全与驾校培训质量之间的关联，两者的影响方向、影响大小，旨在为今后交通安全和驾培行业管理的政策制定与发展方向确定奠定基础。

同时，课题组在报告中构建了城市交通安全、城市经济社会指标和驾校考试情况的宏观数据库，以及济南市驾校的微观数据库。通过实证分析，发现驾培质量直接影响交通事故，即科目考试通过率与交通事故显著相关；驾培质量的提高对交通安全改善效果明显；规范化经营有利于提高驾培质量。最终，课题成果《2018 年交通安全和驾培质量量化分析（简版）》收录在《中

国驾培行业发展报告（2018）》中。

2017年12月，趣学车受日本驾培机构之邀赴日交流访问，为中国驾培行业参与者学习日本驾校的经营管理与教学经验、寻找中国驾培行业未来发展的机遇、探索与国外驾校的多种合作提供了宝贵的机会。本着合作共赢的精神，我们将日本驾校的发展历史、日本汽车工业发展历程、驾校机构的体验观感进行了详细的记述，形成《日本驾培行业发展分析——趣学车赴日考察报告》，收录在《中国驾培行业发展报告（2018）》中。

更加幸运的是，在首部蓝皮书发布后的一年里，我们受到了大量驾培行业参与者的关注。他们热情地提出建议与意见，越来越多的行业专家愿意参与到下一本蓝皮书的内容编撰队伍中来，趣学车也为下一本蓝皮书做了大量准备工作，众志成城为驾培行业的发展研究做出贡献。

2018年驾培行业蓝皮书编审工作在中国交通运输协会驾校联合会的主持下一经启动，便受到了中国社会科学院经济研究所以及社会科学文献出版社的大力支持。

中国交通运输协会驾校联合会秘书长刘治国，将其多年来在驾培行业深耕的成果共享给编委会，提出"新驾培"模式，成文《2018年驾培行业发展展望》及《基于学员满意度的驾培服务质量报告》；交通运输部科学研究院高级工程师、交通运输科技传媒有限公司总编熊燕舞先生将自己在大型客货车领域的多年研究成果《大型客货车驾驶人准入政策与趋势》贡献给编委会；长征驾校集团董事长董强先生将自己二十余年的驾校经营经验贡献出来，成文《2018年驾培行业投资依据分析》；中国交通运输协会驾校联合会专家委员会主任冯晓乐结合自身多年经验，对教练车安全事故进行专项分析，并拿出了操作性极强的管理方案，成文《教练车安全事故情况分析》……

2018年驾培行业蓝皮书还获得了诸多同行，如"驾考宝典""驾培创业教练"的大数据支撑，让《中国驾培行业发展报告（2018）》有了更广泛的数据依据。

在此感谢各单位、企业、专家对《中国驾培行业发展报告（2018）》的大力支持。相信《中国驾培行业发展报告（2018）》是一本更加翔实、深入、客观的驾培行业蓝皮书。

在驾培行业"放管服"改革进一步深化的时间点上,作为驾培行业的一分子,趣学车向全行业共享这本《中国驾培行业发展报告(2018)》,希望能够与更多的优秀从业者相互交流,彼此学习。随着趣学车对驾培行业的进一步深耕,这份行业蓝皮书也将越来越充实完善。感受到社会责任之际,希望趣学车此举能够为推动驾培行业发展贡献绵薄之力。

趣学车创始人&CEO 刘老木

2018年4月18日

目 录

Ⅰ 总报告

B.1 2018年驾培行业发展状况 ……………………………… 001
    一 产能过剩导致驾培行业乱象频发 ……………………… 002
    二 政府引导驾培行业逐步走向规范 ……………………… 013
    三 驾培行业资本运作数量增加，但总体规模偏小 ……… 025
    四 驾培行业从粗放型管理向人本主义发展 ……………… 029

B.2 《2017驾培行业发展蓝皮书》预测回顾 ………………… 032
B.3 2018年驾培行业发展展望 ………………………………… 047

Ⅱ 安全与质量篇

B.4 2018年交通安全和驾培质量量化分析 ………………… 072
B.5 教练车安全事故情况分析 ………………………………… 093
B.6 基于学员满意度的驾培服务质量报告 ………………… 111

Ⅲ 专题篇

- **B**.7　新营销在驾培领域的应用 ……………………………………… 134
- **B**.8　大型客货车驾驶人准入政策与趋势 ……………………………… 146
- **B**.9　电动教练车的发展趋势 ……………………………………… 167
- **B**.10　日本驾培行业发展分析 ……………………………………… 176

Ⅳ 市场与投资篇

- **B**.11　2018年驾培行业投资依据分析 …………………………………… 194
- **B**.12　2018年驾培市场投资风险预警 …………………………………… 214

总 报 告

B.1
2018年驾培行业发展状况

刘伟俊　刘　彬

摘　要： 2018年，是我国驾培行业发展历史上的重要节点，是驾培驾考改革三年行动期的收官之年。回顾2017年1月1日到2018年4月20日以来驾培行业发生的大事小情，可以清晰地看到，简政放权、创新监管、提升服务依然是行业改革的核心动力。驾培市场正在从"数量竞争"转向"质量竞争"，从"规模扩张"转向"结构优化"，从"要素驱动"转向"创新驱动"。在这一转向过程中，产能过剩的现状进一步加剧了驾培行业的乱象频发。为了引导行业规范发展，政府陆续出台了一系列政策，计时培训、先培后付等创新监管政策正在全国积极有效推进，文明交通进驾校"五个一"活动也在全国陆续展开。随着驾培行业改革的深入，驾培行业资本运作的数量正在增加，市场活力已经得到进一步激发，驾培行业从业者规范意识正在增强。中国驾培行业的有识之士和领军企业已经在付诸行动和做出努力，品牌驾校、驾校联盟等也在推动行业由分散化逐步走向集中化，驾培行业的市场化进程正在加速。

驾培行业蓝皮书

关键词： 驾培驾考改革　品牌集中化　资本运作

2017年是驾培行业供给侧改革的深化之年，也是推进交通运输改革发展重要的一年。纵观这一年驾培行业发展历程，简政放权、创新监管、提升服务是行业改革的核心动力。

这一年驾培行业自身也在经历着由高速发展向高质量发展的过渡阶段，品牌驾校、驾校联盟等也在推动行业由分散化逐步向集中化发展；消费者需求的多元化带来了服务的多元化，行业整体服务满意度较之前有了明显提升；但是同时也要看到，行业整体市场需求呈下降趋势，生源主力军在发生改变，驾培行业的培训能力远超市场需求，驾培机构多数还处于靠低价争生源的初级竞争阶段，在行业改革向规范化发展的背景下，驾校"跑路"、驾校校长自杀等事件也时有发生，驾培行业进入更为关键的改革攻坚期。

一　产能过剩导致驾培行业乱象频发

2018年1月7日、2月1日至2日，中央电视台"社会与法"频道《平安365》栏目罕见地连续对驾驶培训行业的乱象集中发声，这一系列报道再一次把驾培行业的乱象摆到了公众面前。在驾培驾考改革政策的大背景下，本报告从产能过剩角度来梳理一下驾培行业动态。

（一）驾培行业发展历程及政策监管变化

纵观我国驾培行业约70年的发展历程，在不断适应经济社会发展形势、顺应市场发展潮流的大背景下，行业政策及监管也在经历着一个从政府包办到培训专业化、市场化，从严格管理到分工协作的发展过程。在简政放权、放管结合、优化服务等改革推动政府职能发生深刻转变的大背景下，驾培市场活力和社会创造力也明显在增强。概括来看，我国的驾培行业及其相关政策的发展分为以下四个阶段。

1. 第一阶段：驾培行业萌芽期（1949~1987年）

在这一阶段，驾培行业的特点是人群窄，限制大，门槛高。

从中华人民共和国成立到1988年以前，我国的机动车保有量一直处于较低的水平，尽管当时已经启用了汽车驾驶执照的准入资格，但是有资格学习驾驶技术的人少之又少，尚无专门的汽车驾驶培训机构。

当时，完全由交通主管部门（车辆监理所）负责驾驶员管理与考试，驾驶员主要从事专业服务和运输，驾驶技术的学习主要靠技工学校驾驶专业、部队复转军人、运输企业以师带徒。

2. 第二阶段：驾培行业及相关政策探索期（1988~2003年）

从20世纪80年代中后期开始，我国开始允许私人拥有汽车。1988年颁布的《道路交通管理条例》解除了学习机动车驾驶的身份限制，私人被允许报考机动车驾驶执照。自此，以1993年为节点这一阶段又可以分为前后两个时期。

（1）1988~1992年：由公安交警部门管理

在这一时期，驾培行业的特点是对公不对外。

在这一时期，机动车驾驶员的考试与管理工作划归公安交警部门负责管理和考试。驾驶员主要来源是公安交警部门举办的驾驶培训班、委托专业运输企业开办的培训学校和技工学校驾驶专业开办的培训班。但是参加培训的门槛依然很高，有驾驶技能及资格的人占全国总人口的比重依然非常小。

（2）1993~2003年：由交通部门负责驾培行业管理，公安部门负责驾驶证考试与发放

在这一时期，驾培行业的特点是管理机制不够完善，行业发展混乱。

1993年，我国交通管理工作分工再次发生变化，交通部门负责驾培行业管理，公安部门负责驾驶证考试、发放工作。驾驶员的来源有公安交警部门办的驾校、公安交警部门认可的社会驾校、各类大专院校办的培训班、原有的培训班等，这是我国驾驶员培训行业最为混乱的时期，驾驶培训班无规律增长。

面对上述情况，1993年11月10日，国务院召集中编办、交通部、公安部等部门负责人，就当时驾驶培训市场的管理问题进行沟通协调，形成了

《关于研究道路交通管理分工和地方交通公安机构干警评授警衔问题的会议纪要》，国家明确了各部门职责分工，并开始整顿全国驾驶培训市场。逐步明确了开办驾培机构必须经交通主管部门批准，此后，驾驶培训市场开始有了市场化的倾向。

3. 第三阶段：驾培行业及相关政策完善期（2004~2014年）

在这一时期，驾培行业的特点是实现了真正意义的"考培分离"，走向社会化，逐步开放，由驾校引导，公安交通部门共同协管。

2004年《中华人民共和国道路交通安全法》颁布实施，让驾驶培训行业有了制度上的保障。在这一时期，驾驶培训实现了真正意义上的"考培分离"。交通管理部门和公安机关考试部门逐渐开始协调、配合，越来越多的驾校开办，驾培市场逐渐走向社会化道路。这一阶段也是我国驾培行业发展最迅猛的时期：2004年之前我国正规的驾校几乎为零，截至2012年底，我国正规驾校的数量已经达到10347家。2004年我国汽车驾驶员人数仅为0.7亿人；2012年底，仅仅教练员就达到了43.9万人；2014年，我国机动车驾驶人数量突破3亿人大关。

4. 第四阶段：驾培行业转型升级期（2015年至今）

在这一时期，驾培行业的特点是简政放权、放管结合、优化服务。

2015年12月10日，国务院发文《国务院办公厅转发公安部交通运输部关于推进机动车驾驶人培训考试制度改革意见的通知》（国办发〔2015〕88号，以下简称《意见》），驾驶培训和制度迎来了新一轮的改革，以下内容是改革的重点。

安全、便民、开放、公正是核心，创新培训方式，实行驾驶人分类教育、先培后付、计时培训、自学直考。实施自主报考、自主约考、放宽学车条件；开放驾培市场，减少审批环节，强化培训责任，建立诚信体系。利用社会化考场，提高考试供给能力，优化考点布局，规范驾考流程，保障考试公平等各项"便民、利民、惠民"政策相继出台，开启了"市场化、便民化、信息化"培训新时代。

2017年，按照北京市机构编制委员会办公室批复（京编委〔2017〕2号）意见，北京市驾驶员培训、考试的管理工作已经"分权"。北京作为全国最后一个完成"考培分离"的城市,其职责交接完成也标志着全国全部完成了"考培分离"制度的落实,结束了我国驾培不能统一按照法律法规进行市场化法治管理的历史。

(二) 2016~2017年驾培行业发展形势及现状

1. 2017年驾培行业面临的形势

驾培是一个较为细分的行业,其基本的服务链条包括:上游的车辆提供商及驾培驾考设备提供商,下游的汽车消费产业。驾校在整个服务链中处于中间环节,提供机动车驾驶培训服务。随着近年来驾培行业内外部环境的变化,驾校的服务内容变得更加丰富,上下游的关系更加紧密,出现了"新驾培"的行业发展趋势。

(1) 随着出行需求的增加、汽车保有量的不断增长,汽车驾驶成为基本技能需求

根据公安部交管局的统计,截至2017年底,全国机动车保有量达3.10亿辆,其中汽车2.17亿辆;机动车驾驶人数量达3.85亿人,汽车驾驶人超3.42亿人,驾龄1年以内的驾驶人达3054万人。随着出行需求的增加,汽车保有量持续快速增长,汽车驾驶成为基本的必备技能,机动车驾驶人数量也呈同步大幅增长趋势。

(2) 需求多样化带来了服务多样化,服务内容不断拓展,"新驾培"局面初现

汽车驾驶培训的服务对象通常为汽车消费的直接或潜在消费者,作为入口级细分行业,具有极大的可拓展性。横向来看,行业整体正在以驾培为基础、以训练场为场景,不断拓展和完善整个服务体系,向餐饮、娱乐、体检、考试等驾照获取全流程服务。纵向来看,驾校充分利用驾培的客户资源优势与训练时间优势,将业务拓展至陪练、租赁、购车、维修、保险等其他纵深领域。

(3) 国家非常重视驾培行业发展,出台一系列政策规范驾培行业发展,为驾培行业长期发展奠定了坚实的基础

2015年,《意见》的出台使驾驶培训和考试制度迎来了新一轮的改革。2017年对该政策的落实,有力地提升了驾考质量,提升了学员的安全文明驾

驶意识，更加实用和科学。目前有些驾校表现出来的种种不适应，从侧面反映了中国驾培市场的不成熟及对驾驶培训考试规律认识得不深刻，驾培驾考改革也需要一个循序渐进的过程，虽然驾校承担了相当大的改革成本，但这也为今后成熟和规范的考试环境奠定了基础。

2. 2016~2017年驾培市场状况分析

（1）培训机构发展情况

2016年，我国共有机动车驾驶员培训机构16512户，同比增加1404户，增幅为9.3%，2012~2016年平均增幅为9.8%，详见图1。

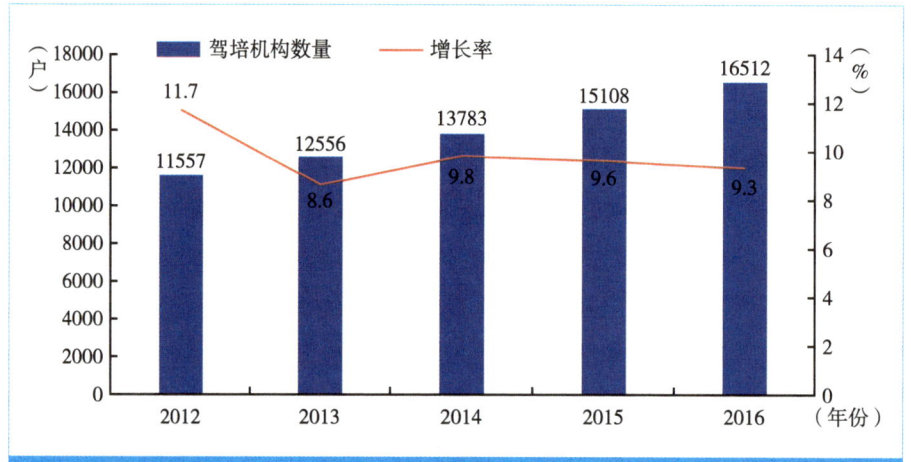

图1 2012~2016年我国机动车驾驶员培训机构数量及增长率
数据来源：中华人民共和国交通运输部编《中国道路运输发展报告（2016）》，人民交通出版社，2016。

从类型来看，2012~2016年，普通机动车驾驶员培训机构从以前的以二级类型为主转变为以三级类型为主（见表1）；2016年三级类型占比为52.2%，增长率达19.0%。

自2016年以来，我国机动车驾驶员培训经营机构的分布更加均衡，东部地区培训机构占比为35.1%（见表2），同比下降了0.8个百分点；中部地区培训机构占比为34.8%，同比增加0.4个百分点。其中，一级普通机动车驾驶员培训机构在东部地区集中的趋势更加明显，占比达到50.0%。

2018年驾培行业发展状况

表1　2012~2016年我国机动车驾驶员培训机构类型及数量

单位：户

类型			2012年	2013年	2014年	2015年	2016年
机动车驾驶员培训机构		总计	11557	12556	13783	15108	16512
其中	普通机动车驾驶员培训机构	小计	11403	12408	13631	14912	16325
		一级	1585	1796	2044	1908	1934
		二级	5480	5913	6249	5842	5870
		三级	4338	4699	5338	7162	8521
	道路运输驾驶员培训机构	客货运输	1951	2010	2032	2008	1926
		危险货物运输	398	402	380	419	448
	机动车驾驶员培训教练场经营机构		404	461	525	531	807
	残疾人驾驶员培训机构		271	279	309	304	305

注：本表数据存在重复统计现象，且不包括港澳台地区数据。后同。
数据来源：中华人民共和国交通运输部编《中国道路运输发展报告（2016）》，人民交通出版社，2016。

表2　2016年我国东部、中部、西部地区机动车驾驶员培训机构分布情况

单位：户，%

类型		东部地区		中部地区		西部地区	
		数量	占比	数量	占比	数量	占比
培训机构	总计	5788	35.1	5745	34.8	4979	30.2
其中	普通机动车驾驶员培训机构 小计	5698	34.9	5714	35.0	4913	30.1
	一级	967	50.0	420	21.7	547	28.3
	二级	2125	36.2	1779	30.3	1966	33.5
	三级	2606	30.6	3515	41.3	2400	28.2
	道路运输驾驶员培训机构	538	26.7	776	38.5	700	34.8
	机动车驾驶员培训教练场经营机构	238	29.5	171	21.2	398	49.3
	残疾人驾驶员培训机构	89	29.2	88	28.9	128	42.0

数据来源：中华人民共和国交通运输部编《中国道路运输发展报告（2016）》，人民交通出版社，2016。

从培训人次及产业规模来看，东部地区经济发达，居民消费观念及水平高于全国平均水平，汽车驾驶培训服务产业规模呈现逐步稳定增长态势；中部地区发展潜力巨大，市场竞争激烈；受行业发展影响，目前西部地区市场规模远远落后于其他地区，见表3。

表3 2016年我国东部、中部、西部地区机动车驾驶培训机构数量居前五位的省份

序号	东部地区			中部地区			西部地区		
	省份	培训机构（户）	培训人次（万人次）	省份	培训机构（户）	培训人次（万人次）	省份	培训机构（户）	培训人次（万人次）
1	河北	1002	130	河南	1670	158.7	内蒙古	637	51.9
2	江苏	908	229.6	湖南	947	116.9	新疆	607	43.3
3	广东	903	242	湖北	656	146.8	四川	595	161.0
4	浙江	834	165	江西	630	91.1	广西	587	88.5
5	山东	722	190	吉林	549	50.6	云南	549	81.4

数据来源：中华人民共和国交通运输部编《中国道路运输发展报告（2016）》，人民交通出版社，2016。

2016年，机动车驾驶员培训行业规模化经营继续深入推进，我国机动车驾驶员培训机构户均拥有教学车辆44辆（见图2），同比减少1辆。其中有13个省份户均拥有的教学车辆数超过全国平均水平。

（2）从业人员情况

2016年，我国共有机动车驾驶教练员87.1万人（见表4），同比增长13.0%，继续保持高速增长势头。其中，理论教练员、驾驶操作教练员分别为

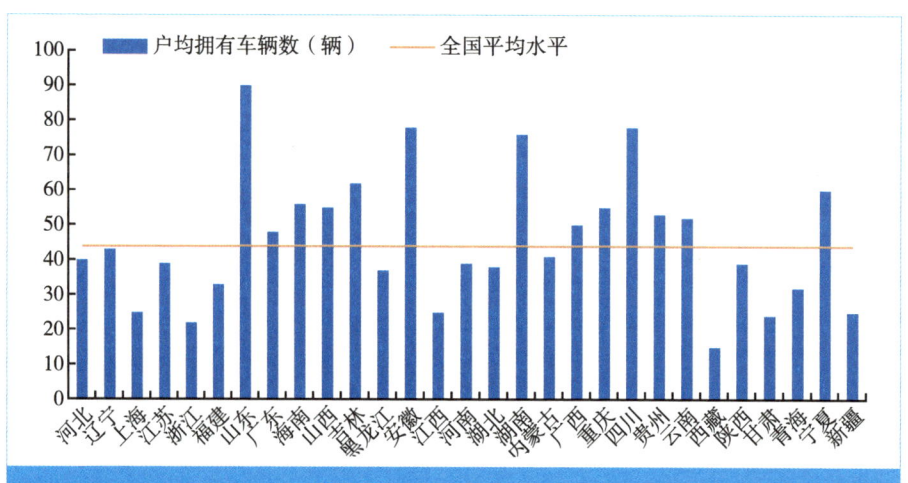

图2 2016年我国驾驶员培训机构户均拥有车辆数

数据来源：中华人民共和国交通运输部编《中国道路运输发展报告（2016）》，人民交通出版社，2016。

8.2万人、79.1万人，其中理论教练员与驾驶操作教练员有重复计算，同比分别增长了7.4%、5.6%；危险货物运输驾驶员培训教练员人数为2002人，道路客货运输驾驶员培训教练员人数为10126人。

表4 2016年我国东部、中部、西部地区机动车驾驶员培训从业人员分布情况

地区		东部地区		中部地区		西部地区	
从业人员类型		数量	比例（%）	数量	比例（%）	数量	比例（%）
教练员（万人）		39.8	45.7	22.3	25.6	25.0	28.7
其中	理论教练员（万人）	2.4	38.1	1.7	27.0	2.2	34.9
	驾驶操作教练员（万人）	36.8	46.5	20.1	25.4	22.2	28.1
	道路客货运输驾驶员培训教练员（人）	2771	27.4	3521	34.8	3834	37.9
	危险货物运输驾驶员培训教练员（人）	397	19.8	770	38.5	835	41.7

注：表中缺少部分地区及部分从业人员相关数据。
数据来源：中华人民共和国交通运输部编《中国道路运输发展报告（2016）》，人民交通出版社，2016。

2017年底，我国驾驶培训教练员性别及驾龄情况见图3。

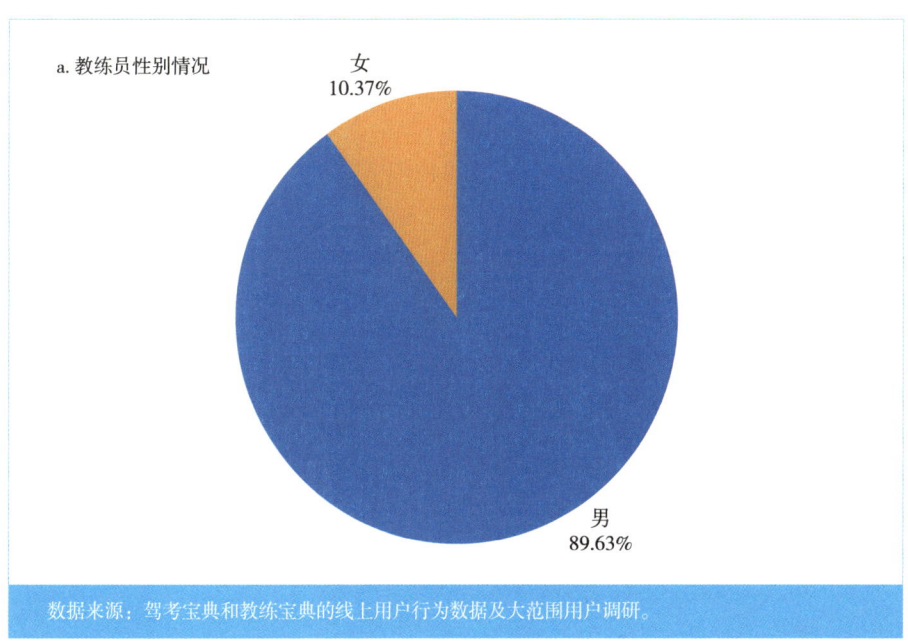

数据来源：驾考宝典和教练宝典的线上用户行为数据及大范围用户调研。

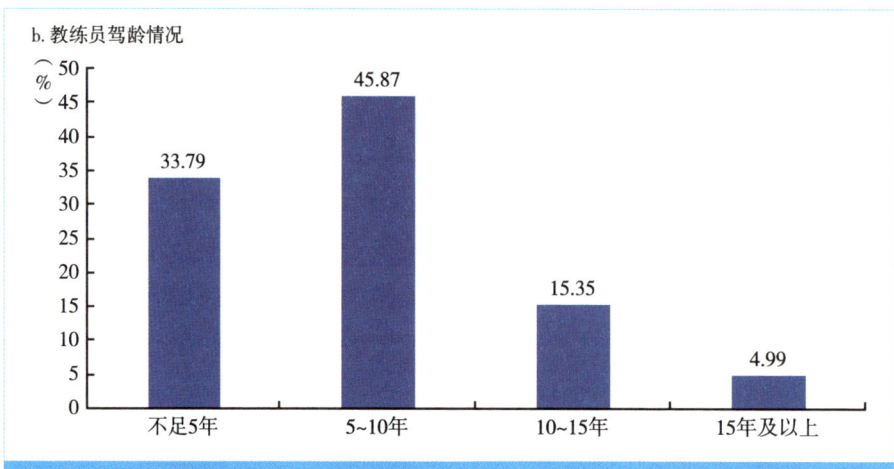

图3 2017年底我国驾驶培训教练员性别及驾龄情况

数据来源：驾考宝典和教练宝典的线上用户行为数据及大范围用户调研。

（3）教学车辆及装备情况

2016年，我国拥有机动车驾驶员培训教学车辆72.7万辆，同比增长7.0%。从设备的构成来看，以小型汽车为主，占比为91.6%。另外，大型客车4556辆，同比减少4.6%；通用货车半挂车（牵引车）3880辆，同比增加13.1%；城市公交车1362辆，同比增加6.8%；中型客车1912辆，同比增加2辆；大型货车3.7万辆，同比减少3.0%；残疾人教学车辆1097辆，同比减少2.3%。2016年，我国继续加大机动车驾驶模拟器推广应用，共有机动车驾驶模拟器97995台，同比增加13.9%。①

（4）2017年全国驾校学费情况（见图4）

（5）2017年全国驾驶人情况

根据公安部统计，2017年，全国机动车驾驶人数量达3.85亿人，汽车驾驶人约3.43亿人，占驾驶人总量的89.1%。从驾驶人驾龄看，驾龄不满1年（新领证）的驾驶人为3054万人（见图5），占驾驶人总数的7.93%。预计2025年驾驶人将超过5亿人。

---

① 中华人民共和国交通运输部编《中国道路运输发展报告（2016）》，人民交通出版社，2016。

图 4 2017 年全国驾校学费情况

数据来源：驾考宝典和教练宝典的线上用户行为数据及大范围用户调研。

图 5 2013~2017 年新增机动车驾驶人数量

数据来源：公安部交管局。

我国驾培市场考照总需求增速在 2015 年已经见顶，自 2016 年起增量开始进入下行通道，呈逐年下降趋势，驾培市场大踏步增长的时代已经过去，对想从事驾驶培训的投资经营者来说，这是一个强烈的"产能过剩"预警讯号。与此同时也要意识到"产能过剩"并不等于"无需求"，驾培市场的需求基数依然巨大，每年仍然有近 3000 万人学车，同时我国机动车驾驶员渗透率

（机动车驾驶员保有量/人口总数）近年来呈增长趋势，如果相对于欧美驾驶员60%~80%的渗透率水平来测算，未来我国将再产生约5.59亿的新增驾驶人员，驾驶培训需求巨大。

3. 驾培行业供给能力与需求度分析

根据《中国道路运输发展报告（2016）》的数据，截至2016年底，我国共有机动车驾驶机构16512户，教练员87.1万人，培训车辆72.7万辆，完成机动车驾驶员培训2686.6万人次。

按照每台教练车每天可培训8小时，每个学员需要在教练车上接受培训不少于40个学时的数据模型计算得出，驾培行业年培训能力超过5000万人次。将实际年培训人次与年培训能力相比，可知产能闲置率接近50%，产能严重过剩。2018年，不但看不到行政去产能的可能，相反市场上竞争者还在源源不断地涌入，抢分已经增速见顶的生源蛋糕。驾培市场整体僧多粥少，恶性竞争在所难免。在此情形下，市场这只无形之手已经有所反应，一些驾校主动关、停、并、转，停掉了一些分训场和教练车；一些驾校开始联盟合作、转让售卖、资产重组、兼并收购、连锁经营，倒逼之下，驾培市场的集中化进程加快。

4. 驾培行业乱象频发

由供求数据可以看出，无论是全国还是各地方，驾培市场面临着极其严峻的产能过剩形势。价格是市场情况的晴雨表，是市场供求关系的综合反映。综观2017年驾培市场，在驾校各项经营成本普遍上升的情况下，不少区域驾培市场的价格不升反降，价格战狼烟四起，"没有最低，只有更低"，个别地区甚至包考试费最低才收费1480元，还有驾校搞起了"云联惠"等消费返利的短视营销模式，更有个别拥有社会化考场的驾校为了获得更多的生源推出学费全免，靠学员参加考前适应性模拟收费来赢利。由此带来的是驾培行业经营困难，市场进入微利时代，部分驾校亏损经营，出现了"饿死同行、坑死学员、害死自己、弄死行业"的满盘皆输现象。

（1）恶性竞争之下"驾校跑路"事件频出

例如，安徽徽翔驾校负责人失联，300位学员考试中断。据《新安晚报》、安徽网、大皖客户端2018年3月8日讯，合肥市安徽徽翔机动车驾驶员培训有限公司的学员春节过后在联系教练时，被告知已无法继续学车。不少人到驾校询问情况，发现驾校内已无办公人员，负责人也已经失联。合肥市运管处指出，这所驾校去年因训练场地、训练项目不符合标准被责令整改，后因整改不到位被停止招生，过去一周多的时间里，运管处的工作人员一直联系不上该驾校的负责人，已提请公安机关介入调查。

又如，重庆沙坪坝区贝普驾校有一千多个学员，然而最近学员们发现，驾校突然人去楼空，负责人也已经联系不上了。尝试联系驾校负责人，对方没有接听电话。沙坪坝交通服务中心已经接到了学员投诉，协调了辖区内的蓝迪和福源两所驾校接收学员参加后期培训，学员不用交培训费。

（2）个别地区行业从业人员利用驾改过渡期进行违规操作

2017年是落实《意见》精神的改革攻坚期，一些新的较为突出的问题逐步凸显。一方面，《意见》提出，推行学员考试自主约考；另一方面由于驾驶培训机构监管平台与考试系统还没有联网对接，一些地方出现了在受理学员考试预约时不看学时的情况。由此在自主约考、自学直考制度设计之外，出现了一种新的模式——自报自考：即到考试部门面签时，学员随便报一个驾校不经验证即可以约考受理成功。这种情况，给一些不自律的驾校提供了可乘之机，它们抓住这一漏洞大肆吸收黑驾校、黑教练，根本不再刷学时，学员也不愿意打学时；也有些教练员趁机私带学员。与此同时，一些黑驾校、黑教练风生水起，大肆低价招收学员，抢占市场。这使得不少地方的驾培市场一片混乱，很多规范经营的驾校遭遇到了前所未有的困难，价格战狼烟四起、学费步步拉低，导致了行业的大面积经营亏损，"劣币驱逐良币"的现象蔓延。

二 政府引导驾培行业逐步走向规范

《意见》发布后，一系列配套文件开始陆续出台，对《意见》进行细化，使之落地。

（一）2017年各部委驾改政策及实施情况

2017年10月1日，新修订的《机动车驾驶人考试内容和方法》（GA1026—2017）全面实施，沿用了5年的驾校驾照标准全面更新，在行业内引起了普遍的波动。

2017年11月27日，交通运输部印发《关于全面深入推进绿色交通发展的意见》，明确了绿色交通的总体要求和发展目标，提出了全面推进实施绿色交通发展七大工程和构建绿色交通发展三大制度保障体系。在"交通运输污染防治工程"中提出，"倡导推广生态驾驶、节能操作、绿色驾培"。

2017年9月15日，人力资源和社会保障部公布《国家职业资格目录》，"关于道路运输服务人员（机动车驾驶教练员）""关于消防和应急救援人员"等3项职业资格的资格类别由"准入类"调整为"水平评价类"。

2017年11月13日，国土资源部组织修订的国家标准《土地利用现状分类》（GB/T 21010—2017）经国家质检总局、国家标准化管理委员会批准发布并实施。在此标准中，规定了土地利用的类型、含义，其中将教练场用地正式列入交通运输用地。这对驾培行业无疑是重大利好消息，意味着驾培行业今后有望摆脱"租地搞驾培、随时可能被查处"的尴尬状况。

2017年9月19日，交通运输部等十四个部门《关于印发〈促进道路货运行业健康稳定发展行动计划（2017—2020年）〉的通知》中，包含以下信息：加强货车司机职业教育。鼓励校企合作，建立大型货车驾驶人订单式培养机制。鼓励各地因地制宜研究制定优惠政策，引导符合有关条件的生源参加大型货车职业教育，逐步缓解职业货车司机日趋短缺的矛盾。

2018年3月14日，交通运输部印发《机动车驾驶培训网络远程理论教学技术规范》（以下简称《技术规范》），自2018年4月1日起施行。此举是交通运输部在机动车驾驶培训行业推广计时培训、按学时收费、先培训后付费服务模式后，为学员提供多样化培训服务和便利学员学车的又一重要举措。

表5 《意见》出台以来相关政策汇总

序号	政策名称	主管部门
1	《公安部、交通运输部关于做好机动车驾驶人培训考试制度改革工作的通知》（公交管〔2016〕50号）	公安部、交通运输部
2	《机动车驾驶培训教学与考试大纲》（交运发〔2016〕128号）	公安部、交通运输部
3	《机动车驾驶证申领和使用规定》（公安部令第139号）	公安部
4	《机动车驾驶人考试工作规范》（公交管〔2016〕137号）	公安部
5	《机动车驾驶人考试内容和方法》（GA1026—2017）	公安部
6	《机动车驾驶人考试系统通用技术条件》（GA/T1028.1—2017、GA/T1028.3—2017、GA/T1028.4—2017）	公安部
7	《机动车驾驶人考试场地及其设施设置规范》（GA1029—2017）	公安部
8	《关于全面深入推进绿色交通发展的意见》	交通运输部
9	《国家职业资格目录》中"关于道路运输服务人员（机动车驾驶教练员）""关于消防和应急救援人员"等3项职业资格的资格类别由"准入类"调整为"水平评价类"	人力资源和社会保障部
10	《土地利用现状分类》（GB/T 21010—2017）	国土资源部
11	《关于印发〈促进道路货运行业健康稳定发展行动计划（2017—2020年）〉的通知》	交通运输部等十四个部门
12	《机动车驾驶培训网络远程理论教学技术规范》	交通运输部

在行业主管部门的推动下，政策落实及行业改革取得了初步成效。

2017年，公安部、交通运输部、保监会、残联等部门反复研究出台了试点自学直考、残疾人驾驶汽车等有关工作意见，并同步推出一系列配套措施。

公安部先后召开了10多次全国视频会、专题部署会、现场推进会，指导各地细化改革措施，稳步推进试点工作，并派出40多个检查组赴21个省份明查暗访，检查改革推进落实情况，政策落实及行业改革取得了初步成效。[1]

（1）网上自主报考得到了有力推进，已在31个省份330个城市开通应用，已有8149.8万人次网上约考。上海、南京、呼和浩特等227个城市群众通过互

---

[1] 《"公安改革两年间"系列报道：驾考改革促进服务管理全面提档升级》，人民网，http://legal.people.com.cn/n1/2017/0217/c42510-29089758.html，2017年2月17日。

联网预约考试的比例达到100%，全部实现网上自主报考，考试资源公平分配。

（2）自学直考试点稳妥有序。天津、福州、宁波、安阳等16个试点城市自2016年4月1日起，已全部开通自学直考受理业务，已有8599人报名，其中2504人已考领驾驶证。

（3）驾考改革的"两自"举措，改变了过去培训、约考完全由驾校包办的做法，实现了学员自主选择报考、约考。

（4）培训市场进一步放开。坚持放宽搞活，引入市场竞争机制，打破了驾校、考场等垄断格局，倒逼行业转型升级，有效促进优胜劣汰、公平竞争行业秩序的形成。全国新增社会化考场419个，开放竞争的社会考场服务市场正在形成。

（5）培训质量进一步提升。出台新的培训考试大纲，将提升驾驶人安全文明素质作为核心目标。江苏、安徽、云南3省大客车驾驶人职业教育培训试点顺利，2017年在全国推行。

（6）驾驶考试进一步严格。201家驾校与公安机关彻底脱钩，建立事前预警、事中监控、事后倒查的全过程监管机制，随机安排考试、实行考务公开等制度全部得到落实执行，促进驾考严格规范和公正廉洁。

（7）扩大考试服务供给。通过新增考试考场、下放考试业务增加考试网点等，有效地提升了驾考服务能力。全国新增理论考场413个，驾驶技能考场1015个，县级考点284个，专兼职考试员16369人，有738个县（市）可以开展小型汽车驾驶证全部科目考试，更加方便群众就近考试，减少往返奔波。湖北、安徽、黑龙江等11个省份50%以上的县（市）可以开展C1、C2驾驶证全部科目考试。

（8）放开异地考证补换证。

（9）放宽残疾人驾车条件。改革实施以来，已有8734名单眼视障人员和2.5万名上肢残疾人员申领驾驶证。

（10）优化老年人体检要求。积极适应我国老年人身体条件改善的现状，将每年体检年龄由60岁调整为70岁，900万名老年人已享受放宽体检的优惠政策。

（二）2017年驾培相关各项重要活动

1. 公安部、交通运输部联合开展文明交通进驾校"五个一"活动

为了进一步强化机动车驾驶员培训机构交通安全宣传教育工作，大力增强驾校学员交通安全意识、法治意识、文明意识，从源头上预防和减少道路交通事故，2017年，公安部、交通运输部联合在全国范围内组织开展文明交通进驾校"五个一"活动，即设立一个交通安全宣传教育阵地或基地、讲好一堂文明交通法治课、播放一部交通安全警示教育片、组织一次文明交通志愿服务、举行一场文明守法驾驶宣誓仪式，活动影响范围广，效果明显。

2．苏州市文明交通进驾校"五个一"活动正式启动

2017年9月28日下午，苏州市公安局交警支队联合市运输管理处在苏州市交通运输从业人员考试中心举行2017年文明交通进驾校"五个一"活动启动会议。在启动会议上，交警和运管两部门就本次"五个一"活动的开展，对驾校培训工作提出了更高的要求：不仅要做好驾驶技术培训工作，更要结合文明宣传、普法教育、安全警示等多种手段，强化学员文明驾驶习惯培养，提升学员社会责任感，从源头宣传贯彻安全驾驶与文明驾驶理念，努力为社会培养有牢固的安全意识、有良好的文明素养、有严格的守法观念、有规范的驾驶行为、有熟练的驾驶技能、有基本的应急常识的"六有"高素质驾驶人，为打造安全文明司乘文化奠定扎实基础。[1]

3. 重庆市长寿区公安局积极开展文明交通进驾校"五个一"活动

2017年8月1日至4日，长寿区公安局与辖区长龙、货运、光兰等五个驾校联合组织驾校学员开展文明交通进驾校"五个一"活动，广泛宣传道路交通安全知识，共同倡导文明交通，取得了良好的社会效果，巩固和推进了"文明交通行动计划"，进一步增强了驾校学员的交通安全意识、法治意识、文明意识，从源头上预防和减少道路交通事故。[2]

---

[1]《文明交通进驾校"五个一"活动正式启动》，搜狐网，http://www.sohu.com/a/195532974_392018，2017年9月29日。
[2]《区公安局积极开展文明交通进驾校"五个一"活动》，重庆市政府网，http://www.cq.gov.cn/publicinfo/web/views/Show!detail.action?sid=4245302，2017年9月17日。

驾培行业蓝皮书

（三）2017~2018年各地驾改政策实施情况

2017年学时对接、计时收费、自学直考、先培后付等驾考新政在全国多地陆续实施。2017年，驾校校长比任何时候都急切地盼望学时对接的实施。这是封堵黑驾校的一项立竿见影、切实有效的技术手段和行政措施，也是《意见》中对机动车驾驶培训改革做出的一项具体要求，更是驾培行业规范发展履行行业使命的基本保障。各地政策陆续出台，可以看到江西上饶、四川遂宁、安徽、内蒙古等地开始了试点，一些地区在实现对接。

然而，由于各方面的原因，很多地区推进缓慢。为此，交通运输部、公安部、国家安全监管总局印发2017年"道路运输平安年"活动方案的通知中再次强调要求对条件成熟的地方，部署开展驾驶培训系统和公安考试系统对接试点，实现培训和考试信息共享。截至2017年底，全国机动车计时培训收费模式改革实现80%以上的覆盖率。

上海市自2017年起，学员学车可选择"先培训后付费"的服务模式。在天津，2017年3月1号以后报名的学员全部录入计时收费培训系统。在河南，到2017年6月，50%以上的驾校实现计时学车、先培后付、人脸识别、300公里里程等要求，2017年底100%覆盖。2017年2月24日上午，河南省开封市运管局、开封市交警支队联合召开全市驾培机构负责人大会，会议宣布该市驾培行业自2月27日起，正式开通培训学时信息与考试预约联网对接工作。广东自2017年7月1日起，全省新报名学员信息必须全部纳入省级监管，这意味着计时收费的培训模式将普及全省。2017年2月28日，浙江杭州市机动车服务管理局驾培处透露：从今年9月起，杭州的7596辆教练车都要安装人脸识别系统，学员和教练在签到和签退时都要刷脸认证。一旦发现"脸不对版"，就将停止计时。以下为各地区具体情况。

1. 北京市机动车驾驶员培训、考试已"分权"

北京市驾驶员培训、考试的管理工作已经"分权"。按照北京市机构编制委员会办公室批复（京编委〔2017〕2号）意见，原由北京市交管局负责的机动车驾驶员培训、考试管理职责分别由北京市交通委员会、市交管局分别

2018 年驾培行业发展状况

承担。2017 年，两部门已顺利完成职责交接。作为全国最后一个完成"考培分离"的城市，职责交接完成也标志着全国全部完成"考培分离"制度的落实，结束了我国驾培不能统一按照法律法规进行市场化法治管理的历史。

2. 苏州驾校推出培训资金托管服务

2013 年，苏州率先在全省推出以"先学后付、计时培训、学一次付一次、一对一培训"为核心的"智慧驾培"模式。2015 年，苏州的"智慧驾培"被作为机动车驾驶培训发展方向，向全国进行推广。2017 年初，苏州驾培进一步创新服务，推出了培训资金托管服务新模式。该模式的具体操作过程为：驾校、学员与第三方监管平台签订三方协议，由第三方监管平台对学员的培训资金进行托管，根据驾驶培训合同约定的价格和学员实际完成的培训时长，分批次或阶段将学员培训资金拨付给驾校。该模式的推出，结合此前"智慧驾培"模式的推广，截至 2017 年，苏州已在全国率先实现"计时培训、计时收费、先学后付"服务模式 100% 的覆盖率。①

3. 济南市城乡交通运输委员会印发《济南市机动车驾驶员培训机构质量信誉考核办法》

通过量化考评的方式，对考核期内驾校的基本情况、培训质量、规范管理、服务质量、安全生产等方面进行综合评价。据该办法，驾校质量信誉考核分为优良、合格、基本合格和不合格四个等级，分别用 AAA 级、AA 级、A 级和 B 级表示。驾校质量信誉考核实行 1000 分制量化考评，最终分值在 900 分以上的为优良，801~900 分的为合格，701~800 分的为基本合格，700 分以下的为不合格。驾校质量信誉考核每年进行一次，考核期为上年 7 月至当年 6 月，考核工作在当年第三季度进行。对新办驾校，在经营期满一个日历年度后，依照本办法规定进行质量信誉考核，首次考核周期为经营许可之日至考核年度的 6 月 30 日，并在质量信誉等级后注明"新办驾校"。②

---

① 《先学后付钱 苏州驾校推出培训资金托管服务》，苏州新闻网，http://www.subaonet.com/2017/1115/2097232.shtml，2017 年 11 月 15 日。
② 《关于印发〈济南市机动车驾驶员培训机构质量信誉考核办法〉的通知》，济南市人民政府网，http://www.jinan.gov.cn/art/2017/10/20/art_8161_851403.html，2017 年 10 月 20 日。

4. 福建交通运输厅、公安厅联合发文强化驾培市场秩序安全稳定

福建省交通运输厅、福建省公安厅联合出台了《关于进一步加强驾培行业监管 维护驾培市场秩序安全稳定的通知》。该通知要求全省各地严格驾培机构资格管理，进一步规范准入管理。自2017年6月15日起，新申请从事机动车驾驶员培训经营业务的，提交的土地使用权证明或产权证明应由县级（含）以上人民政府土地主管部门出具。租用教练场地的，还应持有书面租赁合同，租赁期限不得少于3年。①

5. 福州驾培出新规：每台教学车辆每月招生限定为4人

福州市道管处向各大驾校下发规范驾培机构培训能力新规的通知。为防止驾培机构超能力招生，福州市道管处在"每车同时在训学员人数不能超25人"政策不变的情况下，推出两项新规定。一是自2017年9月起，以3个月为周期循环，周期内每车招生上限为12人，即每台教学车辆每月招生限定为4人；二是以合格率决定招生名额，福州市道管处结合驾培机构每月考试合格人数，核定其下个月实际培训能力。②

6. 温州市88所驾校启用人脸识别系统

在新的计时培训系统下、教练以及学员都需下载安装人脸识别系统APP，注册时会采集人脸，这是为了学车时，对车内人员身份证照片做自动比对，确保学、教为同一人。上车时，教练需在自己手机的APP中进行学员签到、签退，即学员的打卡上下课。接着，学员拿着手机，进行眨眼、摇头等动作进行人脸识别，通过后才能完成正常的上下课。系统还能显示学时费用以及时间等信息。新系统学员在学车过程中，摄像头每隔9分钟就会抓拍教练和学员的照片进行人脸比对，一旦发现"脸不对版"，系统将实时传送车辆跟学员数据至监管部门后台。如果后台审核不过关，课时就会作废，需要重新学习。目前，全市88所驾校已基本实现"先学后付"新模式六个100%。这六个100%是指实现

---

① 《福建交通、公安联合发文强化驾培市场秩序安全稳定》，搜狐网，http://www.sohu.com/a/151858189_657406，2017年6月25日。
② 《福州驾培出新规 每台教学车辆每月招生限定为4人》，福州新闻网，http://news.fznews.com.cn/shehui/20170913/59b86bb38d36d.shtml，2017年9月13日。

"先学后付"的驾校和教练车均100%、实现学员评价100%、实现"先学后付"启用新培训合同100%、实现"两个规范"100%、实现网络支付100%。①

7. 四川驾驶培训监管服务平台试点运行

为了确保四川省驾驶培训监管服务平台（以下简称监管平台）的顺利运行，2017年2月10日至5月15日，四川省交通运输厅道路运输管理局在遂宁、眉山、广安三市进行接入试点，于4月5日起将成都纳入试点范围。通过三个月的试点工作，总结监管平台运行中存在的问题，并督促监管平台技术支持单位对平台进行系统优化，监管平台已基本具备全面试运行条件。厅运管局决定自8月15日起，在全省范围内启动监管平台全面试运行工作，并制定了《四川省驾驶培训监管服务平台全面试运行工作方案》，扎实开展推进工作。②

8. 海南须按驾培计时系统完成培训

海南省道路运输局下发通知要求，自2017年8月1日起，各驾培机构学员必须通过"海南省机动车驾驶员培训计时全面管理系统"，完成《机动车驾驶培训教学大纲》规定的科目一、科目二的培训学时和培训内容后，方可录入"公安部交通安全综合服务管理平台"，并且各驾培机构学驾人科目二一律进入培训机构备案的培训场地学习培训，方可产生有效学时。通过"驾培计时系统"完成培训，利用电子围栏进行学时监督。严厉打击学时弄虚作假，情节严重者将吊销经营许可证。③

9. 甘肃省驾考互联网自主报考工作实施方案正式出台

2017年7月1日前，甘肃省驾驶考试100%通过互联网自主约考，考试计划100%在互联网约考平台上公开发布。全省按期统一应用考试过程档案电子化系统，实现考试员密钥认证签名、考生考试后电子签名和领证前手写

---

① 《我市88所驾校启用人脸识别系统》，温州市人民政府网，http://www.wenzhou.gov.cn/art/2017/11/8/art_1217829_12788966.html，2017年11月8日。
② 《关于进一步加强四川省驾驶培训监管服务平台试点工作的通知（川运驾便〔2017〕7号）》，四川省交通运输厅道路运输管理局，http://www.scyg.gov.cn/page/11321，2017年4月5日。
③ 《注意！海南8月1日起须按驾培计时系统完成培训》，新华网，http://www.hq.xinhuanet.com/news/2017-07-31/c_1121404569.htm，2017年7月31日。

签名等方式确认考试成绩，在考生考试合格后，通过综合应用平台打印申请资料和考试成绩单归档。①

（四）2017年全国运管系统执法力度加大，引导驾培行业规范化发展

黑驾校、黑教练利用驾考改革的过渡期，浑水摸鱼，诱使一部分学车学员上当受骗。黑驾校的泛滥严重冲击、扰乱了驾培市场秩序，影响了驾培市场健康发展。这不符合改革的方向，也有违改革的初衷。

《意见》第19项任务明确提出：要严格违规培训责任追究。建立违规培训责任追究和退出机制。对未经许可擅自从事驾驶培训经营活动的，依法严肃查处。第5项任务提出：主管部门要强化监督管理，加强检查，规范市场秩序。

2017年3月8日两会上，李克强总理在广西团说："监管也是改革。政府不该管的放给市场，该管的才能管得更好。市场最渴望公平竞争环境，政府转变职能就要把更多精力转向监管，宏观部门不仅要会审批，更要学会监管。"

1. 2017年监管部门给与"黑驾校"极大的打击

在泰和市，运管所"重拳"出击，维护驾培市场秩序。泰和运管所接到群众反映，在泰和县塘洲镇泉山村有一处"黑培训点"，业主自己平整了一块土地，每天都有教练车在那里对学员进行培训。接到举报后，泰和县运管所立即安排执法人员前去查看，并在现场发现一辆教练车正在培训学员，该"培训点"并未办理相关行政许可手续。执法人员通过查看培训记录发现，这个"培训点"从2016年11月开始已经培训学员40人。由于车主邓某涉嫌未取得经营许可擅自从事机动车驾驶员培训经营活动，执法人员对涉事教练车实施了暂扣，并对学员和当事人制作了询问笔录。通过教育，邓某认识到自己的错误，在做出不再非法经营的承诺后，泰和县运管所按照有关规定对其进行了行政处罚。

---

① 《明年起甘肃省"驾考"全面实行网上的自主报考》，甘肃政务服务网，http://www.gansu.gov.cn/art/2016/5/23/art_7135_274146.html，2016年5月23日。

为此，泰和县运管所加大对辖区"黑驾校""驾培非法报名点""驾培非法培训点"等违法经营行为的打击力度，重点查处乡镇未经许可擅自购置土地培训学员的情况。该所共出动执法力量 30 多人次，查处"黑报名点"3 个，打击"非法培训点"10 余处，查扣违法教练车 10 余台。①

在晋江市，交通综合行政执法大队在安海查获了一处"黑驾校"。至此，已有 5 处"黑驾校"相继被查，运营这些"黑驾校"的教练，有的竟然是刚拿到驾照一个月的新手。②

2. 各地加大了对驾考作弊的查处力度

2017 年，湖北省首例组织驾考作弊案宣判二人获刑。其中张某甲被判处拘役四个月，缓刑六个月，并处罚金一千五百元；张某乙被判处拘役六个月，缓刑六个月，并处罚金二千元。对扣押在案的作弊工具予以没收，对二被告人的违法所得二千元予以追缴。③

2017 年，公安部挂牌督办江苏省 34 人篡改驾校学员培训学时。经查，2015 年 11 月，被告人林禧、卢允传注册成立福州绝妙电子科技有限公司，生产、销售跑码机、电子围栏破解芯片、免指纹芯片、图片机等四类用于非法控制计算机信息系统的程序、工具。上述程序、工具可通过植入的方式控制汽车驾校教练车上的车载无线终端，使车载无线终端上传错误的学时数据、GPS 数据、车辆跑码数据等，以此帮助各地的驾驶学员减少培训时间，提前非法获得驾驶员考试资格。④

（五）驾培行业规范化发展成为共识

2017 年，河南省洛阳市一位驾校校长，在地税局大厅因为税务问题自杀

---

① 《泰和运管"重拳"出击维护驾培市场秩序》，江西交通信息网，http://www.jxjt.gov.cn/jxjt/jcdt/201702/2691a2d4456a44a498d5bf104f0b232f.shtml，2017 年 3 月 6 日。
② 《晋江 4 月份查获五处"黑驾校"》，搜狐网，http://www.sohu.com/a/72256219_392749，2016 年 4 月 28 日。
③ 《我省首例组织驾考作弊案一审宣判》，湖北省公安厅，http://www.hbgat.gov.cn/ztzl/cjhbgazhd/261997.htm，2017 年 12 月 18 日。
④ 《江苏省 34 人篡改驾校学员培训学时，公安部挂牌督办》，搜狐网，http://www.sohu.com/a/220092766_795687，2018 年 1 月 31 日。

未遂,震惊了整个驾培行业。

2017年,四川成都金盾驾校李勇校长写了一篇题为"危机四伏的成都驾培亟待税收标准出台"的文章。近年来,各地税务部门都对驾培行业纳税情况加强了管理。例如,2017年,成都市各级税务部门要求教练员收取的培训费税费要进行补缴。自2017年6月开始,河南郑州市地税局在全市范围内开展了为期3个月的"驾驶员培训行业税收专项治理",截至2017年8月31日,全市共查封教练车35台,将8户拒不配合驾校移送司法机关,累计补缴税款、滞纳金超过12097.3万元。[1]

甘肃省酒泉市肃州国税新城税务分局联合政策法规科召开了24户驾驶员培训学校法人代表和财务负责人政策辅导座谈会。会议针对分局8月对驾驶员培训学校2016年5~12月纳税评估发现的收取培训费开具收据、不按规定设置账簿等问题,以及对驾校管理调研中征询的培训车辆挂靠、收费价格不固定、定额核定问题等,分局、科室人员从税收政策和法律层面一一做了解读和辅导宣传,并结合驾校税收政策执行问题,提出了管理要求,从10月1日起所有驾校收取驾驶员培训费一律按学员姓名开具发票,按财务制度规定要求设置账务,分局将强化事中事后的监督,同时分局向24户驾校下发自查通知书,要求对2017年1~8月收入及纳税情况进行自查。[2]

营改增全面推广后,广西靖西市国税局正式接管汽车驾驶人培训行业,在全市范围内重新展开调查摸底,真实掌握驾校开办的数量以及培训人员的数额,并有针对性地进行税收法律法规宣传,从不同角度解读税收政策法规,同时又在不同层面开展纳税辅导,从多个角度提高驾校依法纳税的透明度和遵从度。在对9个驾校实地走访和3400多份信息数据共享比对后,靖西市国税局发现各驾校账目混乱、财务管理很不规范。为此,该局派出本部门的业务骨干,对各所驾校开展"一对一"帮扶,逐一完善账务。在"建账立制、

---

[1] 《开封继续开展机动车驾驶员培训行业专项治理工作》,河南省人民政府,http://www.henan.gov.cn/zwgk/system/2017/10/31/010746482.shtml,2017年10月31日。
[2] 《甘肃省酒泉市肃州国税落实"放管服"持续推进驾校税收后续管理》,中国税务网,http://www.ctax.org.cn/gdsx/201710/t20171012_1066132.shtml,2017年9月28日。

2018 年驾培行业发展状况

财务管理、纳税申报"等一条龙服务中,促成 3 所驾校主动调整账项,自查自补 4.32 万元税款,消除了纳税环节税收风险隐患。①

截至 2017 年 7 月 25 日,贵州威宁自治县国税局对全部 6 户驾校企业完成纳税评估,共查补增值税及税收滞纳金 91.24 万元,并对相关责任人进行批评教育及税收风险防控指导,责令其限期据实调整账务。②

由上可以看出,驾培行业必须规范发展,强化纳税意识,维护公平竞争,放弃没有底线的价格战,尽快走入良性竞争的轨道。否则,压垮驾校的最后一根稻草已经出现,驾校的倒闭潮为期不远!驾培市场急需各驾校真正做到行业自律,从价格战转向服务战、品牌营销战,从恶性竞争转向良性竞争。

三 驾培行业资本运作数量增加,但总体规模偏小

2014 年 11 月 24 日,国务院印发《国务院关于取消和调整一批行政审批项目等事项的决定》(国发〔2014〕50 号),机动车驾驶员培训业务许可证核发改为后置审批。2015 年 12 月 10 日,国务院发文《意见》,文件明确提出:要进一步开放驾驶培训市场,驾培行业准入门槛进一步降低。由于驾培行业的市场化形成时间不是很长,旺盛的需求导致行业在一段时间内都处于卖方市场,无论从业者还是消费者都感受不到品牌的必要性。但随着驾培市场化的来临,将来一定是驾校的准入门槛越来越低,随着驾培市场竞争的激烈,将来一定是驾校的品牌价值越来越大,管理精良的品牌驾校可以发展品牌加盟、品牌连锁。随着驾培行业的日益成熟和消费升级,将来一定是品牌驾校可以获得更高的溢价和竞争力。

但通过对一些在上海主板及新三板直接或间接上市驾校的财务报告分析,发现驾培市场的净资产利润率不到 6%,低于传统道路运输行业。这说明驾培

---

① 《学车人锐减税收又严查 驾校生存维艰出路何在?》,搜狐网,http://www.sohu.com/a/202890986_657406,2017 年 11 月 7 日。
② 《威宁国税局开展驾校行业纳税评估 查补税款 91.24 万元》,多彩贵州网,http://bj.gog.cn/system/2017/07/26/015928699.shtml,2017 年 7 月 26 日。

市场已经从传说中的暴利行业变为微利行业,甚至有不少驾校开始亏损。随着竞争的加剧,尽管重资产扩张有风险,但驾培行业的整合、兼并重组将成为今后一段时期的主流趋势。2017年以来随着驾培市场竞争的越发激烈和社会各路资本的介入,驾培行业的并购也变得频繁起来。以下是一些驾培企业上市运营或资本运营的情况分析。

(一)东方时尚

东方时尚驾驶学校股份有限公司(以下简称东方时尚)依托在北京地区深耕多年的驾校行业管理经验,将驾驶培训过程标准化和体系化,通过重资产自建(云南、石家庄等地驾校)与轻资产收购(荆州等地驾校)双重模式,快速整合异地资源。公司已先后在北京、石家庄、广东、深圳、苏州、山东、湖南、湖北、重庆、云南、江西、荆州、内蒙古设立连锁驾培中心,作为少数登陆资本市场的驾驶培训公司,通过高品质的服务迅速建立品牌优势。

据东方时尚公告显示,2017年2月22日,公司与莘县天华宇宏企业管理咨询合伙企业(有限合伙)签署股权转让协议,收购荆州市晶崴机动车驾驶员考训有限公司60%的股权,现已完成工商变更登记。

2017年6月,公司出资10000万元设立全资子公司苏州东方时尚驾驶学校有限公司。2017年,东方时尚发布"关于子公司拟参与投资设立并购基金暨关联交易的公告",公告显示,各合伙人以现金方式出资,募集人民币10亿元,设立并购基金。主要投资于驾培行业和教育培训行业中具有一定规模的企业,投资阶段以相对成熟期项目为主,同时兼顾教育培训行业中的成长期项目。

2017年6月27日,公司与珠海华盛德富投资企业(有限合伙)共同出资设立湖南东方时尚汽车文化发展有限公司,注册资本30000万元。其中,东方时尚出资15300万元,占注册资本的51%;珠海华盛德富投资企业(有限合伙)出资14700万元,占注册资本的49%。

2017年11月27日,公司与内蒙古九旺商务信息咨询有限公司签署股权转让协议,以1306.10万元购买其持有的内蒙古东方时尚驾驶培训有限公司

2018年驾培行业发展状况

38.7%的股权，现已完成工商变更登记。

2017年，7.8亿元投资山东淄博建驾驶培训基地，项目总规划用地1630亩，总投资7.8亿元，建成后将面向全市、辐射鲁中，预计年培训驾驶员15万名，成为淄博最大的综合性驾驶员培训学校。项目预计2018年投入使用，届时将成为一个规范化、标准化、规模化的大型综合性训考基地，实现驾考服务一体化。

2017年，东方时尚投资重庆两江新区打造西部最大驾培服务基地，重庆东方时尚驾驶培训中心由东方时尚驾驶学校股份有限公司投资控股，是重庆市引进的重点项目。建成后，培训中心将可以培训大中型客货车、牵引车和小型汽车及摩托车驾驶人，开展科目一、科目二、科目三、科目四考试、补考等训练，建成集报名、培训、考试、拿证为一体的一站式服务的现代化的驾驶培训中心，年培训学员能力可达20万人以上。届时，不但能极大地缓解重庆主城学员排队多、学车难的现状，而且将对重庆驾培行业进行资源整合和行业重组，助推重庆驾培行业进入规范化发展轨道。[①]

（二）云南城投集团所属一乘驾培公司成功在新三板挂牌上市

2015年11月25日，云南城投集团所属云南一乘驾驶培训股份有限公司（以下简称一乘股份）在新三板正式挂牌，标志着云南一乘驾驶培训股份有限公司开创性地成为中国驾培行业新三板"第一股"，树立了中国驾培行业发展的里程碑。同时，也成为城投集团继城投置业、水务投资、莱蒙国际后的第四家上市子公司。

一乘股份2017年6月30日公告称，公司拟投资729.42万元收购云南美通机动车驾驶培训有限公司所有的位于凉亭、官南、普吉片区三个训练场地的建（构）筑物及机器设备。公司表示，公司拟在昆明主城区筹建考训一体点，本次交易符合公司战略规划，有助于公司整合资源，优化布局，完善产业结构。[②]

---

① 数据来源：东方时尚2017年度财务审计报告。
② 《城投集团所属一乘驾校成功在新三板挂牌上市》，云南省人民政府国有资产监督管理委员会，http://www.yngzw.gov.cn/yngzw/xwzx/2015-12/21/content_30135e3651e14729b7513787130e1217.shtml，2015年12月21日。

（三）甘肃驾校开展股份制合作，开启共赢模式

2017年7月20日，新通力驾驶学校和奔马集团双方签署战略合作协议，甘肃省最大的驾校将破壳而出。双方将通过股份制合作经营等多种模式进行深入合作，此次合作是在深入了解兰州乃至全国驾培市场基础上做出的大胆尝试，也是双方主动适应市场需求共谋发展的必然选择。甘肃最大驾校将共同承担起兰州市10多万机动车驾驶人的培训、考试服务责任。①

（四）阜南驾校与长江证券签署战略合作协议，正式启动创业板上市

据东方网报道，2018年2月1日，阜南驾校与长江证券合肥公司达成战略合作意见，正式签署上市合作协议，启动阜南驾校的上市计划。②

（五）派学车

派学车是一家互联网学车服务公司，公司主要致力于一站式学车服务系统的建设，全时段、省心、省力，隶属于上海林怀网络科技有限公司。2018年1月完成数百万元人民币的A+轮融资。

（六）金亭鸟科技

金亭鸟科技是一家全专注于虚拟现实（VR）驾培垂直领域应用的公司，开发了业内领先的高仿真教学课程和六自由度平台系统相结合的一体化软硬件设备。金亭鸟科技与驾校合作开展安全驾培服务，共同向C端客户推出"驾校保命技能"训练课程，打造交通安全示范城市，并逐步推动交通危险场景应急处理技能考试。公司于2018年3月获得雷雨资本及瑞中电子天使轮投资。

---

① 《喜讯！甘肃最大驾校将产生》，搜狐网，http://www.sohu.com/a/158606488_426205，2017年7月20日。
② 《阜南驾校与长江证券签署战略合作　正式启动创业板上市》，中国日报中文网，http://caijing.chinadaily.com.cn/chanye/2018-02/05/content_35645205.htm，2018年2月5日。

（七）1+学车

专注于学车、新车买卖服务的互联网综合服务平台"1+学车"对外宣布，已在2017年上半年获得200万天使轮融资，由个人投资。"1+学车"致力于1对1单人教学，配合各种增强用户体验的服务，让用户不通过驾校就可以学车。2015年，"1+学车"上线了产品1.0版本，"1+学车"主要通过收取学时服务费、新车买卖服务费，提供汽车金融、APP广告位来获取盈利，成都、黔东南运营中心正在筹备中。①

四 驾培行业从粗放型管理向人本主义发展

2018年中央电视台春节联欢晚会（以下简称春晚），一家名叫"幸福"的驾校在节目《学车》中出现，这是三十五年来，驾驶培训题材第一次登上亿万人瞩目的春晚，意味着驾培行业受到了社会的关注。该节目通过"朋友式"教学方式展现出驾培行业是一个温暖的行业，也是一个让从业人员具有职业自豪感以及行业认同感的行业。

回顾过往，随着中国经济提升与人民生活水平的提高，"驾考热"逐步升温，驾培行业在发展过程中出现了市场混乱现象，如"霸王条款"屡见不鲜，"潜规则"盛行，"吃、拿、卡、要"成为行业"显规则"，灰色利益链盘根错节，欺骗性诱导销售、合同诈骗、教练私自牟取"红包"，甚至"坐地起价"等，几乎要将驾培行业拖垮，整个驾培行业成为诚信缺失的"重灾区"。同样是关乎生命的职业，医生被尊称为白衣天使；同样是传授知识技能的职业，教师被赞美为灵魂工程师；对驾校教练，却往往产生一种负面印象和评价，多数教练工作异常辛苦，却收入微薄，社会地位普遍不高。

2017年，在驾培行业整体产能过剩、中央及地方一系列政策落实与引导、各方资本进入的大背景下，规模集中化和品牌化逐步成为产业发展共识。与

---

① 《1+学车获200万元天使轮融资》，腾讯汽车，http://auto.qq.com/a/20171222/017367.htm，2017年12月22日。

此同时,驾培行业正在从粗放型管理向人本主义发展,行业从业人员的职业自豪感及对行业的认同感都在显著提升。

2017年6月,全国性的互联网驾校连锁品牌趣学车带领160位员工飞往马尔代夫,他们当中绝大部分是趣学车各地驾校的服务人员,这在驾培行业内引起了广泛讨论。趣学车希望通过"带教练看世界"这样一个社会话题,让教练感受到除了制度、培训、服务规范外,社会关注、自我实现与使命的重要性。教练通过提高业务水平获得社会认同,通过社会关注提升自我实现和使命感,从而形成平等、良性的驾培服务业态和文化。

2017年,全国驾培行业"文明诚信、优质服务"创建活动持续推进,长春市汇通创业技能培训有限公司等25家单位获得"全国'文明诚信、优质服务'示范驾培机构"荣誉称号,上海小昆山机动车驾驶技术学校等206家单位获得"全国'文明诚信、优质服务'优秀驾培机构"荣誉称号,林素君等183人获得"全国'文明诚信、优质服务'优秀经理人"荣誉称号,於健等380人获得"全国'文明诚信、优质服务'优秀教练员"荣誉称号。①

2017年,结合驾培行业发展情况和驾培改革工作要求,全国多地陆续开展了2017年度驾培机构质量信誉考核和星级教练员评定工作。

2017年9月20日,在北京首发物流园举办"中国好司机驾驶技能大赛",来自全国各地的近30名驾驶高手,在驾驶技能赛场上,向人们展示了各自的"绝活",令现场观众交口称赞。2017年,合肥新华教育集团"新华杯"第二届全国机动车教练员技能大赛成功举办。

2017年11月21日,浙江省永康市首届汽车驾驶培训教练员技能大赛在金华交通职业技术学院举行,8所驾校的22名教练员参加了比赛。

2018年4月,荆州市发放首批C5驾驶证。根据《机动车驾驶证申领和使用规定》,双下肢、右下肢和听力障碍的残疾人均可以申领驾照,但对身高、视力、辨色力、听力、上肢、下肢、躯干颈部等身体条件有明确要求。在进行完科目四理论考试、宣誓完毕后,下肢残障的学员王福刚和朱昌明拿

---

① 《关于发布2016~2017年度全国驾培行业"文明诚信、优质服务"创建活动结果的通知》,中国道路运输协会,http://www.crta.org.cn/article-3300.html,2017年11月1日。

到了他们人生当中的第一本驾驶证。今年35岁的王福刚2月1日报名，在短短两个月的时间内，从完全不会的新手，变成能熟练驾驶残疾人专用小型自动挡载客汽车的驾驶人，拿到驾驶证后，就可以上路行驶了。①

---

① 《残障人士可以开车上路啦！荆州市发放首批C5驾驶证》，荆楚网，http://news.cnhubei.com/xw/hb/jz/201804/t4094497.shtml，2018年4月4日。

B.2 《2017驾培行业发展蓝皮书》预测回顾

刘昌奎

摘　要：《2017驾培行业发展蓝皮书》预测：管理和服务是驾培行业转型升级的核心，汽车行业发展助力驾培市场，"互联网+"和品牌化将对驾培行业产生深远影响。并深入探讨了自动驾驶和人工智能技术对驾培行业、市场的影响。

从2017~2018年行业发展进程中发现，"互联网+"正在全面渗透驾培行业，包括驾校、教练、学员及监管部门。驾培行业的区域性品牌正在逐渐成形，并且在就自动驾驶技术对驾培行业的影响进行了更深入的论述后，依旧判断其对驾培行业的影响不会很快到来。

以上预测越来越清晰，并逐渐变成现实。对照预测回看这一年，更加坚定了驾培行业从业者继续坚持开放、加速市场化、拥抱监管、拥抱技术的决心。

关键词："互联网+"　区域性品牌　自动驾驶

一　"互联网+"正在全面渗透驾培行业

2015年7月4日，国务院印发《国务院关于积极推进"互联网+"行动的指导意见》，正式提出了"互联网+"这一概念。"互联网+"是指"创新2.0"下的互联网发展的新业态，是知识社会"创新2.0"推动下的互联网形态演进及其催生的经济社会发展新形态。通俗地说，"互联网+"就是"互联网+各个传统行业"，但这并不是简单的两者相加，而是利用信息通信技术以及互联网平台，让互联网与传统行业进行深度融合，创造新的发展生态。

要想在驾培行业中实现"互联网+"，首先要"+互联网"。先让整个行业触网，让互联网逐渐渗透行业的具体环节，如此才会有进一步深度融合，创造新的发展生态，发展"互联网+"的可能。

2015年12月10日，国务院发布《国务院办公厅转发公安部交通运输部关于推进机动车驾驶人培训考试制度改革意见的通知》（国办发〔2015〕88号），其主要内容之一是试行计时培训、计时收费，为互联网与驾培行业的结合提供了有力抓手。因此，在《2017驾培行业发展蓝皮书》中，编委会根据政策、市场、社会、技术发展阶段等因素，预测了驾培行业将迎来"信息公开，以评价引导消费者"的阶段。同时，由于互联网的属性正好契合这样的改革需求，互联网驾校推行的自主约培、计时收费、诚信评价的培训服务新模式，更加注重维护消费者利益。因此判断，互联网将大力地促进驾培行业信息的公开化、透明化以及服务质量的提升。而在2017年，这样的趋势正在得到验证，互联网对于驾培行业的影响甚至在进一步的深入，互联网从驾校管理、教练关怀、驾校招生、学员服务等各个方面渗入驾培行业。

（一）互联网对驾校管理的渗透

移动互联网时代，用户体验被提升到了一个新的高度。对于驾校经营者来说，无论是招生、营销还是管理都受到了极大挑战。信息传播载体和交互方式的改变，必然带来整个商业行为交互的升级。2015年之前，驾培产业链的上游只有汽车厂（即教练车供给方）、考试设备提供商等具有一定的市场规模，相比其他的职业教育产业链，较为单一。但在2015~2017年，大量的商业机构瞄准了驾校上游这一单一市场，为驾校提供服务，帮助驾校更好地服务学员。

其实，驾校采用信息化手段管理的需求一直存在，一些具有一定规模的驾校，通常采用外包或自建技术部门的方式，开发供自身经营使用的软件管理系统。这样的系统仅仅是为己所用，旨在创造企业的竞争优势，但并没有

大规模造福行业。

早在10年之前就有诸多软件开发商开发了驾培行业的 ERP 系统，即企业资源计划管理系统。利用信息化的技术，对驾校的财务、学员、教练、招生、人事等核心业务进行整合管理或需求定制，让驾校经营者能够及时了解驾校的经营状况和管理驾校本身。例如，2009年成立的安阳军博软件的驾校管理系统，就是一个典型的驾校综合 ERP 系统，至今已经发展了将近10年。

但是由于软件供给侧参与者少，行业发展较慢，ERP 系统的产品功能不够贴合驾校经营的实际需求。随着 SaaS[①] 服务技术与理念的发展与成熟，以及驾培行业的更加开放，越来越多的创新企业瞄准了驾校管理者经营管理中的需求，用 SaaS 的方式切入驾培行业，而在2017年，驾培行业的 SaaS 系统进入盛放阶段。

例如，安徽云之驾科技信息有限公司、北京壹零叁玖（1039）科技发展有限公司等，推出了驾校管理 SaaS 系统。

无论是驾校 ERP 系统，还是驾校管理 SaaS 系统，提供的都是驾校从招生、支付、学员、教练、财务、车辆、档案、报表、评价等各种方面的细致化服务。致力提高驾校的综合管理效率和降低驾校的人工成本、招生成本、培训成本等，从而实现驾校的精细化管理，而这，也是当前竞争激烈的环境下，所有驾校的需求。

（二）互联网对教练关怀的渗透

《中国道路运输发展报告（2016）》显示，2016年，中国机动车驾驶教练员有87.1万人。教练不仅是驾培行业的主体之一，而且是最大、最容易被忽略的群体。过往很少有商业模式从教练的角度出发，专门为教练服务，教练的心声

---

① SaaS 是"Software-as-a-Service"（软件即服务）的简称，它是一种通过 Internet 提供软件的模式，厂商将应用软件统一部署在自己的服务器上，客户可以根据自己的实际需求，通过互联网向厂商定购所需的应用软件服务，按定购的服务多少和时间长短向厂商支付费用，并通过互联网获得厂商提供的服务。另外，客户不用再购买软件，而改用向厂商租用基于 Web 的软件，来管理企业经营活动，且无须对软件进行维护，厂商会全权管理和维护软件。厂商在向客户提供互联网应用的同时，也提供软件的离线操作和本地数据存储，让客户随时随地都可以使用其定购的软件和服务。对于许多小型企业来说，SaaS 是采用先进技术的最好途径，它消除了企业购买、构建和维护基础设施和应用程序的需要。

《2017驾培行业发展蓝皮书》预测回顾

也很难被表达。这一情况在2017年迎来了明显的变化。有互联网创业公司直接面向教练群体,并在2017年取得了巨大的发展,获得了数十万名教练的认同。大多数的教练,已经在利用各类互联网相关的产品来帮助自己工作了。

2017年,越来越多的微信公众号,从教练的角度为教练发声,帮助教练招生、管理课程等。不只是微信公众号,还有专门的手机APP,是完全以教练为切入点,进入驾培行业中来的。其中,驾培创业教练和超级教练,都是典型的代表。

以驾培创业教练为例,它原创或转载行业文章,教练可以阅读和分享。而其中的文章,或是道出了教练工作的辛苦,或是帮助教练总结、分享教学经验,或是帮助教练了解政策变化、招收学员等,都是从教练的需求出发,从而该APP在2017年获得了教练的广泛认同,用户数量已经达到了数十万人。

无论是针对教练的微信公众号,还是专门为教练做的手机APP,它们在2017年的发展,都表明了互联网已经越来越深入地影响到教练群体。《2017驾培行业发展蓝皮书》编委会针对全国不同地域的数万名教练的抽样调查[①]显示,87.52%的教练表示使用过互联网相关的产品来帮助自己的工作(如图1所示),其中超过一半的教练表示,互联网对自己的工作有很大的帮助(如图2所示)。

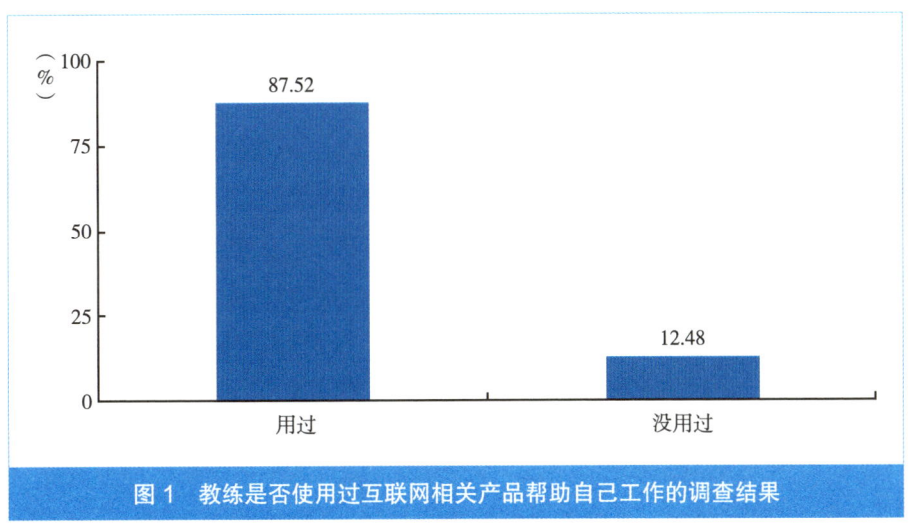

图1 教练是否使用过互联网相关产品帮助自己工作的调查结果

---

① 此调查以问卷形式覆盖全国20个省份,超过3万名教练,回收有效问卷共计7002份。

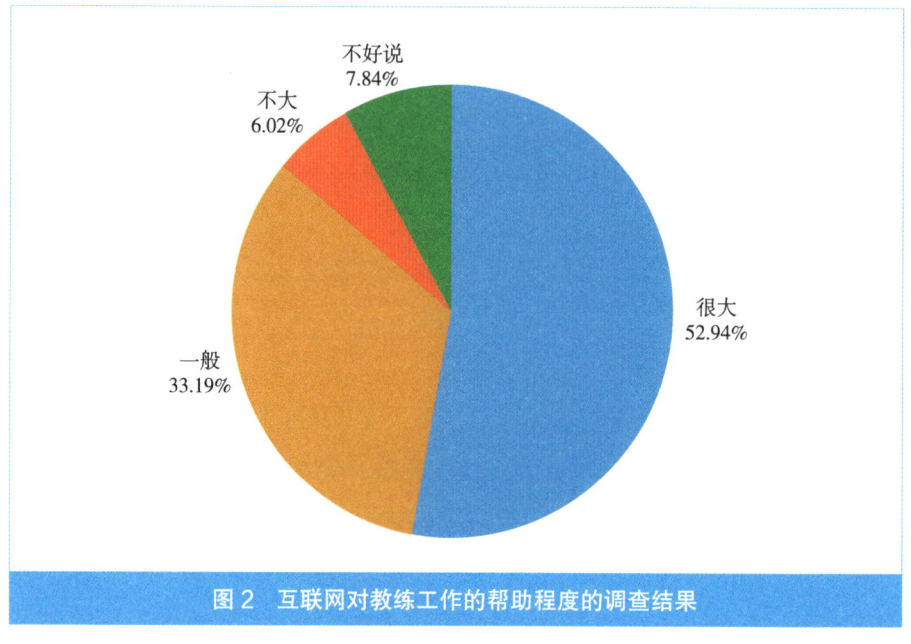

图2 互联网对教练工作的帮助程度的调查结果

（三）互联网对驾校招生的渗透

随着驾校竞争越来越激烈，驾校各项成本都在增加。其中，最不可忽视的就是驾校获客难度越来越大，成本急剧增加。因此，越来越多的驾校以及教练开始利用互联网，寻求更高效的招生方式和渠道。

不同于传统的依靠门店、代理、口碑的招生方式，通过依托于互联网的各类新型营销方式，驾校或者教练们在招生时，可以接触更广泛的用户，传播范围更广、效率更高，在提升招生效率的同时，也能有效地降低招生成本。

由此招生方式变得多种多样，可谓百花齐放。大致可分为下述几种。

1. 自建网站

驾校建立自己的官方网站，一方面可以宣传自身，消费者可以通过网址、搜索引擎、网络广告、推荐等渠道获取信息；另一方面也可以通过官网获取对驾校有兴趣的消费者线索，主动将其转化为学员。

2. 微信公众号或小程序

利用微信的社交关系网，驾校建立自己的微信公众号以及小程序，或者加入地区性的公众号联盟，实现在线化的招生和报名。通过微信，扩大了招生宣传范围。

3. 通过与驾考类APP合作，获取学员线索

通过与驾考宝典、车轮考驾照等学员使用的驾考类 APP 合作，使用这些驾考类 APP 提供的线索，获取意向学员线索。

4. 渠道广告投放

通过互联网投放广告，例如在百度搜索、今日头条这样的网络平台投放广告等，获取意向学员线索。

5. 其他新型的宣传方式，如网络直播、微博、贴吧、论坛等

通过网络直播、微博、贴吧、论坛等宣传驾校活动，吸引学员，扩大驾校的知名度，达到获取招生线索的目的。

例如，南昌白云驾校利用网络直播举办的"11.11 白云驾校假面舞会"和"白云驾校嘻哈跨年狂欢晚会"等活动都"收获颇丰"，网络直播点击量分别达到 17 万和 12 万多人次，宣传效果有目共睹。贵州黔西县阳光驾校在 2017 年夏天举行了"2017 年阳光驾校教练员技能大赛"，并同步进行了网络直播，网上点击量超过了 5 万人次。

（四）互联网对学员服务的渗透

目前来看，相比互联网在驾培行业其他方面的渗透，互联网对学员服务的渗透是最深入的。这是因为，互联网创业者们最早进入驾培行业时，重点都放在改善学员服务上。经过近几年的发展，互联网助力驾培行业学员服务质量逐步提升，2017 年，这一趋势得到了进一步加强。

以趣学车为例，它通过高质量的自营培训服务，创立了一系列以学员满意度为核心的服务标准，既包括线上的学车服务平台，也包括完整的线下培训服务体系。学员可以通过趣学车，享受在线报名、在线约课、课后教学评价等优质服务，获得更好的学车体验。而趣学车也因此获得了良好的口碑，

在建立品牌的同时有效降低了招生成本。

随着国民收入水平的逐年提高，汽车消费的需求越来越大，驾培行业的学员平均年龄逐年下降；随着互联网对人们日常生活的改变逐渐深入，学员对互联网的依赖性越来越强，驾培行业从业者们也在思考如何利用互联网，为学员提供更好的服务。

无论是像驾考宝典等致力于为学员提供更便捷的理论考试培训和路考培训辅助的互联网产品，还是像 OK 学车等致力于搭建教练和学员之间桥梁并监督教学服务的互联网学车平台，抑或是像趣学车等紧紧围绕学员体验和教学质量，提供自营驾校服务的互联网驾校，都是在通过互联网的方式，抓住驾培行业的最终服务对象——学员。

（五）运管部门对互联网技术的运用

政府运管部门，也在深入利用互联网，加深供给侧改革。

例如，浙江嘉兴市运管部门依托"行业监管平台、企业计时平台、驾培公众服务网"三位一体的嘉兴智慧驾培体系，构建了视频、图像、文档合一的驾培数据库，实现了对驾培过程的准确记录，以提升培训服务能力，助推行业发展。

而据华龙网 2017 年 12 月的报道，重庆市运管部门也正在建设驾校信息平台，预计 2018 年下半年投入使用。届时，通过该平台，想学车的人将能够清楚了解全市驾校信息，并择优进行报名。所以，随着互联网的蓬勃发展，它将越来越深入地影响到整个驾培行业。

二 驾培行业区域性品牌日益增多：行业品牌意识增强

品牌是产品或服务的识别标志、一种精神象征、一种价值理念，是由消费者的认知与感受积累而成。当一个品牌真正形成的时候，意味着在每个消费者的心中都已经形成了一个对这个品牌的认知，而消费者对品牌在总体上的认知就形成了这个品牌的内涵。

《2017 驾培行业发展蓝皮书》预测回顾

在《2017 驾培行业发展蓝皮书》中，编委会预测了驾培行业品牌化的路径与酒店行业存在相似之处，需要由线下服务、品牌链接、服务标准化等综合积淀而成。未来的驾培市场品牌将出现分化，既有全国性的连锁品牌，也会有区域性优质品牌。

通过 2017 年的发展，可以看到，驾培行业品牌化道路的发展正如之前所说，虽还未出现多个全国性的连锁品牌，但区域性的品牌日益增多，且逐渐有形成跨区域品牌的趋势。

驾培行业经过多年发展，有一批驾校通过良好的办学条件、优质的服务、过硬的教学质量等，成功打造了品牌。例如，老牌驾校北京东方时尚驾校、长春地苑驾校、南昌白云驾校、广西荣兴驾校、深圳深港驾校、贵州吉源驾校、合肥八一驾校等，新兴驾校如昆明一乘驾校等。

部分驾校为了积极谋求发展，走出发源地，开始了跨区域办学。它们以已有的品牌为基础，积极地向外输出品牌的价值。它们的共同特点是：第一跨地域，通过兴建、收购当地驾校，输出标准化服务，发展全国性的分校；第二资源足，具有大量的资金、人脉、场地等资源；第三管理水平高，以总部为依托，将总部的经验向各分校推广；第四服务链长，覆盖了驾考培训、考试、汽车陪练、汽车维修、汽车保险、汽车美容等。北京的东方时尚驾校就是一个典型的例子。

东方时尚驾驶学校股份有限公司（股票代码：603377）成立于 1996 年，在短短十年间，从一个小型驾校发展为大型驾校。东方时尚一直秉承"让每位学员都满意"的服务宗旨，依靠覆盖全面的接送班车、完善的硬件条件以及优质的服务，在北京积累了良好的口碑，品牌知名度在北京稳居第一。在其他驾校纷纷陷入价格战的时候，东方时尚的收费价格反而上升，北京市场的占有率接近 25%。东方时尚在品牌形成之后，就逐渐削减了代理和门店，增强了互联网新型营销方式触达用户的能力，极大地降低了获客成本。在做好本地市场之后，东方时尚从 2011 年起，开始走出北京，在全国各地建立了分校。目前，东方时尚已经在昆明、荆州、石家庄、重庆、赣州、深圳、内蒙古、山东等 10余省区市建立了分校。在 2017 年的年度报告中，东方时尚表示要将公司打造

成具有全国影响力的驾驶培训服务企业，并横向纵向拓展业务，将驾驶培训扩展到汽车陪练、汽车租赁、汽车维修、汽车保险等汽车消费其他相关行业。

昆明一乘驾校成立于2011年8月，2012年第一个训练场投入运营。一乘驾校秉承"安全、优质、快捷"的一站式驾培服务标准。建立了"三个一流""六项承诺"等保证服务品质的培训要求，在于2016年7月开设第二个练车点之后，在短短两年间，就迅速开设了10多个校区，全面覆盖了昆明市区。可谓生长迅速，并展现了强劲的发展势头。

在众多的品牌驾校中，互联网驾校连锁品牌趣学车，也是一个典型的通过建立良好品牌而快速发展的例子。趣学车成立于2015年，结合互联网打造了线上服务平台与线下培训体系相结合的模式，以学员满意度为核心制定服务标准，秉承"让天下没有难考的驾照，成为马路杀手的杀手"这一使命，形成了优质品牌。因此，在短短两年时间内，趣学车就在全国各地开花，服务覆盖了上千万名大学生，受到了用户与资本市场的高度认可。

建立驾校品牌，扩大自身知名度，最直接的反馈就是招生难度大大降低。例如南昌的白云驾校，通过建立自身的优质品牌，招生量达到了地区第一，一举超越了之前的某老牌驾校；贵州吉源驾校，也是通过建立地区品牌，在2017年实现了招生量翻倍的跨越式发展……2017年的驾培市场变化，显示随着市场改革的深入，驾校品牌化的道路也在越走越深、越走越远。

三 自动驾驶对驾培行业的深度影响不会很快到来

2017年，全球的自动驾驶技术迎来了蓬勃发展。媒体报道不绝于耳，《别了，司机！》《你还考什么驾驶证？自动驾驶马上就来了》等类似标题的文章在网络等媒介里快速传播。这些耸人听闻的报道让消费者倍感期待，却让汽车行业、驾培行业的不少从业者陷入恐慌与迷茫之中。在厘清各种声音、回归商业应用角度的调查与梳理下，《2017驾培行业发展蓝皮书》编委会预计自动驾驶对驾培行业的深度影响不会很快到来。

对于驾培行业从业者来说，当下最重要的事依旧是以消费者需求为核心提供满意的服务。当自动驾驶技术逐渐普及时,驾培行业要拥抱这种一变化,自动驾驶与驾培行业可以相辅相成、共同发展。

在《2017驾培行业发展蓝皮书》中编委会预测说到,自动驾驶要达到最终成熟并大规模应用,还需要几十年时间,而在此之前,即使是具有最先进自动驾驶技术的汽车,也必须要有一位驾驶人,即交通法规要求的持证驾驶人。因此,自动驾驶想要取代驾照考试,涉及技术实现到法规制定的漫长过程,还有很长的路要走。

从2017年的行业发展来看,虽然自动驾驶技术发展迅速,政府部门也在鼓励、引导与规范自动驾驶技术及其应用的发展,但目前自动驾驶对驾培行业仍旧不会产生直接的负面影响。

(一)自动驾驶与无人驾驶的区别

自动驾驶和无人驾驶,很多人都会把两者混淆,通俗来说,二者之间存在"一个人"的距离。无人驾驶汽车的乘客只需安静地坐在车里,不必采取任何驾驶行为,甚至车内没有驾驶位,汽车会自动行驶到指定地点。而自动驾驶汽车,必须有驾驶位,虽然也可以替代驾驶人操控车辆,但在必要时会把车辆的控制权还给驾驶人。

目前在国际上,自动驾驶技术有严格的分级标准。美国汽车工程师协会(Society of Automotive Engineers,简称SAE)将自动驾驶分为6个级别(0~5级)。这一标准也被美国交通部所采用。

0级(L0):无自动化。没有任何自动驾驶功能、技术,司机对汽车所有的功能拥有绝对控制权。

1级(L1):驾驶支援。通过驾驶环境对方向盘和加减速中的一项操作提供驾驶支持,其他的驾驶动作都由人类驾驶员操作。

2级(L2):部分自动化。通过驾驶环境对方向盘和加减速中的多项操作提供驾驶支持,其他的驾驶动作都由人类驾驶员操作。

3级(L3):有条件自动化。由自动驾驶系统完成所有的驾驶操作。根据系统要求,人类驾驶者提供适当的应答。

驾培行业蓝皮书

4级（L4）：高度自动化。由自动驾驶系统完成所有的驾驶操作。根据系统要求，人类驾驶者不一定需要对所有的系统请求做出应答，限定道路和环境条件等。

5级（L5）：完全自动化。在所有人类驾驶者可以应付的道路和环境条件下，均可以由自动驾驶系统自主完成所有的驾驶操作。

根据上面的划分标准，"无人驾驶"是属于自动驾驶第5级的阶段，也就是自动驾驶的终极阶段。而根据北京、上海、重庆发布的自动驾驶路测细则，当前，国内自动驾驶的最新技术，也才发展到第3级的阶段，并且还处于第3级的初级阶段，正在路测阶段。所以，即使只从技术发展程度来看，距离"无人驾驶"，距离"别了，司机"，仍然还需要经历第3阶段的成熟，再到第4、第5阶段。因此，真正的无人驾驶的普及，还有着很长的路要走。

2018年4月12日由工信部、公安部、交通部三部委联合印发的《智能网联汽车道路测试管理规范（试行）》，对自动驾驶汽车进行了引申定义：自动驾驶汽车是智能网联汽车的通常叫法。

"智能网联汽车是指搭载先进的车载传感器、控制器、执行器等装置，并融合现代通信与网络技术，实现车与X（人、车、路、云端等）智能信息交换、共享，具备复杂环境感知、智能决策、协同控制等功能，可实现安全、高效、舒适、节能行驶，并最终可实现替代人来操作的新一代汽车。智能网联汽车通常也被称为智能汽车、自动驾驶汽车等。

智能网联汽车自动驾驶包括有条件自动驾驶、高度自动驾驶和完全自动驾驶。有条件自动驾驶是指系统完成所有驾驶操作，根据系统请求，驾驶人需要提供适当的干预；高度自动驾驶是指系统完成所有驾驶操作，特定环境下系统会向驾驶人提出响应请求，驾驶人可以对系统请求不进行响应；完全自动驾驶是指系统可以完成驾驶人能够完成的所有道路环境下的操作，不需要驾驶人介入。"[①]

按照如上定义，只有完全自动驾驶可以称为无人驾驶。

---

① 《多部门关于印发〈智能网联汽车道路测试管理规范（试行）〉的通知》，中央人民政府官网，http://www.gov.cn/xinwen/2018-04/12/content_5281923.htm，2018年4月12日。

那么，完全自动驾驶有没有可能跨越式地取代有条件自动驾驶呢？事实上，路测是自动驾驶技术积累不可或缺的一步。

（二）当前自动驾驶发展状况

随着互联网技术和人工智能的发展，发端于20世纪70年代的自动驾驶汽车研究，近年来进展迅速。汤森路透的知识产权与科技报告显示，2010~2015年，与汽车自动驾驶技术相关的发明专利超过22000件。

2017年是自动驾驶从理论实验走向实践、落地发展关键的一年。2017年12月18日，北京市交通委下发通知，宣布正式印发《北京市关于加快推进自动驾驶车辆道路测试有关工作的指导意见（试行）》和《北京市自动驾驶车辆道路测试管理实施细则（试行）》两个文件。正式就北京地区的自动驾驶测试活动提出了管理规范，以鼓励、支持、规范汽车自动驾驶相关研发，加快自动驾驶商业化落地进程。

继北京之后，上海经信委、公安局、交通委联合印发了《上海市智能网联汽车道路测试管理办法（试行）》。并在其后指定了嘉定区安全性高、风险等级低的5.6公里道路作为上海市第一阶段智能网联汽车开放测试道路。这标志着上海也开放了自动驾驶的路测。不仅北京和上海，2018年3月14号，重庆也开放了自动驾驶路测，成为全国第三个出台自动驾驶路测细则的城市，而有消息称，杭州也即将开放自动驾驶路测。

2018年4月12日，工信部、公安部、交通部三部委联合印发《智能网联汽车道路测试管理规范（试行）》，要求相关主管部门可以根据当地实际情况，制定实施细则，具体组织开展智能网联汽车道路测试工作。①

毫无疑问，我国的自动驾驶汽车行业正在蓬勃发展。

（三）自动驾驶对驾培行业的深度影响不会很快到来

2018年1月20~21日，"2018中国电动汽车百人会论坛"在北京钓鱼台

---

① 《多部门关于印发〈智能网联汽车道路测试管理规范（试行）〉的通知》，中央人民政府官网，http://www.gov.cn/xinwen/2018-04/12/content_5281923.htm，2018年4月12日。

召开，决定中国汽车行业走向的权威领导、专家学者齐聚论坛。会上，深圳"阿尔法巴智能驾驶公交系统"实验的指导单位交通部公路科学研究院、国家智能交通系统工程技术研究中心（ITSC）的顶级专家王笑京发表了公开演讲，指出无人驾驶的发展状况以及需要解决的若干问题，可谓给狂热的"无人驾驶"鼓吹者泼了一盆冷水。

王笑京在演讲中指出："交通运输系统是一个基于基础设施和社会运行的体系。交通运输的法规、交通运输的标准的制定和修订都是一个慢变化过程，是一步一步更新的。"这就是说，自动驾驶要想取代现在的驾驶模式，需要的不仅仅是技术上的成熟，更需要基础设置的配套建设、法律法规的制定修订落地、商业成本的降低、社会的接受等。我国既有的道路是根据交通工程学为人驾驶而设计的，不是为自动驾驶设计的，它的一系列参数全是基于人的反应。而车，是根据人机共生学，为了人的安全和方便驾驶而设计的，也不是为了自动驾驶而设计。在不久的将来，各种形式的智能汽车和人驾驶的汽车混行的情景可能是要存在一段时间。未来如果实现全部汽车自动化，从道路基础到交通部门，以及其他的配套设施，需要怎样的发展，做出怎样的改造，这些甚至都还没有结论。因此，解决这些问题，必然是一步步更新的过程，这个过程必然是快不起来的。

王笑京还指出，在任何一个社会当中，交通运输的使命当中，安全都是第一位的，而目前的自动驾驶技术发展，对于驾驶人的安全保障，还是远远不够的。尤其是在自动驾驶车辆成为道路的主流之前，有极大的可能性，是要有相当的一段时间，是处于混合交通的状态，也就是路上既有自动驾驶的车辆在跑，也有非自动驾驶的车辆在跑。在这样复杂的交通环境下，如何保障驾驶人的安全，是必须慎重考虑的。2018年3月18日，美国亚利桑那州的坦佩市，49岁女子Elaine Herzberg在穿马路时被一辆正在无人驾驶的Uber车撞死。而在此之前，在美国佛罗里达州的高速公路上，一辆特斯拉Model S在自动驾驶模式下，撞上并钻入了一辆18轮大拖车的车底，导致车内人员当场死亡。这样的事例，必然会导致在考虑自动驾驶技术发展的时候，将安全作为重中之重，也会导致自动驾驶在发展的道路上会被更谨慎地看待。

自动驾驶真正上路,必然离不开政策的支持,而任何一项政策措施落地,都是需要反复考虑和衡量的。在演讲中,王笑京工程师指出在自动驾驶技术发展最为迅速的美国,参议院提到对于自动驾驶,必须解决如下两个问题:第一,企业必须要安全评估,这个评估是要数据作基础的,不是企业说安全就是安全,要符合一定的规则;第二,要提交网络安全计划,同时证明在有效法案颁布之前,不能对自动驾驶汽车进行安全豁免,车上必须安装后座乘务员报警系统。而在国内,这样的法律法规,甚至都还未出台。因此,在无人驾驶大规模应用之前,相应的法律法规的制定,也不会是一朝一夕的事情。

可以看到,由于技术局限、道路交通系统基础限制、安全考量、法律法规仍需健全等问题,人工驾驶汽车是不会很快就被自动驾驶汽车取代的。国际权威的咨询机构麦肯锡的一份研究报告指出,未来交通领域中,到2030年,自动驾驶汽车的零部件份额,可能占不到10%以上。

对于自动驾驶汽车在中国完全上路时间表的预计,工信部等发布的《汽车产业中长期发展规划》称,2025年高度(L4)和完全(L5)自动化驾驶汽车开始进入市场。有关部委领导针对自动驾驶这一公众热点表示:自动驾驶法律法规尚在研究,没有时间表;无人驾驶还在实验过程中,尚不成熟。

2017年的自动驾驶行业态势,也印证了在《2017驾培行业发展蓝皮书》中所做的预测,无人驾驶想要取代驾照考试,还有着很长的路。

对于驾培行业,自动驾驶所带来的影响,在一定的时期内不会是颠覆性的。与之相反,它可能会导致对现有驾培内容的扩充。可以看到,《智能网联汽车道路测试管理规范(试行)》中的自动驾驶路测细则,要求测试车辆必须配备对应的驾驶员,还要求驾驶人必须是一位老司机。要求测试驾驶人必须达到如下基本要求。

"第六条 测试驾驶人是指经测试主体授权,负责测试并在出现紧急情况时对测试车辆实施应急措施的驾驶人,应符合下列条件:

(一)与测试主体签订有劳动合同或劳务合同;

(二)取得相应准驾车型驾驶证并具有3年以上驾驶经历;

(三)最近连续3个记分周期内无满分记录;

（四）最近 1 年内无超速 50% 以上、违反交通信号灯通行等严重交通违法行为记录；

（五）无饮酒后驾驶或者醉酒驾驶机动车记录，无服用国家管制的精神药品或者麻醉药品记录；

（六）无致人死亡或者重伤的交通事故责任记录；

（七）经测试主体自动驾驶培训，熟悉自动驾驶测试规程，掌握自动驾驶测试操作方法，具备紧急状态下应急处置能力；

（八）法律、法规规章规定的其他条件。"

以上对于自动驾驶汽车司机的要求中，对驾驶人操作要求更高，安全驾驶知识要求更高。因此大胆猜测，未来的驾驶培训考试发展，将是对现有培训内容的扩充，将有可能包含对应自动驾驶的相关内容。例如，在英国的驾培考试中，已经出现了需要增加对导航系统的使用的考试内容。

所以，对于身处驾培行业的从业者来说，应该理性看待自动驾驶的发展，拥抱自动驾驶带来的变化。诚然，自动驾驶汽车技术尚未对驾培行业造成深入的影响，但是，随着汽车工业和消费市场发展，市面销售的主流车型呈现明显自动化和电动化的趋势，自动挡车型占比越来越高，C2 驾驶证的需求呈现明显的增长趋势。因此，驾校经营者也需要重视提高 C2 驾驶证培训资源的比重等问题了。

B.3 2018年驾培行业发展展望

刘治国　刘文海　聂品　谢连康　赵兵兵

摘　要： 展望2018年驾培行业的发展，驾培行业的整体竞争环境将更加激烈，行业洗牌还会加剧。驾校运营者急需调整运营策略，运营改革势在必行；政策将进一步简政放权，监管更加严格规范；资本并购更加活跃，将出现全国性、区域性驾校连锁品牌；驾培机构回归服务本质，通过精细化运营提升服务满意度。

对此展开对驾培行业未来趋势的研究，如驾培机构经营模式的创新概念"新驾培"，探索优化经营成本结构的新机会，以及资本驱动的驾培机构合作新模式。

关键词： 新驾培　电动教练车　资本化驱动合作共赢

一　概述

（一）竞争环境更加激烈，行业洗牌加剧，驾校运营改革势在必行

2014年11月24日，国务院印发《国务院关于取消和调整一批行政审批项目等事项的决定》（国发〔2014〕50号），机动车驾驶员培训业务许可证核发改为后置审批。再加上2015年12月10日，国务院下发《国务院办公厅转发公安部交通运输部关于推进机动车驾驶人培训考试制度改革意见的通知》（国办发〔2015〕88号），驾校年新增数量急剧增加，市场供大于求的形势进一步恶化。

《中国道路运输发展报告》的数据显示，2012年我国机动车驾驶员培训机构业户11557户，2016年达到16512户，自2012年到2016年，机动车驾驶员培训机构数量以平均每年9.3%的速度增长，通过行政去产能效果不明显，驾培市场竞争者还在源源不断涌入。在驾校资产配置方面，2012年底全国机动车驾驶员培训机构共有教学车辆43.4019万辆，教练员52.3万人，年培训学员量为2228.8万人次。但截至2016年底，教练车72.7万辆，教练员近87.1万人，年培训学员量2686.6万人次。上述资料反映出，我国驾校2016年同2012年相比，培训学员数增长20.5%，但教练车辆和教练员配置数分别增长了67.5%和66.5%，年车均学员培训量却从2012年的51人左右降到了2016年的39人左右。

预计2017年及2018年，驾培行业在惯性影响下产能将继续增加。市场供求关系失衡、产能过剩态势加剧。基于产能过剩的市场环境，市场的"无形之手"开始反应，2018年行业洗牌将加剧，更多的驾校或主动退出，或被淘汰，或迫于经营的压力停掉部分分训场和教练车。

考虑到驾校总量依然巨大，2018年驾培市场仍然会面临比2017年更激烈的市场竞争环境，驾校需要寻求新的运营方式，来确保自己的市场份额，实现盈利，保证生存和持续发展。但是受驾校规模和传统管理习惯的影响，能预见未来市场趋势并有能力做出运营改革的驾校相对较少。大部分驾校为了在行业改革的过程中生存下来，将继续用降价牺牲利润的方式来招生或者通过教练挂靠的方式来转移运营压力，从而勉强维持生存，让自己陷入更加严峻的恶性行业竞争或更大的运营风险之中。2018年，行业的无序恶性竞争，行业产能的绝对过剩，将导致大多数驾校生存艰难。

2018年，在大的消费升级趋势下，中国驾培市场总量依然很大。预计多数驾校经营者会惯性地扩大场地、增加车辆和教职员工，甚至是以价换量，通过发动价格战争夺生源，驾校经营管理者将很难有精力去兼顾教学质量和使命担当。

但是在驾培行业产品及服务日趋同质化的情况下，2018年将有部分驾校走在行业发展的前沿，为行业提供新的运营模式实践，驾校运营改革势在必行。

（二）进一步简政放权，监管更加严格规范

驾培改革伊始，新批驾校由先申请行政许可再办工商营业执照改为由先办工商营业执照再办理行政许可证，很多人认为驾培市场将全面无条件放开。在这一乐观预期下，近几年来各地出现了兴办驾校热潮和驾培市场的恶性竞争泛滥。

回顾驾培改革总体要求，是全面推进简政放权、放管结合、优化服务，坚持以问题为导向、以改革为动力，促进驾驶培训市场开放竞争、驾驶考试公平公正、服务管理便捷高效，不断满足人民群众驾驶培训考试需求，不断提高驾驶培训考试质量，着力维护道路交通安全、文明、有序。2017年11月1日，由国土资源部组织修订的国家标准《土地利用现状分类》经国家质检总局、国家标准化管理委员会批准发布并实施。在此标准中，规定了土地利用的类型、含义，其中将教练场用地正式列入交通运输用地。这对驾培行业无疑是重大利好消息，意味着行业今后有望告别"租地搞驾培、随时可能被查处"的尴尬。早在《关于推进机动车驾驶人培训考试制度改革的意见》出台之初，时任的交通运输部副部长就指出："推进市场化的同时也必须加强市场监管，特别是要创新监管的方式方法，强化事中事后监管"。

基于驾培改革的总体思路，2018年是驾培改革三年过渡期的最后一年。经过之前两年时间的摸索，驾培课时和考试系统尚未全部形成无缝对接，从而衍生了诸多市场不规范行为。在产能过剩的行业背景下，创新监管方式，加强行政执法力度将成为2018年的主旋律，行业主管部门将进一步加强驾考、驾培部门的联动机制，将进一步加大对黑驾校的治理和打击，将进一步加强对学时的监管，加大学时造假打击力度，加强对驾校的质量信誉考核，以有效防止出现驾培行业"劣币驱逐良币"的现象。需要特别指出的是，降价促销、价格竞争可能是驾校发展过程中必须经历的磨难，是市场大步开放后很难逾越的阶段，驾培行业内部不能只寄希望于政府来出手救市，应该自发地组织起来，营造一个良好的市场环境。

（三）资本并购更加活跃，将出现全国性、区域性驾校连锁品牌

2015年12月，一乘驾校在新三板挂牌上市，开启了驾校上市的先河。

2016年2月，以驾培服务为主营业务的东方时尚在A股上市。作为A股首家上市驾驶培训服务企业，东方时尚在上市后增强了公司的融资能力，加速全国布局，先后进入昆明、重庆、天津、山西、山东等地。建立全国连锁品牌，继续扩大领先优势。

2018年2月，郑州成功驾校拟通过重大资产重组曲线上市。

在驾培行业上市日渐成为行业热点的时候，一些驾校开始寻求联盟合作、转让售卖、资产重组。兼并收购、连锁经营已经渐成气候，倒逼之下，驾培市场的集中化进程加快。预计2018年，在直营、承包挂靠模式外，托管、联盟、连锁、集团化将屡见不鲜，市场集中度将进一步提升。大鱼吃小鱼、快鱼吃慢鱼，将成为市场常态；连锁经营、加盟模式出现在驾培行业将成为可能。2018年，随着更多资本的入局，驾培行业将加速整合、兼并、收购、重组的过程，驾培行业在资本市场将更加活跃，甚至会出现多家区域性、全国性的驾校连锁品牌。

（四）驾培机构回归服务本质，通过精细化运营提升服务满意度

2018年，驾培行业在不断适应新时代经济社会发展形势，将继续依托市场和技术发展潮流，经历从高速发展转向高质量发展的阶段。驾校依靠垄断资源获取丰厚利润的时代已经成为过去，驾培行业将越来越市场化。

在产能严重过剩的当下，传统粗放型经营管理方式已经陷入低价竞争、低质服务、低微利润的恶性循环。那些重视学员体验和回归商业本质的高质量教学和特色服务驾校将崭露头角，更多驾培机构将回归服务本质，通过精细化运营提升服务满意度。传统粗放式管理下的那些黑驾校，黑挂靠以及存在吃拿卡要、胡乱收费等现象的驾校将不再有生存空间，驾校将以服务品质和用户口碑赢得市场的认可。越来越多的驾校将通过精细化运营，更加重视用户体验，更多个性化、多元化的教学服务套餐以及年轻化的教练员将顺应

市场的需求被逐一推出。2018年会有更多驾校陆续推出集训班、周末班、夜间班、女生班、闺蜜班等个性化班别，也会有更多驾校通过以赛车、机器人、二次元等主题元素来设计训练场，吸引年轻学员。特别是在"互联网+"的背景下，越来越多的驾培机构将拥抱互联网，信息化的应用将更加深入，学员的服务体验、培训效率将进一步提升，从而极大地改变让学员一切听从安排的教学方式，提高互动化的程度。通过手机APP等方式，把主动权让给学员，由学员自主报名、预约教练、预约考试，学员与学员之间可以分享学车心得，学员跟教练之间也可以进行更多的互动，甚至邀请老学员参与课程的设计、学员福利的运营等活动，来提升学员对驾校活动的参与感和对驾校的认同度。

（五）新模式、新技术得到应用

新科技对驾培行业的影响直接而深远，新科技、新模式的出现已经直接或间接影响到驾培行业，技术的变革让驾培行业变得更加高效、更智能，更符合人性，主要集中在以下几点。

1. "VR+学车"

"VR+学车"所建立的虚拟环境是由基于真实数据建立的数字模型组合而成，严格遵循工程项目设计的标准和要求建立逼真的三维场景，对驾培考试项目进行真实的仿真"再现"。目前"VR+学车"可以结合驾校考场实景拍摄研制，实现虚拟三维场景，任意漫游、人机交互并全面涵盖科目一（理论）、科目二（五项）、科目三（路考）、科目四（理论）等相关考试内容。"VR+学车"系统在模拟驾驶训练中，各操作件通过各自的传感器，经数据传感板给计算机信号，配合虚拟头盔，达到模拟训练目的。在虚拟驾驶训练系统中，利用VR技术可模拟零重力环境，可部分代替现在学员实车驾驶训练的方法，并较好地达到各个训练科目的预期训练效果。随着虚拟现实技术的快速引入，新技术将在汽车驾驶训练及教学中取得飞跃性的进步，并改变整个行业的产业布局，使"VR+学车"系统科技含量高、效果逼真、画面冲击力强等特点更加突出，并在驾培领域开拓出广阔的市场空间。

但是，驾培机构也要意识到，虽然逼真的模拟驾驶既能帮助驾校降低教

驾培行业蓝皮书

练人工、汽车损耗、安全风险等各方面成本,对于学员而言,有效的模拟驾驶训练也节省了外出练车的时间、人力成本等,但VR设备受精细度、清晰度等因素影响,模拟越真实、影像越高清,价格越高。并且中国道路环境相当复杂,VR技术无法在短时间内完全模拟,短时间内"VR+学车"也无法取代传统驾培机构,也暂时无法完全代替现场学车。驾驶行为可以通过VR来教导,但是车感还是必须通过真车教学才能实现。"VR+学车"可作为现有驾培模式的有益补充。

2. 共享驾培

共享驾培是互联网在驾培行业运用的一种模式,目前共享驾培主要是两个方面。一是共享教练,平台直接对接教练,利用教练的场地资源和车辆资源来培训学员。另一种是共享驾校,学员通过平台软件直接报名,利用碎片化时间通过充值付费的方式预约学车从而享受随时随地学车的便捷,学员还可以在手机APP上对服务进行评价。传统驾校互联网化,不仅可以通过手机APP来获取学员,还可以通过手机APP获取订单后分配给教练,规划教练教学时间,教练接单后通过自身的服务质量提升单量和收入。

二 "新驾培"——驾校经营模式的创新

2018年4月8日,知名偶像团体TFBOYS队长王俊凯喜提驾照成为网络热门话题。1999年9月21日出生的当红"小鲜肉"王俊凯前不久刚刚拿到驾照,网传的一段他开着一辆丰田车上路的视频引起了不少网友的议论。他被采访时表示,他在成年之后的第一个愿望就是拿到驾照。果然不负所望,成年后不久就考取了驾照,刚刚拿了驾照就忍不住开车上路了。

按照《机动车驾驶证申领和使用规定》,在中国申请小型汽车、小型自动挡汽车、残疾人专用小型自动挡载客汽车、轻便摩托车准驾车型的,年龄范围在18周岁以上、70周岁以下。而今,1995年及之后出生的青年人(Z世代)都已经开始走入驾校学习驾驶技能。未来,驾校的学员将越来越年轻化,"95后""00后"成为学车生力军,老中青同时学车的现象会不多见。

无论驾校经营管理者同不同意，有没有做好准备，以 Z 世代为主的新生代学员已经登场了，驾培市场的目标受众和场景都将发生改变。如果驾校经营者还对新驾培、新营销、社群、新媒体、体验优化、数据资产、品牌重塑、渠道变革、价值和创新等名词一无所知的话，那么对驾校的经营而言，是十分危险的。

（一）未来学员的消费特性

很显然，"95 后"将是驾培市场的新宠，市场营销学者将其归于 Z 世代消费群体。Z 世代泛指"95 后"，即 1996~2010 年出生的一代人。这些年轻人还代表了明天的市场。市场上现在形成的品牌关系，会影响他们未来的购买行为，影响他们自己和父母亲的消费选择。根据第六次人口普查公报，1995~2000 年出生的人口总数为 92932946 人，加之年龄更小的"00 后"，中国的 Z 世代人口总数和占比不可小觑。

Z 世代的成长过程对消费市场的影响持续加大且加重。据不完全统计，2015 年全球 Z 世代零花钱有 400 多亿美金，父母在 2015 年一共为 Z 世代花费了 1400 亿美金，而 IBM 与美国零售联合会（NRF）共同发表的调研报告表明，到 2020 年，全球 Z 世代消费者总数将达到 26 亿人。

随着 Z 世代已经或即将到达合法学驾年龄，他们对驾培市场的影响力会越来越大。Z 世代在国内经济进入繁荣期之后出生，他们早熟、个性张扬、独立并且不羁。他们独特的消费模式正在影响着许多企业的营销策略。

1. 前卫时尚的消费选择

Z 世代喜欢有未来感的事物，对于消费也注重其时尚特性，注重个人精神愉悦和满足。这种消费偏好要求商品在包装、色彩、名称、宣传方式等方面有新变化，不需太多成本，只要以 Z 世代追求个性、新鲜、创意的需求为主旨即可。

2. 群体认同的消费意识

Z 世代在追求自我的同时，又有很强的群体主义意识。他们按照自己的偏好和社交，分为不同的小圈子，每个小圈子的规范作用和比较作用影响着

他们的消费观念、消费方式、消费动机,导致消费心理趋同。在这些圈子里,他们乐于分享自己的体验,也乐于接受别人的经验总结,进而将其作为自己消费行为的依据。他们是感性的群体,易受他人影响,爱模仿、学榜样,习惯把与自己特征或者价值取向相同的人、同龄的成功者、敬仰的知名人士作为自己行为的主要参照物。

3. 追求娱乐新奇的消费行为

Z世代崇尚多元化的消费方式,乐意通过多种途径接受产品传播和品牌塑造。他们喜欢尝试新品;他们喜欢尝试刺激,一切新奇的、好玩的东西都会吸引他们的注意,在享受快乐的同时也会爱屋及乌地记住并消费快乐的源泉。

4. 简捷高效的消费偏好

Z世代是从小吃肯德基、麦当劳、必胜客长大的一代,快餐文化率先在他们身上普及。他们享受着生活的高效和简捷,他们在消费着产品的同时,也在消费着方便和快捷,这也就不难理解为什么他们热衷于网购。

5. 崇尚张扬个性的消费行为

由于网络普及和教育民主化程度的提高,传统的教育方式和学习模式发生了改变,Z世代获取信息更加快捷,知识更加丰富,对自己的人生表现出的信心和理性远超过他们的前辈。Z世代思维独立、自信,自我意识、自主意识越来越强。他们不愿被束缚,希望张扬个性,向往独立自由的生活方式。

6. 听从网络和父母的消费意见

Z世代在他们的社交生活和购物中完美地融合了线上和线下活动。Z世代最主要的特点是他们甚至比千禧一代更热衷和玩转数字技术。Z世代自然地使用智能手机、平板电脑、网络游戏、无线网络、数字和社交媒体。一位分析家调侃说:"只要他们醒着,他们就在网上。"另一位分析家说:"数字化已经进入他们的DNA。"根据一项最近的研究,尽管他们还年轻,超过半数的Z世代少年和青少年在购买产品服务之前会进行研究,或者让他们的父母为之购买。

(二)未来学员的学车场景

"95后""00后"学员的学车需求已经不同于过去的学员。在全民消费升级的大环境下，此处尝试站在学员的角度设想一下未来的学车场景。

李小姐是一位"95后"的白领，她计划学车，但平时比较忙，只有周末有时间。由于之前没有经验，对于学车流程不熟悉，正好她近期收到了关于学车的手机APP消息推送。于是她下载了APP进行了解，进入APP，李小姐在回答了有关其位置、职业、收入水平、时间安排、拿证速度要求等的电子问卷后，系统推送了对应班型、费用明细、学车流程等信息，显示训练场地的电子地图位置、交通路线、现场全景图片和其他服务实施，并根据李小姐的学车需求制定了学车计划。她可以很直观地看到，按照学车计划明确的各阶段时间点和取证时间。

李小姐征询了父母意见后通过APP缴费，签署电子合同，上传身份证、照片、电话号码等注册资料。注册成功后，在APP上开始科目一理论学习，预约考试。科目一考试完毕后，通过APP预约练车时间，根据教练员资料和学员评价自主选择教练员。到达场地后，教练员根据驾校标准化学车流程实施教学，并利用VR、智能机器人教练等科技设备辅助教学。

李小姐在练车休息期间，可到驾校的餐饮休息区品尝美食饮料。每次练车后，她能在APP上接收到教练员对她训练情况进行的点评和总结，提醒的注意事项。李小姐根据自己的学车感受对教练的服务进行评价，也可向驾校反馈自己的意见或者建议并会得到及时回复。

李小姐介绍朋友来学车，她的朋友可以享受一定的优惠，李小姐也可以享受课时赠送、免费考场模拟、陪驾、车友俱乐部等福利。考取驾照后，APP根据李小姐的资料数据推荐相关车型，李小姐也可在APP上根据自己的收入水平、购车时间、购车价格、车辆配置、品牌需求等选项，选购中意车型。驾校对自己的学员购车有相应的折扣优惠，并提供陪驾、保险、上牌、车检、保养、维修、违章办理等服务。李小姐从学车到购车、再到车辆使用后的事宜都可以在驾校得到专业服务。

（三）未来驾校的经营场景

在互联网、大数据的时代背景下，从驾校的角度来构想一下未来经营的场景。

依据大数据分析，通过微信、QQ或者其他平台等渠道对驾校覆盖范围内的潜在学员进行网络推广；根据学员的个性化、多元化服务体验需求，设计不同班别以供选择；标准化教学模块，多样化服务项目；设立科学的薪酬体系对教练员队伍进行管理，提升通过率；使用新科技教学设备加强体验、提高效率、降低成本。通过练车过程管理及需求的数据收集，对学员进行跟踪服务，信息化管理学员，把控每一个学员的学车过程，跟进学员练车进度，提高学员练车效率。整合其他商业资源，设立娱乐餐饮设施或场所，扩大服务范围，让学员在轻松休闲的环境中体验学车的乐趣；不定期举办各种学员活动，提升服务体验，增加学员黏度。充分利用车后市场入口的优势，将车辆销售、车辆保险、维修保养等各项汽车市场服务内容纳入经营范围，在满足学员车后市场需求的同时，使学员资源利益最大化，增加驾校收入渠道。

如果用一个新名词来概括的话，可以将上述情况统称为"新驾培"。"新驾培"是指驾校以深化学员关系为基线，通过运用互联网、大数据、人工智能等先进技术手段，对驾校的教学、服务与营销过程进行升级改造，进而重塑业态结构与生态圈，并对线上服务、线下体验以及汽车产业链进行深度融合的驾培新模式。归纳起来，新驾培具有五大特征。

1. 经营品牌化

品牌代表着质量可靠、信誉有保证。品牌表达了消费者对某种产品及其性能的认知和感受。品牌并不仅仅是一个名称或者一个象征，它是驾校与学员关系中一个关键的要素。在驾校越来越多的今天，在市场信息越来越繁杂的未来，Z世代的学员在消费选择时讨厌复杂，喜欢简单。因此，有品牌的驾校在市场上有更大的竞争力，也因此能获得品牌的溢价。目前品牌的价值越来越重要，在红海市场中品牌稀缺时尤其凸显出价值。就驾培行业而言，由于市场化的进程晚于其他开放的行业，因此，驾校的品牌价值还没有被消费者完全认知，处在这个时期，最需要的就是抓住机遇，坚定不移地走品牌建设之路，谁做得越早，谁的品牌含金量就越高，谁就能发展得越好。而那些不注重品牌建设的驾校，肯定要面临被淘汰的危险。

驾校进行品牌建设落到实处就是要提升学员的满意度，就是要不断提高教学质量和服务水平。具体到当地市场，由于驾培市场的区域性特点，驾校的口碑传播成为老百姓的重要选择参考。如果学员对驾校的教学服务及其他方面交口称赞，该驾校在当地人民群众中口口相传，或者好评能够在网络频频出现，众口铄金，让驾校成为当地的金凤凰。

针对 Z 世代学员的特点，驾校还应该着重打造品牌的个性化，突出办学特色，以鲜明的个性和品牌定位立足于市场。此外，秉持便利、就近练车的原则，驾校应着力于网格化布局，通过并购重组、连锁经营、品牌联盟，走集约化、规模化发展之路。

2. 营销全渠道化

营销全渠道化是指驾校必须多管齐下，坚持市场导向，通过线上线下各种方式、多种渠道接触学员，获取更多的优质生源。

近两年，不少互联网招生平台利用驾校不擅长网络营销的缺点，在线下低价截流生源。但遇到了很多的问题，譬如为了招生随意虚假承诺，教学地点和教练员货不对板，培训时间、服务质量无法保证等，从而被社会广为诟病，也引发了被学员经常投诉的痛点。随着移动互联网红利的逐渐消失，一些互联网招生平台开始向线下布局，比如猪兼强、58 学车，已经在线下收购驾校，自建培训基地。与此同时，更多线下传统驾校，也在往线上延伸，如郑州百顺驾培试水电商。

线上线下结合的全渠道营销模式成为大势所趋，每个驾校都要考虑开展全员营销、利用驾校新老学员的口碑传介绍、建立招生报名点、代理招生、去厂矿机关团体大客户营销、网络营销、建立专业招生团队进行人员推销……线上线下全渠道的融合自然而然成了创造新增长的动力，线上和线下的边界越来越模糊，就整个驾培业来说，竞争不再来源于线上和线下的模式，而要回归市场的本质：谁能更深化与市场（学员）的联系。

3. 教学个性化

教学个性化必须建立在教学标准化的基础上，这是一个不可逾越的阶段。个性化教学是根据学员的设定来实现，依据学员需求提供教学服务。值得注意的是，驾校对教学过程的把控是需要标准化的，标准化是驾校规范每个教练教学方法的有效途径，是提高学员满意度的好办法，也是管理教学过程、达到学员预期满意度的方式。从字面理解来看标准化与个性化是相互矛盾的，其实正确的理解应该是，标准化不是一刀切，而是将教学方式依据不同的情形分解成不同的教学模块，将教学模块标准化，针对不同需求的学员提供对应的教学模块。打个比方，冰激凌店有很多种口味的产品，每个顾客的口味需求是不一样的，但是每种口味的制作方式是要标准化生产的。所以，要根据学员的不同需求提供多样的教学服务，因需施教，因材施教。

不论驾校的经营到了哪个高度，高水平的教学质量永远是驾校品牌创立的根本。就驾校而言，"教学质量"就是驾校的生命。驾校的教学质量不但体现在学员的通过率上，还体现在学员取证后安全驾驶的水平上。一个驾校的教学质量越好，就越能得到学员的认可，品牌就越硬，驾校的效益就越好。驾校的品牌建设自然要遵循这一原则。为了提高整体教学品质，必须实行标准化教学。教学标准化要求驾校规范教学方法、统一教学方案，优化教学流程、提升教学效率。在此基础上，教练员再视学员情况因人施教，提供个性化的教学内容。譬如，对女学员侧重方向感的培养及导航系统实用的培训；对安全驾驶意识强的学员，应增加更换轮胎、车辆自燃灭火应急处置的教学内容；对高考生学员着重安全文明驾驶意识的培养和理论知识的教育。

随着人民群众对安全出行的美好需求越来越重视，驾校不能再把学员考试合格率高等同于教学质量高，应试环境下培训出来的学员大多只具备"考试技能"，缺少"规范的驾驶方法"和"安全文明驾驶意识"。这样的学员只能算是"合法驾驶人"而不是"安全驾驶人"，他们将车开到哪里就会把安全隐患带到哪里，对他人和自己的安全都将产生危害。因此，教学个性化的出发点和落脚点应该是要对学员进行"素质教学"，帮助学员真正做到安全驾驶、文明驾驶。

4. 服务人文化

驾校的服务应该是以学员为中心，围绕学员是否满意而开展教学之外的所有工作。"市场的需求就是驾校努力的方向，由于新世代的学员个性鲜明，驾校更要提供人文化的服务，多些人文关怀，提供其所需要的服务。"

人文化的服务已经开始被越来越多的驾校重视起来，很多驾校的报名大厅里悬挂着温馨的服务用语，训练场设置了休息室、免费提供茶水，等等。然而，"新驾培"中服务的升级是重要的核心之一，那怎样做到服务升级呢？这就需要驾校从本位思想的"学员请注意"，转变到"请注意学员"的以客户为中心的理念上来。驾校应主动了解、梳理学员的需求，有针对性地协助学员解决问题，如：针对带小孩的学员，驾校可以设置母婴室或儿童休息室；针对女性学员，可以招聘女教练供学员选择；针对社交需求强的学员，在学员社群组织交友活动等；针对拿证后仍不敢上路的学员，提供陪练、陪驾服务；对遇到紧急情况的学员，提供应急帮助等。目的是以人为本，给学员提供超出预期的体验感受，让学员高度满意，从而使学员成为忠诚客户，主动宣传驾校。

无论是何种服务，最终都需要人来完成。因此，服务水平归根结底是人的水平，只有优秀的员工才能打造优秀的驾校，高素质的员工越多，驾校的品牌含金量就越高。通过对人员"全面培训提升素养、制度规范形成自律、文化熏陶增强归属"，将员工利益与驾校利益紧密结合起来，让学员体验到真诚的服务，赢得学员满意度、社会信誉和口碑。

5. 运营数据化

数据化就是将驾校的各个运营环节，如招生情况、合格率、学员管理等通过信息系统来生成各类信息资料，提供给相关人员了解"现在招生什么情况""学员的满意度评价监测""学员练车进度到了哪里""车辆使用情况"等业务动态信息。以利于提高工作效率，做出有利于教学服务改进的决策，让驾校资源得到合理配置，使驾校能适应多变的市场竞争环境，求得最大的经济效益。

通过运营数据化，驾校可以根据招生数据来分析招生范围、招生渠道、市场推广方法，细分市场进行准确的市场定位、实现精准营销；可以人车互联，收集学员学习驾驶习惯，实现数据推动教学内容优化，根据学员练车情况监督教学服务，提高教学效率和驾校产能，促使驾校运营服务战略升级；

还可以实现导流,将学员引导至驾驶培训后市场,向学员提供汽车消费金融、驾驶证年检、购车修车、汽车保险等延伸服务。在驾校的管理体系中,数据化是手段、运营是关键、业务流程的优化或重组是核心,增强驾校的核心竞争力、实现企业价值的最大化是最终目的。

通过以上对未来驾培行业学员与驾校两个维度的描述,结合驾培行业的现状,可以预测出经营模式的创新将是驾培行业未来发展的必然趋势。创造"新驾培"生态圈,目的就是降低成本、提升效率、优化体验。通过精准化、以体验为主的模式,去了解学员,满足并引导学员需求。推动线上与线下的一体化进程,关键在于使线上的互联网力量和线下的服务终端形成真正意义上的合力,以"新营销""新教学""新服务"为核心要素,从而完成"新驾培"在商业维度上的优化升级。同时,促成价格消费时代向价值消费时代的全面转型。

三 综合成本上升的趋势下,探索优化成本结构的新机会

随着驾培行业劳动成本和其他固定成本如场地成本的不断提升,探索提升效率、降低成本的新方案,成为驾校经营者对未来思考的主要问题。

每一位驾校经营者心中都有一个"经营账本"。首先,驾校经营想要实现盈利,需要从开源和节流两个方面去考虑。开源就是提升驾培服务的价格、吸引更多的学员参与从而扩大市场份额。节流则是对成本的把控,要合理地控制并降低运营过程中各个环节的成本。而驾校的运营成本主要包括人员工资、基础设施设备的损耗及维护成本,和场地的建设及维护成本。

本部分将主要探讨"节流"的方式、方法,探索提升效率、降低成本的可能性。

(一)成本费用不断提升

1. 管理费用上涨

近年来,随着全国各地最低工资标准的提升,人均收入水平和生活水平

在不断提高，驾校服务人员、教练员等工作人员对工资的预期也有所提高，驾校面临着人员成本上涨的现实压力，而人员成本的上涨，将带来驾校综合管理成本的上涨。

2. 销售费用上涨

在产能过剩、竞争激烈的市场背景下，驾校面临招生困难的难题，只好加大获客成本的投入，如购买线索、聘请销售团队、增加销售佣金等，销售费用也随之不断增加起来。

3. 固定成本上涨

随着国家城镇化发展水平的不断提高，土地成了一个制约城镇化发展的重要因素。而根据《机动车驾驶员培训机构资格条件》和《机动车驾驶员培训教练场技术要求》的规定，驾校训练场地至少要达到15亩，才能获得培训资质。按照当前城镇化发展水平来说，市区内基本不会有这样的用地，所以大部分的驾校只能将场地设置在城市郊外。

虽然《土地利用现状分类》将教练场用地正式列入交通运输用地对于驾培行业是个重大利好消息，意味着该行业今后有望告别"租地搞驾培，随时可能被查处"的尴尬。但是就城镇化发展的规划角度来看，市区内很难有如此规模的用地，而即便是市区内有如此规模的用地，场地租金也会很高，还需要投入较大成本建设场地。考虑到成本，驾校经营者通常会选择远离市区的租用相对便宜的场地。

但是人口的聚居在市区。对学员来讲，这意味着练车需要在市区和驾校之间来回奔波，很大程度上增加了时间成本和路费开销。而对于驾校来讲，为了提升学员的服务体验，从而扩大或者维持市场份额，就需要对学员提供接送服务，而提供接送服务则意味着接送车辆、油耗、维修、人力等成本。这在当前的市场环境下，无异于对驾校的运营成本的提升起到了火上浇油的作用。

不难看出，驾校的运营成本在不断地提升，但是受到市场供需失衡的关系的影响，大部分的驾校无法通过招生价格的提升来弥补驾校运营成本的上升。那么降低不断上涨的运营成本，就成了驾校生存下去的关键。

（二）优化成本结构的案例

以下列举若干有可能优化驾培行业成本结构的产品及案例，希望对驾校提升运营效率、降低运营成本有所启发和帮助。

1. 智能教练（机器人教练）+教练

"机器人教练"，是一套针对驾驶员培训的人工智能系统。它能通过语音提示、电子屏显示等方式对学员进行教学，学员可以根据需要选择练习的科目，并实时记录练习过程和播报成绩。不仅学员可以随车看到练习记录和成绩，而且系统具备学员管理、车辆管理功能，以及具备统计查询、数据导入导出和历史轨迹回放功能。

不仅如此，智能系统还能够限制车速，遇到危险能自动刹车，保障行车安全。智能教练还包含多种个性化服务，能够按照本地驾考的具体要求，设置统一标准的教学内容，这不仅保证了教学要求的统一性，而且能有效提高教学质量。

2017年3月29日，赣州首家智能驾校——趣学车智能机器人主题驾校落户赣州经开区。驾校采用现代智能高新科技辅以人工教练模式，取代了传统单一人工教练模式，应用了人工智能实施精准教学。其中，配备的机器人教练"趣小智"集教学、练车和模考等功能于一体，能够提供科学的学车行为分析，有效降低驾校人工成本，提升新手学车效率。另外，"趣小智"配备三重防护系统，能够在一定程度上缓解新手学车的紧张情绪，一旦遇到危险，机器人系统能够自动刹车，保障学员安全。趣学车智能机器人主题驾校为赣州市民提供学车新选择、新体验。

2017年底，海淀驾校装备的"智能教练"（俗称"机器人教练"）数量达到110台，是国内装备"智能教练"数量最多的驾校。海淀驾校结合"智能教练"的特点，提出了"双模式"教学的理念，即"人工教学模式"+"智能教学模式"。

双模式理论认为，"人工教学模式"和"智能教学模式"两种教学模式是相辅相成的，两者完美结合才能更好地服务学员。教学中，要充分发挥"智能教练"的作用,让人机交互、GPS定位、3D动画、语音提示、精准评判、轨迹回放、数据分析等智能化教学手段提升教学质量。一方面,要积极引导教练员将节省出来的体力和精力用于对学员的鼓励,营造良好的教学氛围,执行"微笑服务""文明执教"的优质服务标准。另一方面,也要看到,"智能教练"短时间内不能代替教练员,即使装备了"智能教练"的教练车,也要求教练员要随车认真教学。教练员手把手教学的场景,是驾校训练场上亮丽的风景线,这道风景线永远不会消失。

2. 虚拟现实(VR)+学车

"VR+学车"是基于虚拟现实技术和体感模拟技术研发出的VR驾驶模拟器,采用头显设备、全物理拟真方向盘、全局运动底盘,为学员带来逼真的练车体验,为驾校提高培训效率。

现在,应用VR驾驶模拟器培训学员的时机日益成熟。一方面,随着现在学员逐渐趋向于年轻化、女性学员比例不断提高,学员对新鲜事物的接受程度不断升高。另一方面,VR驾驶模拟器的特性决定了它能从如下几个方面降低驾校的运营成本,提升学员的体验。

第一,VR驾驶模拟器能比较真实地还原训练场及考场实景道路的环境,使学员得到比较真实的操作反馈,能通过模拟加强前期学员对车辆驾驶技能的熟练掌握度。也能在其技能掌握熟练之后,对学员进行考前模拟。这样就可以降低学员在教练车上的实操时间,降低了教练车的损耗。

第二,VR驾驶模拟器作为一个辅助的器械,对场地的要求较低,驾校可以在人群集中的市区设立学习场所,如写字楼内的办公室或者驾校的招生点。一名教练可以负责多台机器,学员们可以就近选择训练点。这样既能降低驾校人员成本的支出,也能降低学员在往返驾校路上来回奔波的时间成本,提升学员的学车体验,同时还能给市区内的招生点进行引流。通过VR驾驶模拟器的引进,驾校可以针对学员制定一些新的营销方案,来提升驾校的影响力和招生人数。

第三,VR驾驶模拟器通常在室内摆放,因此学员训练可以不受天气因素及时间因素的影响,很大程度上增加了培训的时效性,学员可以通过碎片化的时间进行学习。加快了学员的学车进度,缩短了产出周期。

综上所述,如果 VR 驾驶模拟器运用得当,可以在很大程度上提升学员的学习体验,降低驾校的运营成本,增加驾校的营收。

3. 新能源教练车

2012 年 12 月 27 日商务部等发布的《机动车强制报废标准规定》明确,根据机动车使用和安全技术、排放检验状况,国家对达到报废标准的机动车实施强制报废。规定自 2013 年 5 月 1 日起,小型教练载客汽车报废年限为 10 年。这意味着 2005~2008 年购买教练车的驾校面临教练车辆的更新换代问题。《2017 年度全国驾校小型教练车使用情况数据报告》指出,由于驾校车辆更新的需要,14.9% 的驾校计划在半年内采购教练车,23.4% 的驾校有 3 年之内的采购需求(见图 1)。这在当前的市场环境下,对于经营有困难的驾校来说,无异于雪上加霜。

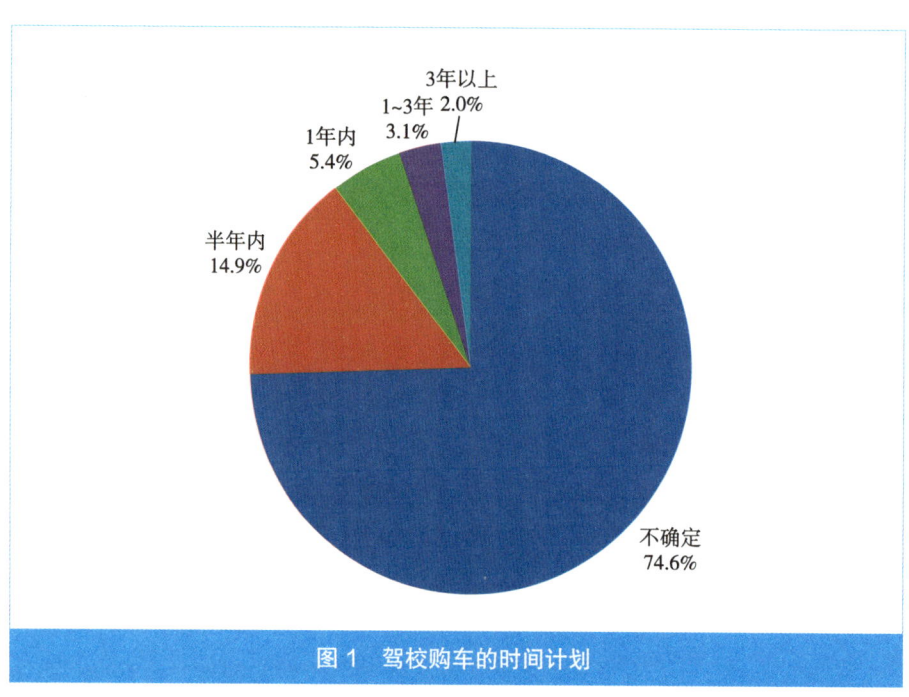

图 1 驾校购车的时间计划

《2017年度全国驾校小型教练车使用情况数据报告》指出，有56.3%的驾校有意向采购新能源车型（见图2）。

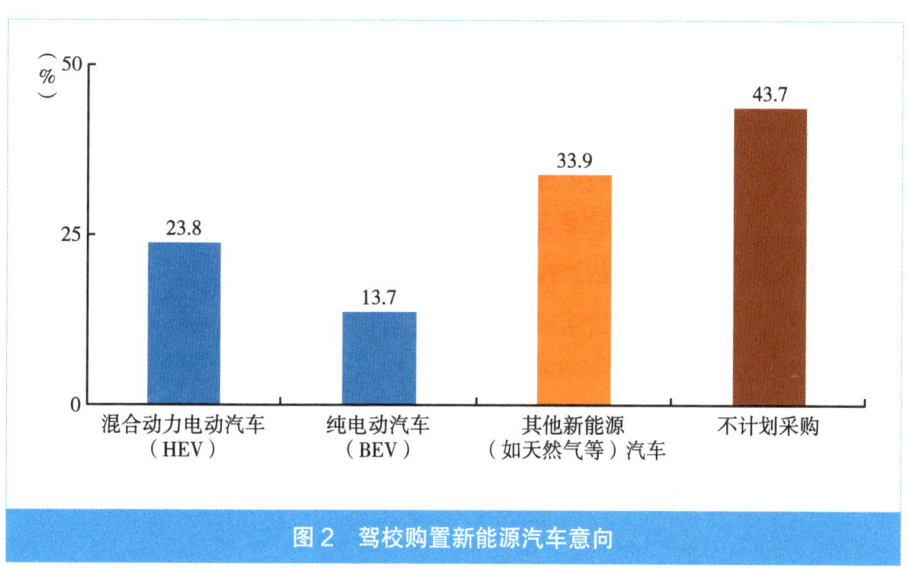

图2 驾校购置新能源汽车意向

2017年11月20日，全国互联网驾校连锁品牌趣学车宣布推出全新电动教练车品牌"趣狗"，并推出Q1.0版车型。尽管有专家预言，电动车将是第四次工业革命技术引领性产品，但是在目前以燃油车为主的驾培行业，电动教练车的商业化仍处于市场培育期。趣学车不但是驾培行业"第一批吃螃蟹者"，还成为国内第一家经营业务向产业链上游延伸的互联网驾校。

一直以来，燃油支出是驾校运营主要成本之一。业内专家有一笔账：一台普通的汽油教练车平均油耗为11升/100公里，按90#汽油6.15元/升算，则油耗成本约为67.65元/100公里。反观220V直充模式的趣狗电动车，百公里的耗电量是15度，以每度电0.6元计算，百公里的成本仅9元。燃料成本上，电动车仅是燃油车的13%，不仅大大降低驾校培训成本，而且响应国家号召，推进绿色驾培，实现了零污染零排放，达到节能环保多方共赢的价值目的。

纵观以上三个新技术在驾培行业中的应用，随着社会的发展，科技的进

步，驾校作为驾培行业内的主导力量，能运用多种方式方法来提升运营效率，降低运营成本，提高教学的服务质量，实现服务教学的标准化。最重要的是，驾校经营者要重新审视"经营账本"，探索健康可持续的经营策略，造福消费者。

四 资本化驱动合作共赢

目前驾培行业产能过剩，市场竞争激烈，面对未来的各种不确定性，每名驾培行业的从业者都需要做出艰难的抉择：是加大投资、维持现状还是收缩业务。套用马云的一句话来描述驾培产业的未来："今天很残酷，明天更残酷，后天很美好，绝大多数人死在明天的路上，看不到后天的太阳。"

本节首先从驾培行业自身出发讨论驾培行业对资本的吸引力，其次从驾培行业关联产业的角度讨论驾培行业对资本的吸引力，这两部分说明驾培行业的发展前景。在第三小节中阐述和讨论在通往明天的路上，驾培行业和资本互动存在的巨大挑战。最后，第四小节阐述在驾培产业的资本化驱动合作共赢趋势下，具体的合作目标和合作方式。

（一）驾培行业对资本的吸引力

驾培行业的竞争激烈和产能过剩主要有两方面的原因。一方面，由于驾培行业历史上存在行政主导市场时期，出现了很多不以招生、教学和管理等主业价值为导向，却以拿指标有优势、拿现金流做投资和以储备土地等其他价值为导向的驾校。这些驾校不仅导致过剩产能，而且由于其主业经营效率一般较低，这些驾校往往更愿意采用价格战等激烈竞争手段。另一方面，驾培行业的改革红利吸引了新资本的进入和自由涌入驾培行业的新驾校大幅增加了供给，从而进一步加剧了竞争。

由于驾培行业供给过剩，去产能和从分散到集中将是一个必然的趋势。这个趋势巨大的诱惑力，吸引了三类资本加入驾培行业，一类是自主积累发展的驾培行业原生资本，一类是新进入的以支持技术创新、管理提升和模式创新为目标的风险投资，一类是以产业整合为目标的产业投资，有时风险投资也支持产业整合。

从产业整合的角度来看，驾培行业是一个非常有诱惑力的产业。首先驾培行业的市场集中度低，产业整合操作空间大。行业第一的上市公司东方时尚，市场占有率不到1%，而一般成熟市场的第一名市场占有率都在15%~30%。二是驾培行业有资本最喜欢的交易模式，每年接近3000万名学员而且需求很稳定，每年约有1000亿元的大规模现金流，可以转到其他行业做高风险投资。三是驾培的业务结构适于品牌化和规模化的经营整合。招生、教学、服务和管理的核心生产流程清晰，涉及的人员、流程、技术和资源等生产要素变化速度可控，不会出现革命性的替代风险。

资本和具体的人结合，才能产生真实的驾培行业变革。驾培行业从业者与资本之间的相互选择，及其相互选择形成的各种不同利益联盟，不仅决定自己的发展路径和发展节奏，而且将深刻影响驾培产业的经济生态。

（二）资本对驾培行业还有更大的想象

长期以来驾培行业从业者习惯上，把自己所处行业列为资金密集型和劳动力密集型的教育培训产业。实际这是从业者思维的一种局限，从真实的产业发展和生态相关的角度来看，驾培产业是汽车产业和交通安全产业的入口级产业。

例如，临沂正直驾校在2017年新车销售和汽车保险领域的营业收入均已过亿元，已经逐步影响地方汽车销售和保险销售的市场格局。而全国各个占有区域优势的规模性驾校，都在加大在汽车领域的业务尝试。那么，在区域不具备规模优势的驾校，资源和技术不支持独立开展汽车销售业务，应该如何把握这个发展趋势呢？

目前，车好多、大白汽车等互联网公司在加速对汽车行业进行渗透，加上本来传统汽车经销商激烈竞争，销售必然从4S店向更贴近用户的方向拓展，使驾校大概率成为汽车产业的兵家必争之地。驾校从业者是被打散了作为产业资源被整合进汽车产业，还是联合起来抱成团和汽车产业生态进行合作，是一个重大的选择。这可能让从业者获取截然不同的价值和产业地位。

还有在与驾培产业关联的交通安全产业中，交通安全宣传示范基地、两客一危驾驶准入、智能驾驶、智能物流、智能交通等战略协同产业，同样有更大的整合空间，这里只简单列出不做赘述。言而总之，驾培产业有更广阔的发展空间。

大驾校也好，小驾校也好，如何以正确的姿势，迎接驾培产业融入汽车产业和交通安全产业的发展趋势，是驾培行业企业家的战略选择。这是比运营更高维、更快速、更大收益的竞争。面对新的业务挑战，有多少技术要自主创新，有多少技术和资源拿来就用，有多少共性技术和公共资源需要行业共同协作，都需要从业者有正确的判断。

（三）驾培行业和资本共舞面临的挑战

当前在各路资本的参与下，为什么驾培市场表现的更多是乱象丛生，而不是服务水平更高、经营更有效率呢？应该如何理解资本的作用和局限性，熟悉资本的投资逻辑和工作交流方式呢？

首先，驾培行业行政化向市场化让渡的过程中可能存在产业整合的隐性区域壁垒。以北京为核心的上市公司东方时尚的年报显示，其跨区域经营的石家庄、昆明等异地业务盈利情况始终不好。同时对比长春地苑、江西蓝天等区域性优秀企业，这几年在本区域的市场占有率和盈利能力都在连续提升。这可能说明驾培行业在各个区域还存在指标、合规等各种不好计算的隐性成本壁垒，大型企业的区域扩张，品牌和规模不足以形成竞争优势。

因此，目前只有小型资本进入区域市场的机会，还没有成熟到产业投资来做全国性市场整合的机会。互相博弈的小型资本，通常是驾培行业的原生资本，很容易被短期利益驱动忽视用户满意和持续经营责任，使用价格战、消费返利、先低价招生后续加价等激烈的竞争手段，从而增加了行业的市场风险和部分驾校跑路的社会风险。

其次，现在资本和驾校经营者之间交易的成本很高，产业整合的时点还没到。驾培行业当前在市场化初期阶段，根据对前景预期的差异，可以分出四类从业者，一是以驾培为职业准备长期干的，二是有产业整合梦想的，三是想在产业整合过程中获取超额收益的,四是维护短期利益以公平交易为导向的。

除了第四类从业者,当下大多数从业者对驾培行业的预期较高,对驾培行业中短期的残酷性估计不足,所以与资本沟通交易时叫价较高。当下的资本整合案例中,从业者与产业投资在推动产业整合时,它们之间非胜即负的博弈关系远远大于协同共赢。驾培行业从业者的叫价和预期不稳定,使得当前资本整合的机会成本和交易成本都不可预测。

只有持续激烈的竞争推动市场成熟,学员才会对驾培服务有共识:什么是标准化的教学服务。学员有自己的预期:什么样的价格对应什么样的服务,什么是超预期的服务。同时,驾校在基础服务上的差异化服务模型也成熟了,就是驾校有了自己的品牌定位、产品模型和盈利模型。这样,市场的客户需求和驾校供给两端都成熟了,驾校经营者也在竞争过程中确立了自己的合理价格预期,而且彼此相互认同,这才是产业资本整合的好时机。

最后,驾校从业者和投资人之间的共同语言和相互理解很重要。投资人需要看到,驾培行业从业者有应对"00后"消费群体需求变化的能力,有能够利用大数据和信息化提高驾培产业经营效率的能力。同时也要理解驾校从业者对事业的感情。

驾校从业者也要理解,在想要的价格和真实价值之间存在差异。通常,驾校从业者会忽略掉投资人必须考虑的并购过程本身的风险成本和并购后需要运营、释放并购价值的风险成本。同时也要理解投资人也是"夹心饼干",母基金对它们也有回报和时间要求。投资人多数时做出的是依据成熟价格模型和交易模型的理性动作,不是临时起意占便宜的博弈动作。

只有驾培行业的从业者真正理解投资者,了解到整合后也不是价值就唾手可得了,而是双方都在做风险和收益的公平价值判断。资本整合不是谁占谁便宜。驾培行业从业者的认知合理了,对于交易价格的回报预期与投资者的收益预期一致了,才会降低产业整合的沟通成本,吸引到顶级的产业投资。

因为当下中国驾培行业政策环境、产业阶段和投资环境的综合影响,今天只有原生的产业投资和风险投资机构进入,顶级的产业资本和一线投行罕

见进入。只有讲着共同语言的优秀团队，才能吸引第一流风险投资和产业资本，让它们有信心支持团队穿越当下驾培产业整合的时间峡谷。

（四）资本化推动合作共赢

面对驾培产业产能过剩下的价格战，行业改革和政府机构调整下的政策环境不确定，如何开源节流是驾培行业的企业家必须时刻解决的短期问题。但优秀的企业家要准备好，如何在驾培产业整合和汽车产业等资本化目标引导下，做好更高层面的竞争。

面对驾培行业的资本化趋势，驾校从业者通常努力的方向有两个：一个是改变驾培行业的整体生态环境，另一个是改善自身企业的能力。为行业谋发展，为产业谋协同，选择与优秀的伙伴结成利益同盟，选择在战略机遇点需要的企业能力上做超前投入。只有如此，驾培行业的企业家才能在不确定的未来中，让成功成为必然。

首先是改变驾培行业的整体生态环境。比如积极改变学员和社会各方对驾培行业，停留在多年前的吃拿卡要的印象。只有行业的口碑好了，才会有利于企业提高定价，做增值服务和个性化服务，提升盈利才能有差异化竞争。比如积极推动行业各类标准化的工作。标准化意味着客户满意度有了衡量的基础。标准化会不断催熟用户需求，催生新产品的创新需求，同时标准的应用会大幅降低企业的生产成本和管理成本。

其次，无论驾培行业市场化的推进什么时候到达资本整合的时机，驾培行业从业人员什么时候与资本有共同话语体系，汽车产业的烽火什么时候烧到驾培行业中来，从业者都需要回答这些跟自身有什么关系，其实就是从业者的能力够不够参加游戏。它包括驾校之间是什么样的合作关系，及从业者塑造了什么样的企业竞争环境；从业者有多少现代化管理人才，及团队应对任何变化的能力；从业者是否具备恰当的管理体系，比如服务标准化、流程标准化及数据完整性等精细管理的水平，即有没有能力与汽车和交通安全产业做协同。

驾培行业优秀的企业家，在驾培行业资本化的趋势引导下，将从竞争思维超越到生态协同思维，在共赢未来的大格局下放弃短期利益的纠结，全方位地开展合作。过去的一年，行业协会、区域联盟和企业并购的工作，都在如火如荼地开展。未来的一年，这些现象会发生得更多，表现得更加红火。

而生态协同发展怎么搞，需要什么样的战略思维、团队能力、管理体系和企业文化，需要驾培行业从业者一起探索、学习和交流。因为在达成合作的过程中，应对当下价格战和产能过剩的共同压力，追求产业整合的利益结合很重要，共同的远见和长期磋商机制更重要。不然在受到关键挑战时，比如预算里多少钱做研发战略业务投入，什么情况下控制预算，什么情况下撤销某项业务，都很容易产生分歧。决定远见和磋商机制的是从业者的认知，所以驾培行业的会议、私董会、商战院等共同学习活动，将成为先于各种合作的、更普遍的、规模更大的驾培行业新趋势。

安全与质量篇

B.4
2018年交通安全和驾培质量量化分析

黄英伟　刘文海

摘　要：　本文在理论模型中，用科目一、科目二考试通过率作为驾培质量的代理变量；用交通事故发生起数和交通事故财产损失作为交通安全的代理变量。并通过宏观城市层面的面板数据、宏观城市层面的截面数据以及微观驾校层面的截面数据进行计量分析。

关键词：　驾培质量　道路交通安全　科目一考试　科目二考试　交通事故

一　概述

驾校是安全驾驶的源头，是培养安全文明驾驶员的摇篮。十九大提出要把我国建设成为"交通强国"。《道路交通安全"十三五"规划》要求："推动道路交通安全与经济社会协调发展"。《国务院办公厅转发公安部交通运输部关于推进机动车驾驶人培训考试制度改革意见的通知》（国办发〔2015〕88号）

指出：到 2018 年完成驾培改革重点工作任务。为了实施"交通强国"战略，为了推动交通安全与经济社会协调发展，同时为驾培改革提供理论依据，本文利用量化方法重点分析道路交通安全与驾培质量之间的关系。

二 研究目的、意义、变量说明

（一）研究目的

本文在已有大型数据库的基础上，量化研究城市道路交通安全与驾校培训质量（简称"驾培质量"）之间的关系。造成交通事故的因素很多，包括人、车辆、道路、环境等。其中，车、道路、环境因素和与经济发展相适应的交通需求相关，交通安全的城市管理者对其调控的操作空间较小。而人的因素，或者狭义的说是驾驶员的驾驶习惯因素，城市管理者对其调控的操作空间较大。驾驶员是从驾校中培训出来的，因此可以说驾校是交通安全的"源头"之一。城市管理者把握住这个交通安全操作空间最大的"源"，就会更高效率地减少交通事故、提高交通安全。

（二）研究意义

我国每年道路交通事故发生几十万起，死亡人数超过 5 万人，交通事故带来的财产损失高达十多亿元。然而对交通安全与驾培质量之间的关系研究却十分不足，本文的研究设计在学术界尚属首次。本文的研究成果既对改善交通安全现状有利，也对驾培行业发展有所帮助。本文响应了《道路交通安全"十三五"规划》（2017 年）的要求。也是为《关于推进机动车驾驶人培训考试制度改革的意见》的全面落地实施提供理论依据。

（三）变量说明

本文主要使用量化研究方法，分别从宏观和微观层面进行分析。其中，宏观层面包括 7 个大城市 535 所驾校的面板数据，和 2015 年全国 100 个城市 3657 所驾校的截面数据；微观层面以济南地区 61 所驾校的截面数据为考察对象。

（1）交通安全。交通安全指标包括交通事故死亡人数、交通事故受伤人数、交通事故发生起数、交通事故财产损失。本文选择可得性好且质量相对较高的交通事故发生起数和交通事故财产损失作为代理变量。

（2）驾培质量。驾培质量更多的与持证人员的驾驶行为相关，可以代表驾培质量的变量有科目一、科目二、科目三考试通过率和三年驾龄交通违法率。科目三考试包括实际道路驾驶技能考试和安全文明驾驶常识考试，虽然是驾培质量的理想代理变量，但该数据无法从公开渠道直接获取，因此在后面的计量分析中并没有纳入。

三 驾培质量与道路交通安全：面板数据分析

本部分基于面板数据展开，目的是研究驾培质量对道路交通安全的影响方向和影响程度。本节选取北京、太原、沈阳、济南、武汉、成都和西安7个城市2013~2016年的相关数据进行分析。

（一）模型介绍

数据模型如下：

$$y_{it} = c + a_1 DT_{it} + \beta_i X_{it} + \delta_i + \varepsilon_{it}\ (\ i=1, L, n;\ t=1, L, T\ )$$

其中，y_{in}是被解释变量，表示i城市在t时间的交通事故，用交通事故发生起数和交通事故财产损失表示。DT_{it}是核心解释变量，表示i城市在t时间的驾培质量，用科目一和科目二考试通过率表示。X_{it}是控制变量，表示可能影响交通事故的其他因素，如经济水平、道路、人口等。

（二）数据获得与变量选取

（1）被解释变量。模型中被解释变量分别选取各地区交通事故发生起数和交通事故损财产损失。数据来自2013~2016年的《中国统计年鉴》和各地区统计年鉴。

（2）核心解释变量。核心解释变量为代表驾培质量的科目一考试通过率和科目二考试通过率。数据选自公安部交通安全综合服务管理平台。具体算法如下：首先收集上述地区 2013~2016 年所有驾校科目一、科目二考试通过率的月度数据，然后对各个地区所有驾校的数据取年度均值。

（3）控制变量。分别从地区经济、人口、道路和医疗方面考虑对交通安全的影响。具体数据来源见附表 1。

以上变量数据时间范围均为 2013~2016 年，表 1 列举了变量的描述性统计特征。

表 1　描述性统计（1）

变量	均值	标准差	最小值	最大值
交通事故发生起数	2016.86	757.15	673.00	3268.00
交通事故财产损失	911.89	735.58	147.60	3129.20
科目一考试通过率	81.10	8.62	68.10	96.40
科目二考试通过率	43.46	12.65	19.90	70.00
地区生产总值	9159.71	6106.61	2412.90	24899.30
每万人拥有公共汽车量	13.92	3.12	9.50	19.70
城市人口密度	4065.07	2413.20	1375.00	9091.00
公路里程	15524.57	5514.67	7316.00	26037.00
城市路灯盏数	200483.30	74225.48	96586	341119
城市卫生机构数量	5550.46	2932.67	2106	10637

注：各变量单位见附表 1。

由表 1 可以看出，平均每年每个城市的交通事故发生 2016.9 起，同时财产损失为 911.9 万元，驾考通过率方面平均科目一考试通过率为 81.1%，科目二考试通过率为 43.5%。其他控制变量不再详述。

(三) 计量结果

（1）驾培质量对交通事故发生起数的影响

首先展示科目考试通过率与交通事故发生起数的线性趋势图，科目一

考试通过率、科目二考试通过率与交通事故发生起数呈现负相关关系,即当科目一考试通过率和科目二考试通过率上升时,交通事故发生起数是下降的(见图1和图2)。

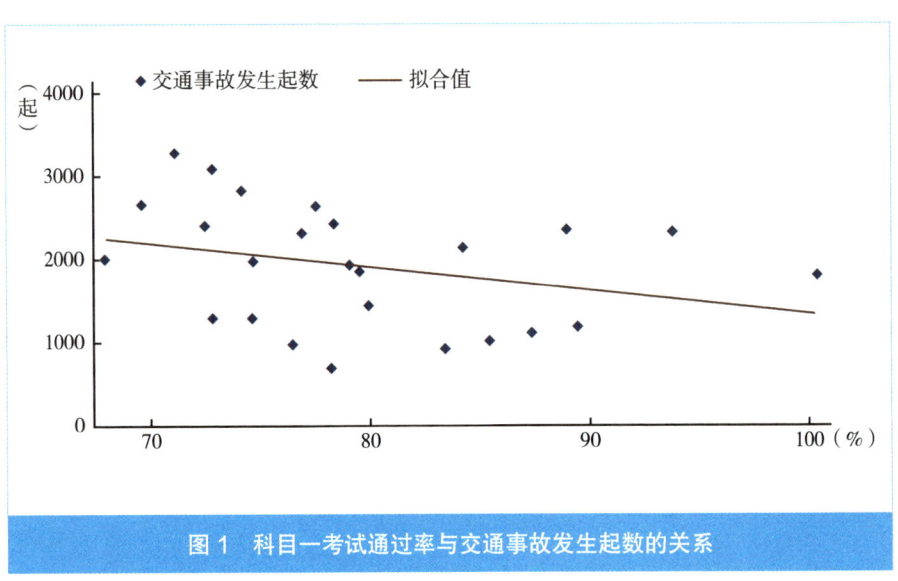

图1　科目一考试通过率与交通事故发生起数的关系

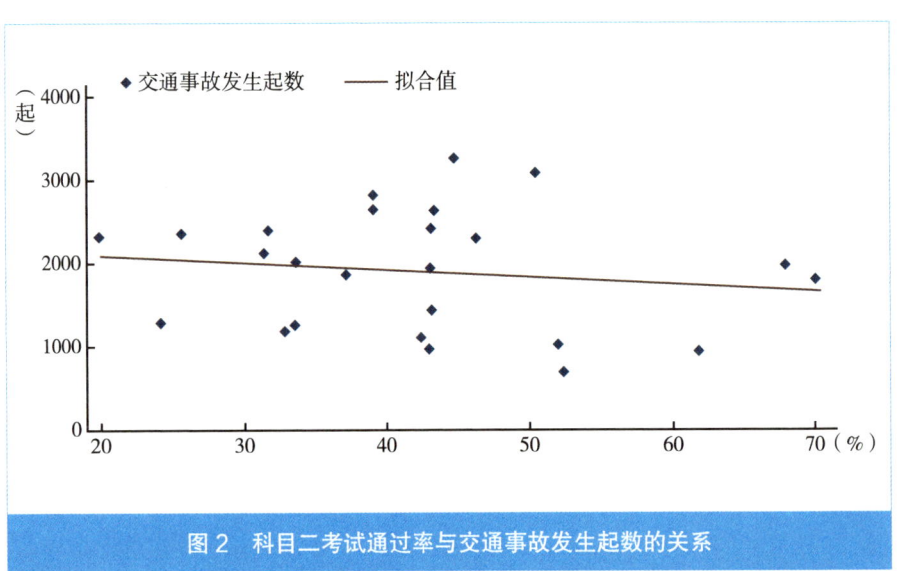

图2　科目二考试通过率与交通事故发生起数的关系

驾培质量对交通事故发生起数影响的计量结果如表2所示。

表2 驾培质量对交通事故发生起数影响的估计结果

变量	模型1	模型2	模型3	模型4	模型5	模型6
科目一考试通过率	−46.857* (23.005)	−64.003* (27.455)	−57.928* (24.349)	−82.118* (41.279)	−39.570* (18.475)	−104.065** (31.237)
科目二考试通过率	−12.454* (7.289)	−9.755 (7.647)	−9.016 (8.095)	−8.107* (4.098)	−10.535* (5.158)	−20.385* (8.474)
控制变量	YES	YES	YES	YES	YES	YES
rho	0.976	0.990	0.988	0.995	0.743	0.996

注:"**""*"分别对应p<0.05、p<0.1;模型1~模型6分别控制不同控制变量。

表2显示,驾培质量对交通安全的影响方向是正向的。随着控制变量的逐个加入,可以看到科目一考试通过率(所有模型)和科目二考试通过率(模型2和模型3除外)与交通事故发生起数显著负相关,即科目一和科目二考试通过率的提高可以有效减少交通事故的发生。同时,计量结果也给出了驾培质量对交通安全的影响程度。以模型1为例,在保持其他变量不变的情况下,科目一考试通过率提高1%将使交通事故发生起数减少46.86起,科目二考试通过率提高1%将使交通事故发生起数减少12.45起。控制变量的计量结果大多与预期一致,因不是本文重点考察对象,故不详细介绍。

(2)驾培质量对交通事故财产损失的影响

科目考试通过率与交通事故财产损失的线性趋势图显示,科目一考试通过率和科目二考试通过率与交通事故财产损失呈现显著的负相关关系,并且科目一考试通过率对交通事故财产损失的影响程度度比科目二考试通过率大(见图3和图4)。

驾培质量对交通事故财产损失影响的计量分析结果如表3所示。

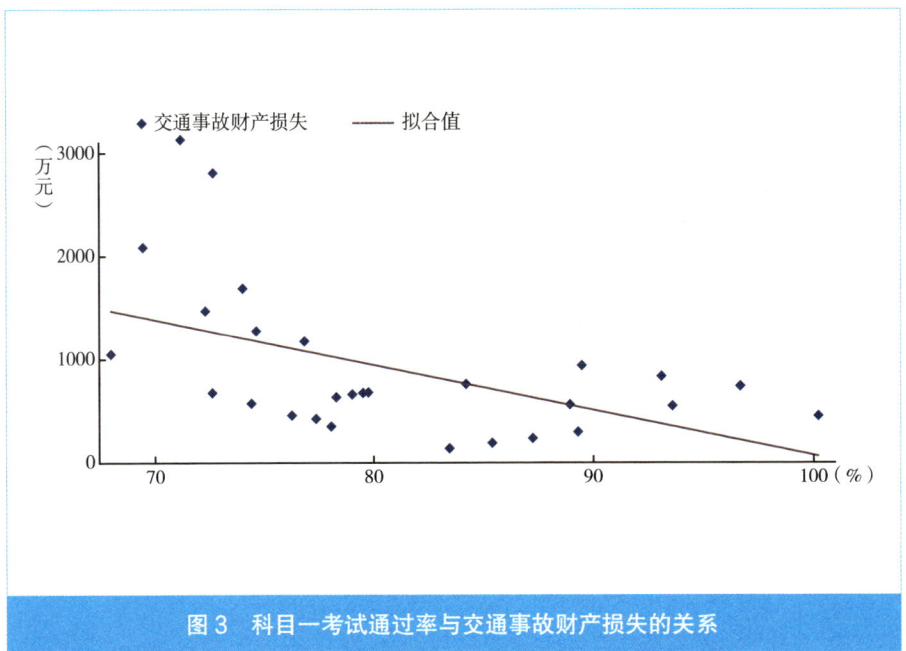

图3 科目一考试通过率与交通事故财产损失的关系

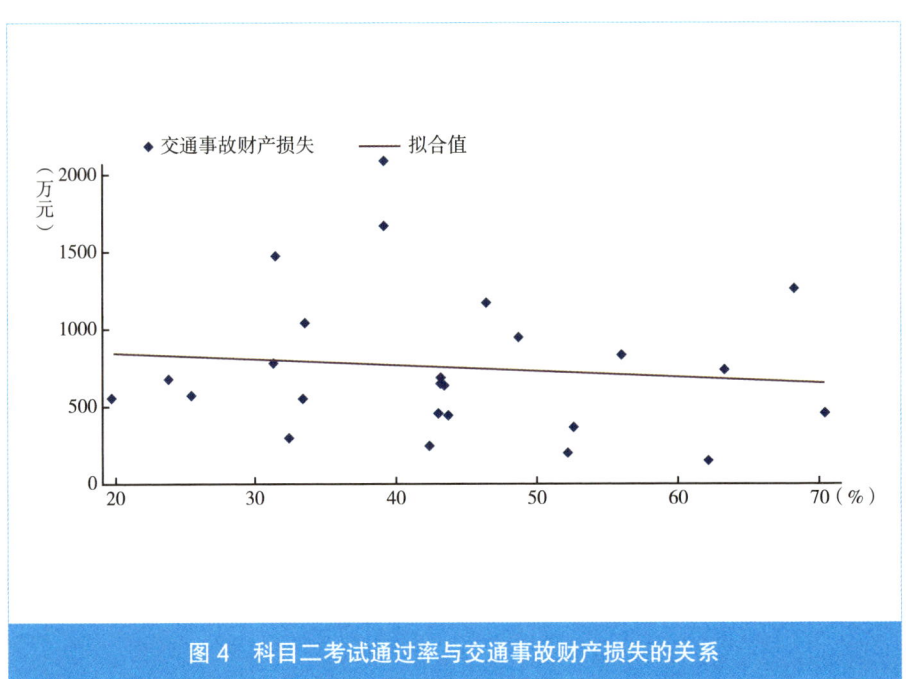

图4 科目二考试通过率与交通事故财产损失的关系

表3 驾培质量与交通事故财产损失影响的估计结果

变量	模型1	模型2	模型3	模型4	模型5	模型6
科目一考试通过率	-60.274*** (12.189)	-69.864*** (16.048)	-92.329*** (22.052)	-82.653** (22.622)	-82.108*** (19.127)	-95.765** (29.767)
科目二考试通过率	-12.540** (3.619)	-9.847*** (2.106)	-10.842*** (2.052)	-7.533 (7.221)	-10.762 (9.341)	-8.814 (10.735)
控制变量	YES	YES	YES	YES	YES	YES
rho	0.981	0.976	0.987	0.995	0.998	0.998

注:"***""**"分别对应 $p<0.01$、$p<0.05$;模型1~模型6分别控制不同控制变量。

表3显示,随着控制变量的逐步引入,科目一考试通过率和科目二考试通过率总体上与交通事故财产损失显著负相关,其中科目一考试通过率对交通事故财产损失的影响在所有模型中显著为负,科目二考试通过率对交通事故财产损失的影响在前三个模型中显著为负。可以看出,相对于科目二考试通过率来讲,科目一考试通过率对交通事故财产损失的影响更明显。同样以模型1为例,在保持其他变量不变的情况下,科目一考试通过率提高1%将使交通事故财产损失下降60.27万元,科目二考试通过率提高1%将使交通事故财产损失下降12.54万元。

控制变量的计量结果大多与预期一致,因不是本文重点考察对象,故不详细介绍。同时,本文分别从面板混合效应、面板随机效应和变量替换三个角度做了稳健性检验。

四 驾培质量与道路交通安全:截面数据分析

本节使用样本量较大的截面数据分析。选择2015年全国100个城市3657所驾校为考察对象,分析驾培质量对城市道路交通安全的影响。

（一）模型介绍

构建横截面模型如下：

$$y_i = c + x_i\beta + z_i\delta + \varepsilon_i \ (\text{i}=1, L, n)$$

其中，y_i代表城市道路交通安全，用交通事故发生起数表示；x_i代表驾校培训质量，用科目一考试通过率和科目二考试通过率表示；z_i代表影响城市道路交通安全的各种社会经济因素，用城市人口密度、城市客运量、人均道路面积、城市卫生机构数量和市区面积表示；ε_i是残差项。在此基础上利用最小二乘法（OLS）进行回归分析。

（二）数据获得与变量选取

（1）被解释变量。被解释变量是代表城市道路交通安全的交通事故发生起数，数据取自2016年各地区统计年鉴和2016年各省统计年鉴。

（2）核心解释变量。核心解释变量是驾培质量，即科目一考试通过率和科目二考试通过率。本文使用2015年100个城市的数据，每个城市所有驾校科目一考试、科目二考试的平均通过率代表该城市当年的驾培质量。数据来自公安部交通安全综合服务管理平台。

（3）控制变量。控制变量包括人口因素、道路因素、医疗条件因素和城市规模。具体数据来源见附表1。

通过公安部交通安全综合服务管理平台，本文收集了100个城市所有驾校的数据，合计达到3657所驾校、高达8万多条的考试数据。描述性统计显示，科目一考试通过率平均为78.52%，科目二考试通过率平均为45.77%；平均每个城市2015年的交通事故发生了706.72起（见表4）。

表4 描述性统计（2）

变量	样本量	均值	标准差	最小值	最大值
交通事故发生起数	100个	706.72	947.67	12.00	5358.00
科目一考试通过率	100个	78.52	6.60	62.71	93.65
科目二考试通过率	100个	45.77	7.41	26.47	68.99
城市人口密度	97个	3072.44	2162.35	8.00	11366.00
城市卫生机构数	100个	8216.98	14273.66	171	80109
城市客运量	99个	8426.67	19719.76	15.22	156957.00
市区面积	98个	7345.16	19045.79	37.18	149599.00
人均道路面积	94个	19.32	9.16	2.80	56.34

注：变量的单位见附表1。

（三）计量结果

根据截面数据的分布，直观描述交通事故发生起数与科目一考试通过率和科目二考试通过率的线性关系（见图5和图6）。

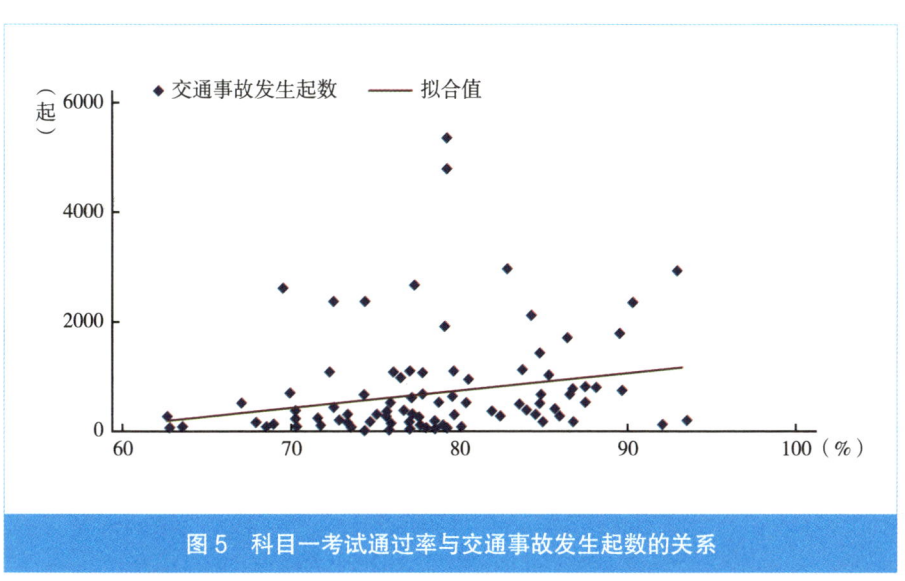

图5 科目一考试通过率与交通事故发生起数的关系

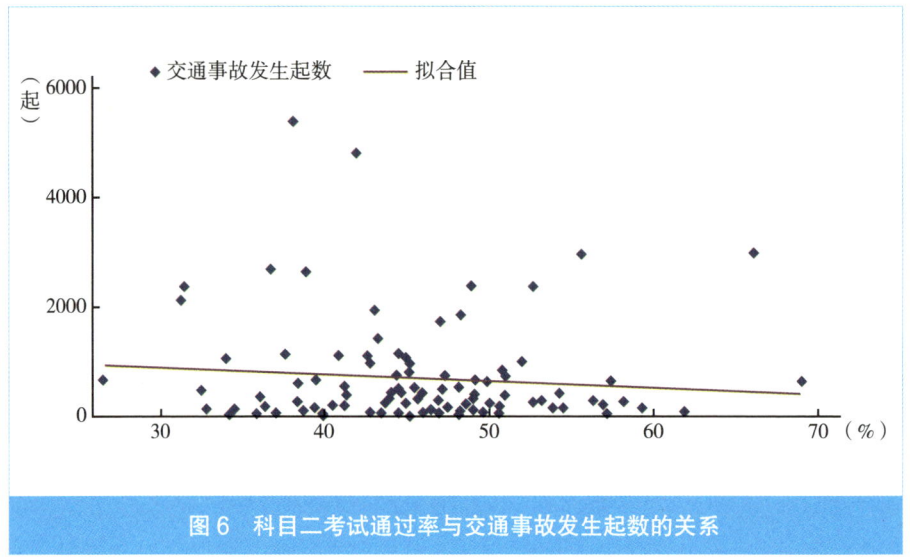

图 6 科目二考试通过率与交通事故发生起数的关系

图 5 和图 6 显示，科目二考试通过率与交通事故发生起数的关系与面板分析结果基本一致。但科目一考试通过率出现相反的趋势，即随着科目一考试通过率的提高，交通事故发生起数呈上升趋势，科目一考试通过率提高反而会使交通事故发生率提高，这似乎与实际情况不相符，但要仔细分析背后的原理就会发现真相。回归结果如表 5 所示。

表 5 全国 100 个城市截面分析结果

变量	模型 1	模型 2	模型 3	模型 4	模型 5	模型 6
科目一 考试通过率	44.513*** (15.705)	44.571*** (15.170)	44.571*** (13.548)	74.700*** (21.772)	53.277** (23.149)	53.277* (26.420)
科目二 考试通过率	-25.132* (13.293)	-24.998* (12.854)	-24.998* (13.752)	-38.916** (16.181)	-28.791* (16.214)	-28.791 (17.899)
控制变量	YES	YES	YES	YES	YES	YES
White-sta	3.660	32.480***	32.480***	26.160	39.350*	39.350*
F-sta	3.530**	4.860***	4.240***	12.650***	12.240***	12.240***

注："***""**""*"分别对应 $p<0.01$、$p<0.05$、$p<0.1$；模型 1~模型 6 分别控制不同控制变量。

计量结果与图 5 和图 6 显示的结果相符，科目一考试通过率提高将显著增加交通事故发生起数，科目二考试通过率提高将显著降低交通事故发生起数。科目一考试通过率与交通事故发生起数的相互关系，呈现与面板分析完全相反的回归结果，以模型 3 为例，在其他变量保持不变的情况下，科目一通过率提高 1%，交通事故发生起数将增加 44.57 起，而科目二通过率提高 1%，则交通事故发生起数将减少 24.99 起。

科目一考试通过率显著正向影响交通事故发生起数，此结果与第三节的结果相反，说明截面维度上科目一考试通过率与交通事故发生起数正相关，但时间维度上负相关，而混合效应为负相关，说明在时间维度上的影响程度大于截面维度，总体表现为交通事故随时间变化而减少。整体说明，之前科目一考试作弊有生存空间，但在 2015 年 11 月 1 日实施的《中华人民共和国刑法修正案（九）》，把驾考舞弊纳入刑事处罚后，驾考理论考试严肃性大为提高，进而促使驾驶理论考试更加公正公开，导致学员和驾校对待考试更加严肃认真。

在控制变量中，大多数变量与预期相符。

五 驾培质量与道路交通安全：案例分析

以山东省济南市的驾校为例，具体分析驾校特征对驾培质量的影响，以及驾培质量对交通安全的影响。

（一）数据来源与描述

为了分析济南市驾校特征对驾培质量和驾培质量对交通安全的影响，需要反映驾校特征、反映驾培质量和反映交通安全的数据。数据获取途径为：（1）济南市城乡交通运输委员会，（2）国家企业信用信息公示系统（山东），（3）济南市车辆管理所，（4）山东省公安厅交通管理局交通安全综合服务管理平台。得到济南市全部 61 所驾校的可用数据。驾校基本情况描述性统计如表 6 所示。

表6 济南61所驾校基本情况描述统计

变量	样本量	均值	标准差	最小值	最大值
注册资本	1004个	175.10	229.75	8	1000
训练场地面积	824个	84.92	71.99	20	410
教练车数量	824个	71.92	74.69	16	397
教职员工	770个	93.04	89.74	28	533
参保人数	1022个	18.05	27.82	0	126
是否经营异常	1022个	0.07	0.26	0	1
培训等级	1022个	2.10	0.70	1	3
企业类型	1022个	0.81	0.39	0	1
成立年	1004个	2006	4.61	1991	2015
是否位于城区	1004个	0.72	0.45	0	1
3年驾龄交通违法率	1022个	1.13	0.30	0.17	3.38
科目一考试通过率	1018个	91.10	5.54	66.07	100.00
科目二考试通过率	1019个	54.06	9.56	25.59	81.46

注：变量单位见附表2。

核心变量是3年驾龄交通违法率、科目一考试通过率和科目二考试通过率。科目一考试通过率均值为91.08%，科目二考试通过率均值为53.91%。总体来看，标准差所示的各个驾校科目二考试通过率之间的差异远大于科目一，换句话说，科目一考试通过率各驾校间的差异不大。在所有驾校的职工中，存在相当大的比重没有任何社会保险，参保人数仅占所有员工的26%，这个数据可以用来度量驾校的管理是否规范。参保人数越多的企业相对会更加规范，从而有更好的培训质量。

（二）驾培质量与交通违法

用3年驾龄交通违法率作为交通安全的代理变量。主要解释变量是科目一考试通过率和科目二考试通过率。

图7和图8所示的是科目一和科目二考试通过率与3年驾龄交通违法率的关系。科目一考试通过率与3年驾龄交通违法率呈较弱的正相关性，即科

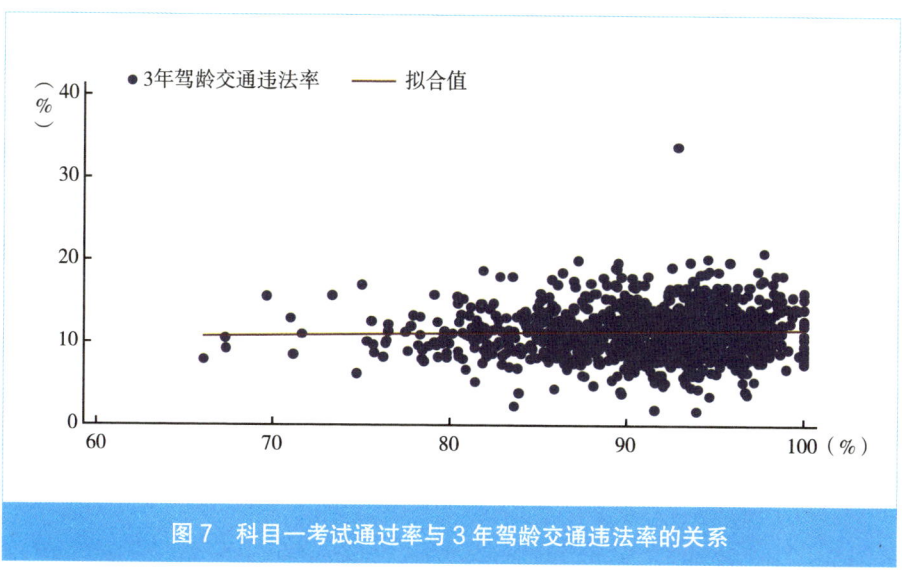

图 7 科目一考试通过率与 3 年驾龄交通违法率的关系

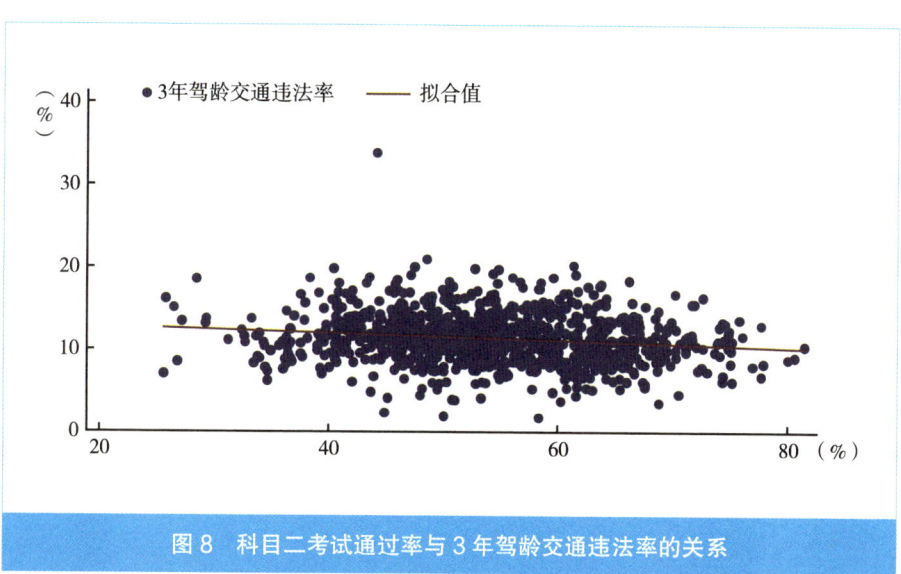

图 8 科目二考试通过率与 3 年驾龄交通违法率的关系

目一考试通过率上升则 3 年驾龄交通违法率也会上升。3 年驾龄交通违法率会随着科目二考试通过率上升而下降,二者呈负相关关系。计量结果如表 7 所示。

表7 济南驾校驾培质量对交通安全的影响

变量	OLS			混合效应
	模型1	模型2	模型3	模型4
科目一考试通过率	0.246		0.379**	0.379*
	(0.169)		(0.170)	(0.190)
科目二考试通过率		−0.440***	−0.461***	−0.461***
		(0.096)	(0.098)	(0.133)
Observations	1036	1037	1034	1034
R-squared	0.002	0.020	0.023	0.023

被解释变量：3年驾龄交通违法率

注："***""**""*"分别对应 $p<0.01$、$p<0.05$、$p<0.1$。

估计结果表明，科目一考试通过率与3年驾龄交通违法率显著正相关，科目二考试通过率与3年驾龄交通违法率显著负相关。通过截面数据的OLS计算模型和面板数据的混合效应模型，发现两者的结果几乎一致。

（三）驾校特征对驾培质量的影响

既然驾培质量会显著影响交通安全，那么什么因素影响驾培质量。下面具体分析驾校特征对驾培质量的影响。

计量结果（见表8）显示，驾校参保人数与科目一、科目二考试通过率显著正相关。所有驾校参保人数每增加1人，则科目一考试通过率将普遍提高0.166%，同理，科目二考试通过率将提高0.58%。参保人数反映的是驾校的规范化经营程度，参保人数越多则表明驾校越规范，从而驾培质量越高。也说明直营驾校在规范管理上较挂靠驾校为好。对比科目一考试通过率和科目二考试通过率，发现驾校特征对两者的影响程度不同，对科目一考试通过率的影响要小于科目二考试通过率。

驾校特征直接影响驾校培训质量。这一点在科目一和科目二考试通过率的表现上是一致的。驾校特征中最突出的是教职工中的参保人数，说明规模化和规范化的驾校运营有利于驾培质量的提高。

表8 驾校特征对驾培质量的影响

变量	科目一考试通过率	科目二考试通过率
参保人数	0.166**	0.580***
	(0.082)	(0.141)
其他变量	YES	YES
Observations	750	751
R-squared	0.080	0.260

注:"***""**"分别对应 $p<0.01$、$p<0.05$;其他变量均进行了控制。

六 结论与展望

(一)结论

1. 驾培质量与交通安全显著相关

面板数据分析结果表明,驾培质量与道路交通安全显著相关。驾校科目一考试通过率每提高1%,交通事故发生起数将下降46.86起、交通事故财产损失将下降60.27万元;科目二考试通过率每提高1%,交通事故发生起数将下降12.45起、交通事故财产损失将下降12.54万元。

2. 驾培质量提高对交通安全改善效果明显

截面分析中,科目一考试通过率显著正向影响交通事故发生起数。此分析结果与面板数据的分析结果相反,说明在时间维度上的影响程度大于截面维度,总体表现为交通事故随时间变化而减少。总体来看,驾校规范化管理有利于合格率的提升。面板中,通过率上升则事故发生起数下降;但截面中,通过率上升则事故发生起数也上升。这说明2015年实施的《中华人民共和国刑法修正案(九)》起了积极作用。

3. 驾校规范化、规模化有助于提升驾培质量

案例显示,科目一考试通过率提高有可能带来更高的3年驾龄交通违法率,而科目二考试通过率提高会显著降低3年驾龄交通违法率。以驾校参保人数为驾校规范化和规模化的代理变量,分析显示,驾校越规范则越对驾校培训质量提升有帮助。由于驾培行业存在直营、承包、挂靠等多种经营模式,

驾校的规范化管理参差不齐。尤其是在自主约考政策实施后，一些挂靠的驾校为黑教练提供了生存的土壤。一般来说，给员工交社会保险的企业大多为直营和承包模式，其规范化管理水平和教学质量相对较高，其学员的合格率也相应较高。规范化经营可有效提高驾培质量，驾校参保人数每增加1人，则科目一考试通过率将提高0.16%，同时科目二考试通过率将提高0.58%。

（二）展望

道路交通安全的数据获取极为不易，限制了研究的深度。本文虽然也对驾校进行了微观分析，但总体研究不足，主要表现在缺乏驾校内部的分解和个人层面的分析。经济发展与交通安全之间的关系值得进一步深入研究。

附表1　宏观层面的数据描述

	变量	简写	单位	数据出处
被解释变量	交通事故发生起数	tranum	起/年	由于统计不一，直辖市数据来自《中国统计年鉴》，其余城市数据中部分可从省统计年鉴获取，另一部分则只能在地区统计年鉴中获取。
	交通事故财产损失	tralost	万元/年	同"交通事故发生起数"
核心解释变量	科目一考试通过率	s1	%/年	公安部交通安全综合服务管理平台
	科目二考试通过率	s2	%/年	公安部交通安全综合服务管理平台
控制变量	地区生产总值	gdp	亿元/年	直辖市数据来自《中国统计年鉴》，其余城市数据来自地区统计信息网和城市统计年鉴
	每万人拥有公共汽车量（市辖区）	bus	辆/万人	《中国城市统计年鉴》
	城市人口密度	citymidu	人/平方公里	《中国城市建设统计年鉴》
	城市客运量	citytraveller	万人次/年	各地区统计年鉴
	公路里程	roadline	公里/年	各省统计年鉴、《中国统计年鉴》
	城市路灯盏数	light	盏/年	《中国城市建设统计年鉴》
	城市卫生机构数量	wsjg	个/年	《中国统计年鉴》《中国区域经济统计年鉴》
	地区人均生产总值	agdp	亿元/年	各地区统计年鉴、《中国城市统计年鉴》
	人口密度	midu	人/平方公里	《中国统计年鉴》
	全年日照时间	sunshine	小时/年	《中国统计年鉴》
	人均道路面积	cityroad	平方米/年	《中国城市统计年鉴》
	市区面积	area	平方公里/年	《中国城市建设统计年鉴》

注：①部分变量存在数据缺失，文中使用加权平均法所计算得出的数值替代；②卫生机构包括医院、基层医疗卫生机构、专业公共卫生机构、其他医疗卫生机构。

2018年交通安全和驾培质量量化分析

附表2 微观层面的数据描述

	变量	简写	单位	数据出处
被解释变量	3年驾龄交通违法率	b1	%	公安部交通安全综合服务管理平台
	科目1考试通过率	s1	%	公安部交通安全综合服务管理平台
	科目2考试通过率	s2	%	公安部交通安全综合服务管理平台
驾校特征	驾校名称	id	个	济南市城乡交通运输委员会
	注册资本	captial	万元	国家企业信用信息公示系统(山东)
	训练场地面积	area	亩	济南市车辆管理所和直接电话询问
	教练车数量	car	辆	济南市车辆管理所和直接电话询问
	教职员工	staff	人	济南市车辆管理所和直接电话询问
	参保人数	canbao	人	国家企业信用信息公示系统(山东)
	是否经营异常	yichang	0/1	济南市城乡交通运输委员会
	培训等级	dengji	1/2/3	济南市城乡交通运输委员会
	企业类型	leixing2	自然人/企业法人	国家企业信用信息公示系统(山东)
	成立年	set_date2	年	国家企业信用信息公示系统(山东)
	是否位于城区	district	0/1	济南市车辆管理所

后记 驾培行业的荣誉是我们前进的动力

缘起

作为驾培行业的一位普通的从业者,我经常会听到同行的心声:为什么驾培行业不能像其他行业那样得到应有的社会尊重?

驾培行业是关乎生死的行业,我们的工作直接决定了,往车轮子底下送人还是从车轮子底下救人。同样关乎性命的职业还有医生,被尊称为"白衣天使";同样传授知识的职业还有教师,被赞美为"人类灵魂的工程师",为什么一提到驾校和教练员,人们就产生一种负面印象?这个行业没有得到本应有的重视和尊重。

那么我们还能多做一点什么,才能得到社会上更多人的理解和支持?

大家在交流的过程中逐渐明晰,虽然我们所有从业人员都知道驾培关乎生死,但没有科学的证明,这样一来,驾培行业就得不到以科学为依据的城市管理者重视,就得不到大众的普遍宣传和认知。为了唤起社会对驾培行业的认同,趣学车安全驾驶研究院从自身专业的角度发起了"城市道路交通安全与驾培质量的量化研究"这个课题,专门来解答"驾培质量的提高是否会降低道路交通死亡率"这一问题。

课题研究里的小故事

2017年7月26日,由中国社会科学院经济研究所领衔,中央财经大学、清华大学交通研究所、中国公安大学、中国交通运输协会驾校联合会、趣学车、成都长征驾校、济南交警支队、甘肃警察学院等共同参与研究的"驾培行业对城市交通安全的影响"项目在北京正式召开开题会议。

中国社会科学院公共政策研究中心主任朱恒鹏在开题会中表示,中国改革开放的进程,技术和商业模式的创新与政策改革的力度同样重要,期望这个课题成果不仅把经验和直觉形成城市管理者的辅助决策量化模型,而且能像阿里巴巴改变零售业态一样,驱动驾培产业微观层面的商业成功,形成以驾培产业为基点的大智能交通产业的融通发展。中国社会科学院将持续关注、争取引领这个领域的创新。

趣学车CEO刘老木希望这次研究的报告能够客观、数字化地体现驾培行业或驾驶行为对交通安全的影响;可以为城市决策者和公共产业管理人员提供系统化的决策模型;能为参与课题调研城市的管理者,提供直接的同类城市的比较基线和运行管理建议。成都长征驾校校长董强也表示,一个行业不仅仅要埋头苦干,更要提炼理论,为行业健康发展提供理论依据和思路。

2018年交通安全和驾培质量量化分析

起点高、水准高、要求高，中国社会科学院经济研究所黄英伟老师领衔的课题组刚开始实际工作，量化研究需要的可靠数据源、大规模数据、数据的合法性等方面的挑战就凸显出来，远远超过我们这些课题策划人的预期。中国交通运输协会驾校联合会已有的数据库和新增的调研问卷，根本满足不了研究的要求。一度我们以为课题有可能中途搁置。比如说，科目三考试数据是不被政府相关部门网站公开的，如果仅用科目一和科目二的考试数据代表驾校培训质量，违背驾培行业从业者的直觉。幸运的是，课题组成员单位济南交警支队、甘肃警察学院等大力支持，研究小组也从公安部交通管理局网站和其他政府网站上获取了大量公开数据，我们才能向前走。

专家组坚持"尊重行业、必须严谨、必须有实例证明"的研究原则，为此，在研究计划上增加了研究内容，收集到西安市111个驾校2013~2017年的考试通过率样本，计算科目二考试通过率与科目三考试通过率之间的关系，发现两者高度相关，相关系数高达0.69，且具有统计显著性，用科目一考试通过率和科目二考试通过率的数据代表驾校培训质量，就这样又闯过了一关。

成果

这次课题的量化研究方式在驾培行业及学术界尚属首次。研究历时八个月余，课题组专家采集全国各城市驾校的数据涉及3657所驾校，合计100个城市的截面数据和7个城市4年的面板数据，运用固定效应模型、解释变量、情景模拟、政策检验等科学手段对课题进行客观深入的研究分析。从量化的角度研究了道路交通安全与驾校培训质量之间的关联，包括影响方向、影响大小，旨在为今后交通安全和驾培行业管理的政策制定奠定基础。

同时，课题组在报告中构建了城市交通安全、城市经济社会指标和驾校考试情况的宏观数据库，以及济南市驾校的微观数据库。也实证了驾培质量直接影响交通事故，即科目考试通过率与交通事故显著相关；驾培质量的提

高对交通安全改善效果明显；规范化经营有利于提高驾培质量。

希望通过这一课题研究成果，能够科学地证明，驾培质量对交通安全改善的效果明显，让更多的驾培行业从业者理解身上肩负的使命，也让大众认可驾培人的努力，同时引起城市管理者的重视，以引领驾培行业更加规范化发展。

B.5 教练车安全事故情况分析

冯晓乐

摘　要： 近年来，随着教练车数量的增加，有关教练车事故的报道越来越多，其中不乏影响较大的重特大事故。教练车事故不但造成经济损失，影响驾校的正常经营，给社会造成一定的危害，同时还阻碍了驾培行业健康发展。对教练车事故产生原因及其对策进行系统分析与研究，找出切实有效的教练车事故防控对策，对于广大驾校、行业管理部门和全社会来讲都具有重大的现实意义。本文的研究对于防治管控教练车事故高发，能够起到积极作用，具有较强的应用价值。

关键词： 教练车安全事故　挂靠隐患　预防控制

一　研究的背景与意义

近年来，随着驾培市场的高速发展，驾校和教练车数量不断增多，教练车事故也显现出高发态势。从驾校角度讲，教练车事故发生具有普遍性，驾校无论规模大小、建校时间长短、管理是否规范，基本上都发生过不同程度的教练车事故。从事故类型看，教练车事故具有多样性，训练场事故、实际道路驾驶训练事故、考试场事故等均有发生。从事故原因分析，教练车事故具有复杂性，驾校管理原因、教练员原因、学员原因以及教练车原因都能导

致事故发生。

教练车事故的频繁发生造成巨大的经济损失,影响驾校的正常经营,给社会造成一定的危害,同时也阻碍了驾培行业健康发展。对教练车事故产生原因及其对策进行系统分析与研究,找出切实有效的教练车事故防控对策,对于广大驾校和监管部门来讲具有重大现实意义。

二 主要研究内容

本文研究以防控教练车事故为重点,通过分析教练车事故发生的原因,从不同角度提出防控教练车事故的措施。主要研究内容如下。

(1)剖析教练车事故原因。对教练车事故进行分类,从宏观、驾校、教练员、教练车、学员五个角度对教练车事故的成因进行全面研究,论述事故机理,分析教练车事故成因和驾培行业安全风险。

(2)教练车事故案例。列举教练车事故典型案例,归纳总结事故发生的原因和发生规律,从多个角度为事故原因和机理提供论证。

(3)提出教练车事故防控对策基于教练车事故的特征、成因分析,基于影响教练车安全教学的各种因素,针对性地提出对教练车事故的预防和控制措施。

三 教练车事故原因分析

(一)基于宏观分析

1. 教练车数量与教练车事故数量存在关联性

2013年,时任交通运输部副部长在全国机动车驾驶培训工作会议上宣布:截至2012年底全国共有教练车33.7万辆。《中国道路运输发展报告(2016)》显示:2016年,我国拥有机动车驾驶员培训教学车辆72.7万辆。短短四年时间,全国教练车数量增长了一倍多。教练车数量惊人的增加,满足了驾培市场的需求,同时也使得教练车事故发生的可能性变大。教练车数量与教练车事故数量存在关联性，教练车数量越多，教练车事故发生的数量也就越多。

2. 学员数量与教练车事故数量存在关联性

据公安部统计，自2011年至今，全国平均每年新增机动车驾驶员2745万人（如图2所示），近3年来更是每年以3000万人以上的数字增加。庞大的学车人群，基本上都是从"零基础"开始学起，驾驶教练车不确定性极强，增加了教练车事故发生的可能。学员数量越多，教练车使用的频率就越高，教练车事故发生的数量也就越多。

图2　2011~2017年全国新增驾驶员人数

3. 机动车保有量与教练车事故数量存在关联性

近年来，我国机动车保有量继续保持高速增长态势，截至2017年3月全国机动车保有量首次突破3亿辆（如图3所示），其中汽车保有量达2.17亿辆，与2016年相比，全年增加2304万辆，增长11.85%。

图3 2012年至2017年3月全国机动车保有量变化情况

机动车保有量的迅速增长，给道路交通带来压力。道路上机动车行驶的数量和密度都大为增加，尤其是靠近城市的道路更加突出。这就使得教练车在进行道路驾驶训练时的不安全因素增多。教练车由学员驾驶，会出现熄火、突然变道、路中间急停等影响交通安全和交通秩序的情况，有些社会车辆不能及时避让教练车，甚至有些驾驶员会对教练车发泄"路怒症"。这些影响安全的因素也大大增加了教练车事故发生的概率。机动车数量越多，给道路交通秩序带来的压力就越大，教练车事故发生的数量也就越多。

（二）基于驾校分析

近年来，受驾培行业的低门槛、高回报刺激，资本快速进入驾培行业，尤其是自国家对驾校审批实行"先照后证"政策后，驾校数量增加更是迅猛。《中国道路运输发展报告》显示，2011年我国共有驾校10347所，2016年共有驾校16512所，增加了6165所，增幅为59.58%，而教练车、教练员数量增加更多。驾校的安全管理与教练车事故存在关联性，相当多的教练车事故，是由驾校管理不到位造成的。

1. 教练员素质难以保证

由于驾校数量快速增加，对教练员的需求量也不断增加。许多驾校无法对新入职的教练员进行系统全面的岗前培训和有效的管控。教练员"安全意识"存在欠缺，这大大增加了教练车事故发生的可能性。

2. 挂靠经营模式安全隐患较大

驾校数量的大量增加，使得市场竞争激烈。为减少经营风险，有些驾校采取了"挂靠经营"模式。在这种经营模式下，对挂靠的教练员不能进行有效的管控。

（1）随地训练

根据《中华人民共和国道路交通安全法实施条例》、《机动车驾驶员培训管理规定》（交通部2016年第51号令）、《机动车驾驶人培训机构资格条件》（GB 30341-2013）等的要求，驾驶培训教学要在机动车驾驶员培训教练场和指定的线路上进行。而挂靠教练员的教学往往随地进行，在没有任何安全防护设施的情况下训练，安全隐患显而易见。

（2）教练车用途被改变

教练车本应是驾校的资产，而挂靠教练车虽然挂在驾校名下，但都由挂靠教练员出资购买，驾校并没有产权。因此，驾校也无法管控教练车。教练车是教学工具或生产资料，应该用于教学。挂靠教练员往往将教练车当成私家车使用，行驶范围和时间受挂靠教练员支配，这就造成极大的安全风险。

案例：开教练车旅游造成的悲剧

2015年，某驾校的挂靠教练车辆由教练员驾驶，载着亲朋从成都出发前往云南旅游。在丽江发生车祸，车毁人亡，这不仅造成家庭的巨大灾难，而且造成极坏的社会影响，未完成培训的学员也蒙受了重大经济损失。

3. 新驾校管理经验欠缺

新开业驾校往往缺乏管理经验和管理人员，尤其缺乏安全管理方法和经验。对安全教学的认识有不到位，增加了安全风险。

(三)基于教练员分析

教练员是教练车的使用者和掌控者。因此,教练员对教练车事故负直接和主要责任。研究表明,安全意识差、疲劳执教和情绪波动三个因素很容易造成教练车事故的发生。

1. 安全意识与教练车事故

教练员的安全意识就是教练员对教学安全保持的戒备和警惕的心理状态。简单地说,就是对安全的重视程度。教练员安全意识主要包括社会责任意识和遵纪守法意识,其形式表现为教练员的自我观察、自我评价、自我体验、自我监督、自我教育、自我控制等。这些因素能够促成教练员形成"自觉能动性",而这又将决定教练车事故发生的几率。研究表明,绝大部分教练车安全事故,是由教练员缺乏安全意识,对教学中的风险认识不足而造成的。

(1) 法律意识淡薄易引发事故

调查表明,绝大部分教练员在科目二训练中采取"车下指导学员"的方式。但相当多教练员并不知道,如果因此发生事故,教练员将要承担法律责任。

案例:高考女状元之死谁之过?

2015年7月,某驾校学员邱某单独驾驶教练车进行科目二练习,教练员黄某在车下进行指导。由于邱某操作不当,教练车突然失控,接连撞向训练场内多名学员,女学员方某因抢救无效身亡。据了解,方某系当地高考文科女状元。经法院审理判决赔偿死者家属138万元,教练员黄某被判有期徒刑一年零两个月,缓刑二年。

本起事故中,驾驶教练车撞死人的并不是教练员,那么教练员为什么会被判刑呢?很多教练员并不理解,他们的理由是科目二考试中学员要独立驾驶,因此在训练中教练员下车执教是正常的事情。

《中华人民共和国刑法》第一百三十四条规定:"在生产、作业中违反有关安全管理的规定,因而发生重大伤亡事故或者造成其他严重后果的,处三年以下有期徒刑或者拘役;情节特别恶劣的,处三年以上七年以下有期徒刑。"

《中华人民共和国道路交通安全法实施条例》第二十条规定:"学员在学习驾驶中有道路交通安全违法行为或者造成交通事故的,由教练员承担责任。"

《中华人民共和国道路交通安全法》第七十七条规定:"车辆在道路以外通行时发生的事故,公安机关交通管理部门接到报案的,参照本法有关规定办理。"

根据上述法律规定,教练员应当承担责任。教练员的主观过失是:未尽到安全义务,教练员有"预见危险的义务"和"预见危险的能力",有确保学员安全驾驶的义务和避免事故发生的义务。教练员应当预见到学员没有掌握驾驶技能,单独驾驶不能确保安全,对公共安全存在危害。在此情况下仍然让学员单独驾驶,属于"明知故犯"。造成的客观事实是:学员单独驾车失控,致使人死亡。所以,教练员应当承担法律责任。

(2)麻痹大意易引发事故

在实际教学中,有很多不起眼的"小事情",如果不引起重视,就可能会引发"大事故",这就是所谓的"麻痹大意"。

案例:一把车钥匙和一条生命

2016年11月1日,某驾校教练员在科目二训练过程中,下车去厕所,并没有按规定将车钥匙取下。学员任某出于好奇独自进行了驾驶,结果致使车辆坠崖,造成任某死亡、车辆报废。

事故教训:如果教练车车钥匙处于教练员的掌控下,就不会引发本起事故。

教练员在教学中需要顾及教学质量、顾及学员操作，还要顾及交通安全。毫无疑问，应当首先顾及交通安全。但是事实是很多教练员将教学质量放到首位，从而忽视了教学安全，就会产生麻痹大意，导致事故发生。

2. 疲劳执教与教练车事故

因为教练员要长时间坐在教练车中，活动受到限制，又要长时间集中精力判断交通情况和学员操作情况。精神处于高度紧张状态，易产生身体上和精神上的双重疲劳。疲劳后会感到想瞌睡、四肢无力、判断力下降，甚至会出现精神恍惚或瞬间意识丧失，不能及时有效地指导学员，不能预见危险、把控安全，这就对教学安全带来极大威胁。教练员出现疲劳状况的主要原因见表1。

表 1　教练员出现疲劳的主要原因

疲劳原因	个人原因	工作压力	工作环境
主要表现	休息不充分	教学质量压力	车内空气
	生活压力	精神高度集中	交通情况
	身体健康情况	体力消耗大	天气原因

3. 情绪波动容易引发安全事故

案例："骂"出来的事故

2017年5月，某驾校教练带学员在指定的道路上进行科目三训练。由于学员操作教练车频频出错，教练员突然对他破口大骂，学员被突如其来的骂声吓坏了。一个急刹车，手忙脚乱地把车停在了"线外"非机动车道上，与同向驾驶的电动三轮车发生尾撞，乘车老人赵淑芬当即被撞伤。经救治，赵老太虽脱离了生命危险，却成了高位截瘫，生活不能自理。

案例：冲动的代价

2014年7月某驾校的教练带四名学员去进行考试，结果四人全部未通过。教练从考点出来之后一直情绪激动，脏话连篇，然后又以飙车来泄愤。在离

教练车安全事故情况分析

考点才几公里的地段，在路况良好的情况下，冲出路基撞上一侧的大树，造成两人当场死亡、一人重伤抢救后死亡的惨烈结果。

以上案例足以说明，教练员情绪不佳、波动较大时，对自己和学员都会产生较大的影响，会给安全教学带来严重影响。

（四）基于学员分析

学员处在学习阶段，并不具备独立驾驶能力，驾驶教练车稳定性差，也容易造成安全事故。

1. 学员操作异常容易引发事故

教学规律表明，学员的驾驶动作要经过僵化、固化、优化的过程，学员的驾驶技能才能逐渐形成，这也符合"量变引起质变"的科学事实。学员需要循序渐进地进行练习，学员的驾驶动作不会马上达到优化阶段，而是长时间处于"僵化"和"固化"阶段。因此操作能力不足，手脚配合不协调是非常正常的现象。由于学员驾驶教练车时精神高度集中且操作不熟练，因此并不能全面观察交通情况。表现为视野比较窄、视距比较短、注意力分配不合理。因此，不但不能及时发现并合理处置交通情况，而且对潜在的安全隐患也难以发现。从而，驾驶教练车时可能出现一些异常情况，如：油门当刹车熄火、方向跑偏、低头下看、制动不平稳等。

2. 应试教学造成学员驾驶能力差

按《机动车驾驶培训教学大纲》要求，学习 C1 型汽车驾驶需要在模拟器上进行练习不少于 7 个小时，在单人单车的模式下实车上练习不少于 41 个小时。但是由于种种原因，在好多地方《机动车驾驶培训教学大纲》不能得到有效的落实，学员学时严重缩水。有的驾校，十几个学员一车训练，学员一天也摸不了几把方向盘。很多驾校不同程度地存在着"三重三轻"现象，即重实操轻模拟、重实车轻理论、重考试轻基础。而被轻视了的理论教学、模拟教学和基础教学，正是学员打下坚实基本功所必需进行的重要环节。有相当一部分驾校不重视基础训练，重金购买的驾驶模拟器弃之不用，成了摆设。

很多学员入学的第一天便开始了应试训练，教练员过多地教的都是"点位教学"。如此一来就造成学员只是机械地按照"点位"指引进行操作，而最应该得到重视的"安全驾驶"被"严重忽略"。学员的安全驾驶能力也不可能形成，驾驶教练车自然存在较大安全隐患。

（五）基于教练车分析

教练车主要由学员操作，且换人频繁。因此会长时间处于"非正常行驶状态"。所以，教练车的转向机构、传动机构、制动机构等装置机件磨损较大，容易引起故障，从而带来安全隐患。教练车下列机件的损坏，容易直接造成事故。

1. 副制动

为保证训练安全，教练车都装有副制动装置。副制动不但保证学员训练安全，而且是保证教练员自身安全的装置。教练车副制动踏板与主制动踏板的连接方式有两种：一种是软连接，即用刹车拉线连接；第二种是硬连接，即用钢筋钢管等材料连接。

（1）软连接副制动可能出现的安全隐患

软连接副制动长时间使用，可能会造成磨损过度，个别地方会出现"毛刺"，若遇到紧急情况用力踩副制动踏板时可能会造成刹车线断裂，造成副制动失效。

（2）硬连接副制动可能出现的安全隐患

硬连接副制动使用过程中可能会出现连接部分弯曲，造成副制动踏板离地间隙过小。在这种情况下，若副制动踏板下方有障碍物，踩主制动踏板时就会踩不动，从而造成制动失效。

2. 座椅

学员体态各不相同，上车首先要做的就是调整座椅。座椅调整频繁，容易造成座椅锁止机构磨损过度。有可能造成在驾驶时，座椅锁止机构失效，座椅突然向后移动。这样一来，学员或教练员就无法操作离合器和制动踏板，车辆有失控危险。

3. 轮胎

在进行科目二训练时，教练车基本上处于低速运行状态，且方向动得较大，容易使得轮胎磨损严重。若不进行轮胎定期更换，有可能造成前轮磨损严重，在行驶中爆裂，导致方向失控从而造成教练车事故。

四 教练车事故预防控制措施

（一）行业管理部门加强监管

（1）加强对驾校安全工作的监督：按照《中华人民共和国安全生产法》、《中华人民共和国道路交通安全法实施条例》、《机动车驾驶员培训管理规定》（交通部 2016 年第 51 号令）等法规的要求，严格监督驾校安全生产工作。

（2）坚决打击教练车不在指定地点、路线培训的行为。

（3）运用信息化手段防控事故：充分发挥"机动车驾驶培训机构监管平台"的作用，推进平台与公安考试系统对接。充分运用平台作用，一是发挥"电子围栏"功能管控教练车训练地点；二是利用"教练员黑名单"功能将违反安全法律法规的教练员列入其中。

（二）严格履行法律规定义务

《中华人民共和国安全生产法》第二条规定："在中华人民共和国领域内从事生产经营活动的单位（以下统称生产经营单位）的安全生产，适用本法；有关法律、行政法规对消防安全和**道路交通安全**、铁路交通安全、水上交通安全、民用航空安全以及核与辐射安全、特种设备安全另有规定的，适用其规定。"

依据此条法律规定，驾校属于道路运输行业，驾校教学安全属于道路交通安全，因此驾校应当认真履行《中华人民共和国安全生产法》（以下称《安全生产法》）规定的义务。

案例："事故赔偿""行政处罚"

2017年5月，某驾校教练车科目三训练追尾前车，造成4人死亡重大事故。

◎交警部门认定教练车负事故主要责任，驾校承担了120万赔偿。

◎安监部门又对驾校做出30万元的行政处罚，对相关责任人分别处3万至5万元的罚款。

安监部门认为：驾校安全生产制度不健全，未利用有效的管理技术和手段加强教练车生产经营活动过程的监测控制，没有及时制止不安全行为和隐患发生。因此，依据《安全生产法》及其相关规定做出以上处罚。

事故教训：驾校应当认真领会《安全生产法》有关精神，并履行相关法律义务。

依据《安全生产法》和其他相关法律法规，驾校需要做好相关工作。

1. 建立安全生产制度

《安全生产法》第四条规定："生产经营单位必须遵守本法和其他有关安全生产的法律、法规，加强安全生产管理，建立、健全安全生产责任制和安全生产规章制度，改善安全生产条件，推进安全生产标准化建设，提高安全生产水平，确保安全生产。"

根据《机动车驾驶培训机构资格条件》（GB 30340-2013），建议驾校应当设立下述制度。

（1）安全生产责任制度

应包括入场训练安全告知、安全教育、场地安全监控、安全检查、隐患排除、重大事故报告和安全责任等，并建立纸质和电子档案。如《教练员安全管理制度》《教练车安全管理制度》《学员安全管理制度》《教练场安全管理制度》《安全与学习教育制度》《车辆维修制度》等。

（2）应急管理制度

应包括应对教学安全事故、火灾、恶劣天气和自然灾害、治安事件等突发事件的制度，应建立《安全事故应急预案》。

2. 明确安全生产责任人和职责

《安全生产法》第五条规定："生产经营单位的**主要负责人**对本单位的安全生产工作全面负责。"

《安全生产法》第十八条规定："生产经营单位的主要负责人对本单位安全生产工作负有下列职责：

（一）建立、健全本单位安全生产责任制；

（二）组织制定本单位安全生产规章制度和操作规程；

（三）组织制定并实施本单位安全生产教育和培训计划；

（四）保证本单位安全生产投入的有效实施；

（五）督促、检查本单位的安全生产工作，及时消除生产安全事故隐患；

（六）组织制定并实施本单位的生产安全事故应急救援预案；

（七）及时、如实报告生产安全事故。"

3. 设立安全组织

《安全生产法》第二十一条规定："矿山、金属冶炼、建筑施工、**道路运输单位**和危险物品的生产、经营、储存单位，应当设置安全生产管理机构或者配备专职安全生产管理人员。"驾校应当依据本条法律规定，设立安全小组，并能够保证有效地开展工作。

4. 对员工进行安全教育和安全应急演练

《安全生产法》第二十五条规定："生产经营单位应当对从业人员进行**安全生产教育和培训**，保证从业人员具备必要的安全生产知识，熟悉有关的安全生产规章制度和安全操作规程，掌握本岗位的安全操作技能，了解事故应急处理措施，知悉自身在安全生产方面的权利和义务。未经安全生产教育和培训合格的从业人员，不得上岗作业。

……

生产经营单位应当建立安全生产教育和培训档案，如实记录安全生产教育和培训的时间、内容、参加人员以及考核结果等情况。"

根据本条法律规定，驾校应当制定对员工的培训计划，组织员工进行"安全事故模拟演练"，主要文件包括《训练场事故应急预案》《道路驾驶事故

应急预案》《教练车自燃应急预案》等。并保留好培训记录，包括安全会议纸质记录、视频资料等能够证明有效开展工作的记录。

5. 明确驾校法律责任

《安全生产法》第九十四条规定："生产经营单位有下列行为之一的，责令限期改正，可以处五万元以下的罚款；逾期未改正的，责令停产停业整顿，并处五万元以上十万元以下的罚款，对其直接负责的主管人员和其他直接责任人员处一万元以上二万元以下的罚款：

（一）未按照规定设置安全生产管理机构或者配备安全生产管理人员的；

……

（三）未按照规定对从业人员、被派遣劳动者、实习学生进行安全生产教育和培训，或者未按照规定如实告知有关的安全生产事项的；

（四）未如实记录安全生产教育和培训情况的；

……

（六）未按照规定制定生产安全事故应急救援预案或者未定期组织演练的……"

《安全生产法》第九十二条规定："生产经营单位的主要负责人未履行本法规定的安全生产管理职责，导致发生生产安全事故的，由安全生产监督管理部门依照下列规定处以罚款：

（一）发生一般事故的，处上一年年收入百分之三十的罚款；

（二）发生较大事故的，处上一年年收入百分之四十的罚款；

（三）发生重大事故的，处上一年年收入百分之六十的罚款；

（四）发生特别重大事故的，处上一年年收入百分之八十的罚款。"

（三）严格管理教练员队伍

1. 依据新政策严管教练员

"教练员证"认证虽然已被取消，但新的政策提出对教练员的管理新要求，驾校应当认真领会并执行。

（1）《国务院办公厅转发公安部交通运输部关于推进机动车驾驶人培训考

试制度改革意见的通知》（国办发〔2015〕88号）规定：

◎驾驶培训机构应当选用驾驶和教学经验丰富、安全文明驾驶素质高的驾驶人担任教练员；

◎**不得聘用有交通违法记分满分记录、发生交通死亡责任事故**、组织或参与考试舞弊、收受或索取学员财物的人员担任教练员；

◎严格教学活动监督管理，对学员投诉多、培训质量和职业道德差的教练员，严格考核和退出机制。

（2）公安部、交通运输部联合颁发的《关于做好机动车驾驶人培训和考试制度改革的通知》（公交管〔2016〕50号）规定：

◎将聘用教练员信息报送道路运输管理机构；

◎要严格教练员管理，及时查询教练员的交通违法信息；

◎不得聘用有交通违法记分满分记录、发生交通死亡责任事故、组织或参与考试舞弊、收受或索取学员财物的驾驶人担任教练员。

2. **加强对教练员的安全教育**

（1）安全法律法规教育

驾校应当通过培训让教练员认真领会并掌握的有关安全教学的法律法规有：

◎《中华人民共和国道路交通安全法实施条例》第二十条；

◎《中华人民共和国刑法》第一百三十三条、第一百三十四条；

◎《中华人民共和国道路交通安全法》第七十七条、第九十一条、第九十九条。

（2）安全规章制度教育

应当对教练员进行培训的有关安全教学方面的制度至少包括：

◎酒后严禁执教；

◎身体或精神不适时严禁执教；

◎教练车出现故障时严禁用于教学；

◎恶劣的天气未经批准不得执教；

◎驾驶证失效时严禁执教；

◎ 教学时不得脱岗、离岗；

◎ 离开教练车时，须将车辆停在安全地点，并拔掉车钥匙；

◎ 教学时不得做与训练无关的事情；

◎ 将等候学员安排到安全区域，并告知安全要求；

◎ 教练车车速不得超过规定。

（3）教练车安全典型事故案例

典型的教练车事故案例能使安全教育更具有直观性，能对教练员形成较大的冲击，起到较好的教育效果：

◎ 最新的、典型的教练车安全事故案例；

◎ 本驾校发生的教练车事故。

（4）安全防护技能

◎ 预防"疲劳执教"技能；

◎ 预防"学员异常操作"技能；

◎ 灭火器使用；

◎ 教练车事故应急应知应会；

◎ 急救常识和基本技能。

（四）严格实施安全检查

（1）建立安全管理检查机制，对训练严格实施检查。

（2）需要做好安全检查的项目包括：

◎ 检查教练车车速；

◎ 检查教练员状态；

◎ 检查学员情况；

◎ 检查安全防护设施；

◎ 检查重点位置；

◎ 检查教练车车况。

（3）做好安全检查记录。

（4）查看安全监控视频。

（5）定期举行安全小组会议。

（五）严格落实安全保障

1. 必要的安全投入

（1）购买各类保险，包括学车意外伤害险、教练员工伤保险、车辆保险等；

（2）健全安全防护设施，包括灭火器、隔离设施等。

2. 为教练员提供安全保障

（1）教练员定期体检制度；

（2）为教练员休息创造好的环境；

（3）保障教练员休息。

（六）对学员进行安全管理

要求学员做到：遵守训练时间、服从训练安排、爱护教学设施设备。

禁止学员以下行为：

（1）饮酒后参加训练；

（2）身体不适参加训练；

（3）穿高跟鞋、拖鞋和裙子、戴手套和有色眼镜训练；

（4）带与训练无关人员一起进入训练区域训练；

（5）在车内抽烟，接打电话；

（6）私自启动或操作教练车及其他教学设备。

五　结束语

教练车事故研究意义十分重大，值得每一名驾培行业的管理者、从业者和研究者认真探索。本文研究存在很多不足之处。一是教练车事故发生是在多种因素作用下产生的，鉴于笔者理论水平、时间及资料收集的有限性，本

文研究深度不够;二是关于教练车事故的数量、财产损失和人员伤亡等具体数据难以获取。因此,本次研究只是一个开端,今后还会进行长期研究,不断地探索有效的教练车事故防控措施,为广大驾校和行业主管部门提供有益参考。

B.6 基于学员满意度的驾培服务质量报告

刘治国

摘 要： 2017年我国驾培行业服务质量逐步向好，满意的学员居多，不满意的学员较少。在市场这只无形之手的倒逼和政府这只有形之手的监管双管齐下、共同作用的情况下，驾培行业的服务质量得到了大幅提升，驾校各种服务模式、手段、方法竞相涌现。这也是近年来驾培行业供给侧结构性改革取得的初步成果。对于大部分驾校经营管理者而言，已经深刻认识到服务水平已经成为利润持续增长的焦点，学员的满意度关系驾校的口碑和品牌美誉度。

关键词： 学员感知价值 服务体验质量 管理部门监管

学员满意是一种心理状态，是指学员的需求被满足后的愉悦感，是学员对教学或服务的事前期望与实际体验教学或服务后所得到的实际感受的相对关系。1965年，美国学者Cardozo首次将"顾客满意"概念引入商业领域，服务质量研究逐渐兴起，满意度调研由此成为服务质量的测评工具。进行学员满意度研究，旨在通过连续性的定性定量研究，获得学员对驾校服务的满意度、投诉率等指标的数值，以便客观反映驾校的服务质量和社会评价，最终实现学员价值最大化，对提升我国机动车驾驶培训产业服务质量也具有借鉴意义。

近年来，我国的机动车驾驶培训产业始终保持着较快增长，已经成为道路运输行业的重要支柱产业。驾校数量以平均每年9.3%的速度增长，预计2017年，我国的驾校数量将达到17000所，年培训学员逾2600万人。可见，

驾培行业蓝皮书

我国的机动车驾驶培训产业已经进入高速发展的黄金时代。服务已经成为品牌驾校的附加利润来源和竞争利器。

学员是驾校的顾客,也是驾校的服务对象。驾培行业的服务业属性,使得社会大众高度关注驾校的服务水平。2015年12月10日,国务院发布《国务院办公厅转发公安部交通运输部关于推进机动车驾驶人培训考试制度改革意见的通知》(国办发〔2015〕88号),提出:要推动驾驶培训机构专业化、品牌化发展,不断创新服务模式,提升服务质量。

新一轮驾培驾考已经过去两年多,迫于市场竞争和主管部门监管的压力,全国绝大多数驾校已经深刻地意识到了这一点,在狠抓教学质量、努力提升合格率的同时,非常主动、有效地开展了全员服务工作,还有不少驾校明确地提出了"让每位学员都满意、一切为了学员满意"的服务宗旨,力求做到满意度100%。2017年,驾培行业的服务,究竟到达了一个什么样的水平,学员对驾校的满意度到底又如何?

一 2017年上海市驾培行业服务质量学员满意度

自2014年以来,为加强驾驶员培训行业管理,提高行业服务质量满意度,上海市城市交通运输管理处委托上海市质协用户评价中心,对本市驾培行业开展服务质量学员满意度测评。下面是上海市2017年上半年、下半年的驾培行业服务质量学员满意度测评结果。

(一)上半年上海市驾培行业服务质量学员满意度测评结果

2017年9月13日,上海市交通委员会发布的消息称:本市驾培行业2017年上半年培训服务质量学员满意度结果出炉,6家培训机构综合评价较差。

2017年上半年,上海市驾驶员培训服务质量的学员满意度为85.25,与2016年下半年比较,上升了0.59。

从学员对培训机构服务质量的总体评价看,感到满意的学员占66.3%,感到较满意的学员占22.7%,感觉一般的学员有7.3%;此外,分别有1.7%和

2.0%的学员感到较不满意和不满意。

规范经营方面，调查数据表明，有6.69%的学员反映未签过合同，有22.0%的学员反映未收到培训费用发票，有4.4%的学员反映存在教练员私下收取培训费用的情况。规范教学方面，有19.2%的学员表示倒车入库、侧方移位等科目是在道路或是居民区进行的。廉洁带教方面，被访学员中有3.7%反映教练员提出过以通过考试的名义交"考试保险费"的情况。

根据此次驾培行业满意度测评结果，结合上半年行业日常监督管理情况，满意度达到优秀级别且教练车数量达到50辆以上的培训机构共有18家（见表1）。

表1 上海市18家优秀驾培机构（2017年上半年）

评价等级	排名	培训机构
优秀	1	上海翔茂驾驶员培训有限公司
	2	上海荣安机动车驾驶员培训有限公司
	3	上海水泉机动车驾驶员培训有限公司
	4	上海云之驾科技股份有限公司
	5	上海通略阳浦机动车驾驶员培训部
	6	上海安亭机动车驾驶员培训有限公司
	7	上海恒元驾驶员培训有限公司
	8	上海恒通机动车驾驶员培训有限公司
	9	上海新河机动车驾驶员培训有限公司
	10	上海通联机动车驾驶员培训有限公司
	11	上海东臣机动车驾驶员培训部
	12	上海华山驾驶员培训部
	13	上海高发驾驶员培训中心有限公司
	14	上海安飞驰机动车驾驶员培训有限公司
	15	上海中石化工物流股份有限公司汽车驾驶员培训部
	16	上海兴超机动车驾驶员培训有限公司
	17	上海逸风机动车驾驶员培训有限公司
	18	上海隆森机动车驾驶员培训有限公司

另有6家（见表2）满意度评测结果为较差（最低级别）。

表2 上海市6家较差驾培机构（2017年上半年）

评价等级	排名	培训机构
较差	184	上海申通驾驶员培训二部有限公司
	185	上海虹港机动车驾驶员培训有限公司
	186	上海吉隆机动车驾驶员培训有限公司
	187	上海金球汽车技术培训有限责任公司
	188	上海申诚驾驶员培训有限公司
	189	上海春申驾驶员教考中心

（二）下半年上海市驾培行业服务质量学员满意度测评结果

2018年2月9日，上海市城市交通运输管理处通过媒体发布了上海驾培行业2017年下半年服务质量顾客满意度结果。

此次，上海市城市交通运输管理处委托上海市质协用户评价中心开展的驾培行业2017年下半年服务质量顾客满意度测评结果新鲜出炉。本次测评学员满意度为86.31，比2017年上半年上升了1.06。依据满意度量表加以量化评估，满意度处于较满意至满意区间。

1. 拓展满意度测评渠道，测评范围全覆盖

为了方便学员测评，此次测评除了采用原有的电话调查外，新增了网络调查渠道，即通过微信公众号推送信息的方式收集学员对培训机构服务质量和水平的客观评价，学员通过关注微信公众号登陆质协测评页面，注册登录后进入问卷调查。此次测评共完成有效样本17004个，涉及191家培训机构，实现测评企业全覆盖。

2. 学员满意度测评指标大类结果

此次测评主要从经营管理、教学条件、规范教学、廉洁带教、投诉咨询等五个方面进行。"廉洁带教"评价最高，"投诉咨询"评价最低，大多数培训机构得分集中在81~86分。五项大类指标中，学员对"廉洁带教"指标评价最高，为96.76分；对"投诉咨询"指标评价最低，为71.89分。

3. 提高学员满意度测评在行业年度考核中的权重

为了更好地接受社会及学员的监督，促进行业综合服务水平提高，管理部门提高了"学员满意度测评"指标在培训机构质量信誉考核指标中的权重。希望通过服务质量测评工作，一方面促使培训机构了解、掌握学员需求和意见，提高服务质量，对存在问题针对性开展整改；另一方面让管理部门有效把握行业服务短板，进一步明确行业监管重点。

4. 满意度测评等级为优秀、较差等级培训机构

根据2017年下半年驾培行业满意度测评结果，结合上半年行业日常监督管理情况，满意度达到优秀级别的培训机构共有20家（见表3）。

表3 上海市20家优秀驾培机构（2017年下半年）

评测等级	序号	培训机构
优秀	1	上海荣安机动车驾驶员培训有限公司
	2	上海明山机动车驾驶员培训有限公司
	3	上海水泉机动车驾驶员培训有限公司
	4	上海通略阳浦机动车驾驶员培训部
	5	上海云之驾科技股份有限公司
	6	上海恒通机动车驾驶员培训有限公司
	7	上海翔茂驾驶员培训有限公司
	8	上海东臣机动车驾驶员培训部
	9	上海恒元驾驶员培训有限公司
	10	上海新星机动车驾驶员培训有限公司
	11	上海高发驾驶员培训中心有限公司
	12	上海华山驾驶员培训部
	13	上海新河机动车驾驶员培训有限公司
	14	上海崇明地区机动车驾驶员培训有限公司
	15	上海巴士公交集团驾驶员培训有限公司
	16	上海安亭机动车驾驶员培训有限公司
	17	上海成达汽车驾驶员培训有限公司
	18	上海通联机动车驾驶员培训有限公司
	19	上海刘行机动车驾驶员培训中心
	20	上海广源机动车驾驶员培训有限公司

满意度评测结果为较差（最低级别）的有 7 家（见表 4）。

表 4　上海市 7 家较差驾培机构（2017 年下半年）

评价等级	排名	培训机构
较差	1	上海申诚驾驶员培训有限公司
	2	上海金健机动车驾驶员培训有限公司
	3	上海闻铭驾驶员培训有限公司
	4	上海怡明机动车驾驶员培训有限公司
	5	上海恒星机动车驾驶员培训有限公司
	6	上海虹港机动车驾驶员培训有限公司
	7	上海春申驾驶员教考中心

此外，结合 2017 年度驾培行业信访投诉情况，另有 5 户培训机构（见表 5）信访投诉率最高且未能按规定处理信访投诉。

表 5　上海市信访投诉率最高的 5 家驾培机构（2017 年）

序号	培训机构
1	上海格亿机动车驾驶员培训有限公司
2	上海明松机动车驾驶员培训有限公司
3	上海长安机动车驾驶员培训有限公司
4	上海金球汽车技术培训有限责任公司
5	上海虹港机动车驾驶员培训有限公司

针对满意度调查结果，上海市城市交通运输管理处会同市交通委执法总队将评测结果较差、信访投诉率高的培训机构列入重点监管对象，降低质量信誉考核等级，依法增加日常检查监管频次，督促培训机构强化经营管理、提高服务质量。

二 2017年广州市驾培行业服务质量学员满意度

为提高驾培行业服务质量，有效压降消费者投诉，广州市交通部门坚持实施跟踪督办、学员回访、公布投诉"红黑榜"等措施，有力维护消费者合法权益，进一步推动行业信息公开。2017年，广州市交通部门在公示驾校名称、经营地址、服务电话等信息的基础上，通过"广州市学驾服务平台"，增加了对驾校投诉率、好评率、诚信评价等级、法定代表人等信息的公示。一方面提高驾校信息透明度，方便消费者择优选择驾校报名，享受优质的学车服务；另一方面倒逼驾校增强诚信意识，提升服务水平，减少投诉发生。

学员担心在驾校被"吃、拿、卡、要"怎么办？服务不好怎么办？广州市交通部门还联合市驾驶培训协会向学员发放了"学车服务监督卡"，学员在学车期间遇到的各种问题，都可按照监督卡的提示和具体情况，向交通、公安部门进行投诉或反映。

学员还可以收集并保存相关证据致电广州交通服务热线96900进行电话投诉或登录广州交通信息网进行网上投诉。不仅如此，为维护消费者学车合法权益，广州市交通部门进一步采取措施，加强驾培投诉处理，并定期向社会公布驾校投诉"红黑榜单"，为消费者学车提供学车数据参考。

（一）第一季度驾培投诉红黑榜

4月初，广州市交通部门统计、分析了第一季度驾培行业投诉数据，2017年第一季度，全市驾培投诉169宗，同比下降27.78%，环比下降13.33%。从广州市交通部门公布的第一季度驾培行业投诉前十驾校"黑榜"获悉，广州市同航驾驶员培训咨询有限公司、广东景南汽车培训有限公司、广东警辉汽车培训服务有限公司等驾培企业因一季度投诉率高而"榜上有名"。其中，广州市同航驾驶员培训咨询有限公司因第一季度有9宗投诉，每百台车投诉量9.28宗名列"榜首"（见表6）。

驾培行业蓝皮书

表6 2017年第一季度广州市驾培行业投诉率排名前十驾培机构

序号	驾培机构	所属辖区	教练车数量（台）	学员投诉量（宗）	每百台车投诉量（宗）
1	广州市同航驾驶员培训咨询有限公司	白云区	97	9	9.28
2	广东景南汽车培训有限公司	荔湾区	36	2	5.56
3	广东警辉汽车培训服务有限公司	越秀区	230	12	5.22
4	广州市越秀汽车驾驶培训有限公司	越秀区	20	1	5.00
5	广州市一汽巴士有限公司驾驶员培训中心	海珠区	20	1	5.00
6	广州市迅安机动车驾驶技术培训有限公司	荔湾区	81	4	4.94
7	广州市广宇机动车驾驶员培训有限公司	增城区	61	3	4.92
8	广州市正通驾驶员培训有限公司	海珠区	110	5	4.55
9	广州广新驾驶员培训有限公司	黄埔区	22	1	4.55
10	广州市福华机动车驾驶员培训连锁有限公司番禺分公司	番禺区	74	3	4.05

注：投诉数据来源于广州市交通信息指挥中心；每百台车投诉量＝学员投诉量/教练车数量×100。

值得注意的是，"红榜"显示，包括广州市良安机动车驾驶员培训有限公司在内的36家驾校（见表7）零投诉。而广州"计时培训、计时收费、先培训后付费"的"如约学车"自2016年6月1日运营至今，上线如约驾校88家，教练车5397台，教练员6112名。报名如约学车的学员有4.4万余名，累计评价9.4万余条。平台上线至今，已有1000多名学员顺利通过考试取得驾照，学员好评率高达99.98%，且保持如约学车服务质量零投诉。

表7 2017年第一季度广州市驾培行业"零投诉"驾培机构

序号	驾培机构	所属辖区
1	广州市良安机动车驾驶员培训有限公司	白云区
2	广州市安城机动车驾驶技术培训有限公司	海珠区
3	广州市花都区西城机动车驾驶员培训有限公司	花都区
4	广州市增城宏运机动车驾驶员培训中心	增城区
5	广州市花都区南方机动车驾驶员培训学校	花都区
6	广州市兴华机动车驾驶员培训有限公司	花都区
7	广州市广源机动车驾驶员培训有限公司	花都区

续表

序号	驾培机构	所属辖区
8	广州市穗通驾驶员培训有限公司	天河区
9	广州市增城和顺机动车驾驶员培训中心	增城区
10	广州市汇众汽车驾驶员培训有限公司	增城区
11	广东中海汽车驾驶员培训限公司	白云区
12	从化市安通机动车驾驶员培训学校有限公司	从化区
13	广州市里程机动车驾驶员培训有限公司	增城区
14	广州市广通驾驶员培训有限公司	天河区
15	增城市民丰农业机械有限公司机动车驾驶员培训中心	增城区
16	广州市增城伟培交通驾驶培训中心	增城区
17	广州学成驾驶培训有限公司	番禺区
18	广州市恒通机动车驾驶员培训有限公司	增城区
19	广州市番禺区沙墟机动车驾驶员培训中心	番禺区
20	广州市增城和兴机动车驾驶员培训中心	增城区
21	广州盛发机动车驾驶员培训有限公司	白云区
22	增城市丰和机动车驾驶员培训中心	增城区
23	广州市海珠机动车驾驶员培训有限公司	海珠区
24	广州市利泰驾驶培训有限公司	白云区
25	广州市埔农机动车驾驶员培训有限公司	黄埔区
26	广州市鸿顺机动车驾驶员培训有限公司	花都区
27	广东华科大机动车技术有限公司	天河区
28	广州市从化城乡机动车驾驶员培训中心	从化区
29	广州精通驾驶员培训有限公司	从化区
30	广州市瑞昌机动车驾驶员培训有限公司	增城区
31	广州白云龙湖机动车驾驶员培训中心	白云区
32	广州市鹰式汽车驾驶员培训有限公司	海珠区
33	广州市白云出租汽车集团交职校驾驶员培训有限公司	海珠区
34	广东粤通交通技术发展公司	天河区
35	广州聚丰驾驶员培训有限公司	开发区
36	广州市电车公司驾驶员培训中心	荔湾区

注：投诉数据来源于广州市交通信息指挥中心；上述排序根据教练车数量。

而各区驾培行业投诉排名如表8所示。

表8 2017年第一季度广州市驾培行业各区投诉排名

序号	辖区	驾培机构数量（家）	教练车数量（台）	学员投诉量（宗）	每百台车投诉量（宗）
1	荔湾区	3	122	6	4.92
2	黄埔区	4	936	30	3.21
3	开发区	2	82	2	2.44
4	越秀区	4	630	15	2.38
5	白云区	17	1656	35	2.11
6	海珠区	12	1022	21	2.05
7	南沙区	1	98	2	2.04
8	天河区	12	1005	20	1.99
9	番禺区	9	1009	17	1.68
10	从化区	8	650	7	1.08
11	增城区	14	985	7	0.71
12	花都区	10	1054	7	0.66

注：投诉数据来源于广州市交通信息指挥中心；每百台车投诉量=学员投诉量/辖区教练车数量×100。

多措并举化解纠纷，为消费者学车保驾护航。第一季度，根据进一步完善的驾培投诉闭环处理工作机制，广州市交通部门多措并举，密切做好每一宗投诉的跟踪。同时重点针对重复投诉主动出击，督促指导各区交通部门依法处理。第一季度以来共处理解决学员重复投诉11宗，最早一宗于2014年6月首次投诉的案件也得到妥善处理，有效化解学驾矛盾，充分保障了学员的合法权益。

据统计，第一季度学驾服务平台新增注册人数115766人，学员对驾培机构累计评价70494条，好评68418条，好评率97.06%；对教练员累计评价70237条，好评67665条，好评率96.34%。

（二）第二季度驾培投诉红黑榜

2017年8月初，广州市交通部门统计、分析了第二季度驾培行业投诉数据。2017年第二季度，全市驾培投诉490宗。

基于学员满意度的驾培服务质量报告

为更加准确、全面地反映广州市驾培行业投诉闭环处理工作情况，进一步拓宽统计数据来源，本次统计数据综合了12345热线、各区交通管理部门、其他来信来访等全部投诉信访受理渠道。

"零投诉"驾校名单如表9所示。

表9　2017年第二季度广州市驾培行业"零投诉"驾培机构

序号	辖区	名称
1	白云区	广州市良安机动车驾驶员培训有限公司
2	白云区	广州市鸿程机动车驾驶培训有限公司
3	白云区	广州市新芳培驾驶员培训咨询有限公司
4	白云区	广州市第二公共汽车公司驾驶员培训中心
5	从化市	广州市从化城乡机动车驾驶员培训中心
6	番禺区	广州学成驾驶培训有限公司
7	海珠区	广州市一汽巴士有限公司驾驶员培训中心
8	花都区	广州市云峰汽车驾驶培训有限公司
9	黄埔区	广州广新驾驶员培训有限公司
10	黄埔区	广州市埔农机动车驾驶员培训有限公司
11	荔湾区	广州市电车公司驾驶员培训中心
12	天河区	广东光大国际驾驶培训中心
13	天河区	广东粤通交通技术发展公司
14	增城区	广州市恒通机动车驾驶员培训有限公司
15	增城区	广州市增城伟培交通驾驶培训中心
16	增城区	广州市增城和兴机动车驾驶员培训中心
17	增城区	增城市丰和机动车驾驶员培训中心
18	增城区	广州市瑞昌机动车驾驶员培训有限公司
19	增城区	广州市汇众汽车驾驶员培训有限公司
20	增城区	广州市增城德祥机动车驾驶员培训中心

"投诉率前十"驾校名单如表10所示。

表10 2017年第二季度广州市驾培行业投诉率排名前十驾培机构

序号	驾培机构	所属辖区	教练车数量（台）	学员投诉量（宗）	每百台车投诉量（宗）
1	广东警辉汽车培训服务有限公司	越秀区	106	37	34.91
2	广东景南汽车培训有限公司	荔湾区	37	10	27.03
3	广州市创丰机动车驾驶员培训有限公司	白云区	50	13	26.00
4	广州市粤驰驾驶员培训有限公司	天河区	41	9	21.95
5	广州盛发机动车驾驶员培训有限公司	白云区	46	10	21.74
6	广州市越秀汽车驾驶培训有限公司	越秀区	23	4	17.39
7	广州市鹰式汽车驾驶员培训有限公司	海珠区	30	5	16.67
8	广州交通集团机动车驾驶技术培训有限公司	海珠区	79	11	13.92
9	广州市正通驾驶员培训有限公司	海珠区	110	15	13.64
10	广州市广通驾驶员培训有限公司	天河区	58	7	12.07

各区驾培行业投诉排名如表11所示。

表11 2017年第二季度广州市驾培行业各区投诉排名

序号	辖区	驾培机构数量（家）	教练车数量（台）	学员投诉量（宗）	每百台车投诉量（宗）
1	荔湾区	3	123	18	14.63
2	越秀区	4	492	66	13.41
3	开发区	1	76	6	7.89
4	天河区	12	1000	69	6.9
5	白云区	16	1754	113	6.44
6	海珠区	10	1023	64	6.26
7	番禺区	9	1013	51	5.03
8	黄埔区	4	942	38	4.03
9	从化区	8	651	18	2.76
10	花都区	10	1077	28	2.60
11	南沙区	1	98	2	2.04
12	增城区	14	1014	16	1.58

基于学员满意度的驾培服务质量报告

多管齐下化解矛盾,为消费者学车保驾护航。第二季度,根据进一步完善的驾培投诉闭环处理工作机制,广州市交通部门继续压实措施,多管齐下,指导各区交通部门密切做好每一宗投诉的处理,并重点针对重复投诉主动出击,加强跟踪督促,确保依法处理。第二季度共处理解决学员重复投诉23宗,有效化解学驾矛盾,充分保障了学员的合法权益。

(三)第三季度驾培投诉红黑榜

2017年11月,广州市交通部门整理、分析了第三季度驾培行业投诉数据。2017年第三季度,经12345政府服务热线统计,全市驾培行业投诉共计444宗。全市整体投诉量环比下降9.39%,每百辆车投诉量环比下降9.83%。全市驾培行业整体服务质量进一步提升,全行业持续呈现向好发展态势。

"零投诉"驾校名单见表12。

表12 2017年第三季度广州市驾培行业"零投诉"驾培机构

序号	辖区	企业名称	教练车数量(台)
1	花都区	广州市花都区西城机动车驾驶员培训中心	115
2	番禺区	广州市诚志机动车驾驶员培训有限公司	100
3	从化区	从化市顺安机动车驾驶员培训有限公司	88
4	天河区	广州市粤迅机动车驾驶员培训有限公司	63
5	增城区	增城市东南机动车驾驶员培训中心	59
6	番禺区	广州学成驾驶培训有限公司	54
7	增城区	增城市丰和机动车驾驶员培训中心	46
8	海珠区	广州市海珠机动车驾驶员培训有限公司	46
9	从化区	广州市兴安驾驶员培训有限公司	41
10	黄埔区	广州市埔农机动车驾驶培训有限公司	39
11	花都区	广州市鸿顺机动车驾驶员培训有限公司	38
12	花都区	广州市云峰汽车驾驶培训有限公司	32
13	黄埔区	广州广新驾驶员培训有限公司	23
14	海珠区	广州市一汽巴士有限公司驾驶员培训中心	20
15	荔湾区	广州市电车公司驾驶员培训中心	5

驾培行业蓝皮书

"投诉率前十"驾校名单如表13所示。

表13　2017年第三季度驾培行业投诉率排名前十驾培机构

排名	驾培机构	所属辖区	教练车数量（台）	学员投诉量（宗）	每百辆车投诉量（宗）
1	广东警辉汽车培训服务有限公司	越秀区	38	15	39.47
2	广州市粤驰驾驶员培训有限公司	天河区	26	10	38.46
3	广州市越秀汽车驾驶培训有限公司	越秀区	25	6	24.00
4	广州市正通驾驶员培训有限公司	海珠区	110	20	18.18
5	广东广安驾驶学校有限公司	越秀区	206	34	16.50
6	广东景南汽车培训有限公司	荔湾区	38	6	15.79
7	广州市广通驾驶员培训有限公司	天河区	58	9	15.52
8	广州市鹰式汽车驾驶员培训有限公司	海珠区	30	4	13.33
9	广东华科大机动车技术有限公司	天河区	38	5	13.16
10	广州程通驾驶员培训有限公司	天河区	81	10	12.35

各区驾培行业投诉排名如表14所示。

表14　2017年第三季度广州市驾培行业各区投诉排名

序号	辖区	驾培机构数量（家）	教练车数量（台）	学员投诉量（宗）	每百辆车投诉量（宗）
1	越秀区	4	426	66	15.49
2	荔湾区	3	125	12	9.60
3	天河区	12	988	69	6.98
4	开发区	1	76	5	6.58
5	黄埔区	4	957	48	5.02
6	海珠区	10	1026	51	4.97
7	白云区	16	1826	82	4.49
8	南沙区	1	98	4	4.08
9	花都区	10	1083	35	3.23
10	增城区	14	1025	32	3.12
11	番禺区	9	1021	25	2.45
12	从化区	8	651	15	2.30

基于学员满意度的驾培服务质量报告

加强投诉闭环，严查违法违规教学。 交通部门在处理投诉过程中，发现个别驾校存在学员培训学时弄虚作假、利用非备案车辆进行教学等违法违规现象。交通部门对经核实的违规行为依法进行了严肃查处。

（四）第四季度驾培投诉红黑榜

2018年3月，广州市交通部门统计分析了2017年第四季度驾培行业投诉数据。2017年第四季度，全市驾培行业投诉共计359宗。全市整体投诉量环比下降19.14%，每百台教练车投诉量环比下降19.92%，行业服务质量不断提升，驾培投诉得到进一步压降。

"零投诉"驾校名单如表15所示。

表15　2017年第四季度广州市驾培行业"零投诉"驾培机构

序号	所属辖区	驾培机构	教练车数量（台）
1	海珠区	广州交通集团机动车驾驶技术培训有限公司	79
2	增城区	广州市增城德祥机动车驾驶员培训中心	72
3	增城区	广州市晋丰驾驶员培训有限公司	60
4	增城区	增城市东南机动车驾驶员培训中心	59
5	增城区	广州市增城伟培交通驾驶培训中心	56
6	海珠区	广州市海珠机动车驾驶员培训有限公司	47
7	增城区	增城市丰和机动车驾驶员培训中心	46
8	花都区	广州市鸿顺机动车驾驶员培训有限公司	41
9	从化区	广州市兴安驾驶员培训有限公司	41
10	增城区	广州市瑞昌机动车驾驶员培训有限公司	35
11	从化区	广州精通驾驶员培训有限公司	34
12	花都区	广州市云峰汽车驾驶培训有限公司	32
13	白云区	广州市第二公共汽车公司驾驶员培训中心	32
14	天河区	广东光大国际驾驶培训中心	30
15	海珠区	广州市白云出租汽车集团交职校驾驶员培训有限公司	30
16	白云区	广州市同挥驾驶员咨询培训有限公司	27
17	黄埔区	广州广新驾驶员培训有限公司	24
18	荔湾区	广州市电车公司驾驶员培训中心	8

"投诉率前十"驾校名单如表 16 所示。

表 16　2017 年第四季度驾培行业投诉率排名前十驾培机构

排名	驾培机构	所属辖区	教练车数量（台）	学员投诉量（宗）	每百辆车投诉量（宗）
1	广州市正通驾驶员培训有限公司	海珠区	110	19	17.27
2	广东景南汽车培训有限公司	荔湾区	54	7	12.96
3	广州市同航驾驶员培训咨询有限公司	白云区	69	8	11.59
4	广州市广源机动车驾驶员培训有限公司	花都区	97	9	9.28
5	广州市天东汽车驾驶员培训有限公司	开发区	76	7	9.21
6	广州市穗通驾驶员培训有限公司	天河区	92	8	8.70
7	广州程通驾驶员培训有限公司	天河区	82	7	8.54
8	广州永安通汽车驾驶员培训有限公司	海珠区	149	11	7.38
9	广东环球机动车驾驶员培训中心有限公司	天河区	154	11	7.14
10	广州市福华机动车驾驶员培训连锁有限公司	天河区	114	8	7.02

各区驾培行业投诉排名如表 17 所示。

表 17　2017 年第四季度广州市驾培行业各区投诉排名

序号	辖区	驾培机构数量（家）	教练车数量（台）	学员投诉量（宗）	每百辆车投诉量（宗）
1	荔湾区	3	148	11	7.43
2	天河区	11	978	48	4.91
3	白云区	16	1884	84	4.46
4	黄埔区	6	1066	45	4.22
5	越秀区	3	388	16	4.12
6	海珠区	11	1049	43	4.10
7	花都区	10	1090	44	4.04
8	从化区	8	646	22	3.41
9	番禺区	9	1031	28	2.72
10	增城区	14	1031	17	1.65
11	南沙区	1	98	1	1.02

基于学员满意度的驾培服务质量报告

广州市交通部门以"投诉率"为主要统计指标，评价了各个驾校的服务质量。尽管这个指标没有直接反映学员的满意度，但间接地反映了学员对驾校的评价。纵观一年来的变化，服务投诉比率明显下降，服务质量进步很大。原因在于，广州市交通部门坚持以人民群众需求为出发点，进一步公开透明行业信息，加大行业监督管理力度。

一是在广州市学驾服务平台上设置各驾校和教练员信息栏，增加标注驾校和教练员近3年投诉量、投诉排名以及驾校行政处罚和诚信评价等信息，动态优先排序服务质量靠前的驾校信息，让学员充分掌握驾校整体服务质量，引导学员择优选择驾校学车，同时倒逼驾校自觉提升培训服务质量，形成良好的优胜劣汰市场竞争秩序。

二是进一步加大驾培行业监督检查力度，尤其是对投诉过程中发现的违法违规行为进行严肃查处，切实维护消费者学车合法权益。对于投诉反映的驾培机构和教练员违规行为，依法依规严肃处理，并记入诚信档案，促进驾培行业服务水平持续向好，从而提升学员学车体验。

三是针对个别驾培机构投诉数量压降不明显的问题，重点约谈并将其纳入重点监控范围。并且组织开展打击驾培行业违法经营行为工作，维护广大学车消费者合法权益，净化了驾培市场环境。

三　第三方机构学员满意度

上海、广州交通管理部门的满意度测评非常有价值，它们引领了行业管理部门运用满意度评价这一工具规范驾培市场的先河，有利于驾培市场的健康发展。除了上海、广州外，江苏无锡等地区的驾培行业管理部门也分别开展了满意度监测。总体来看，驾培行业经过近几年的规范发展，服务意识明显上升，学员的满意度也逐步提升。

而作为全国最大的学驾平台、每年拥有近3000万驾考用户的第三方机构，驾考宝典（北京木仓科技有限公司）采取类似大众点评和豆瓣网分级评价的方式，由学员对所在驾校及教练员的服务进行了分级评价。日前，经过对这些大数据进行处理，正式发布了包含用户对驾校满意度评价在内的用户数据报告。从该用户数据报告看，相关评价主要从驾校、教练两个层面进行。

（一）对驾校整体的满意度评价

整体来看，通过学员对每家驾校的综合评价（基于教学服务、环境设施、收费是否正规、学车速度、教学技术等维度），按 0~5 分制（分数越高，代表满意度就越高）进行打分，再对全国 31 个省份（不含港、澳、台）的驾校进行平均，学员对全国驾校的最后评价得分均值是 4.032 分，说明学员对驾校整体处于较满意水平，认可度较高。

然后，在此基础上，计算各省份评价得分高于全国平均分数 4.032 分的驾校数量与该省份驾校总数量的比值，获得每个省份最终的比重值（即该省份所有评价得分高于 4.032 分的驾校占比多少）。以北京市为例，有 77.67% 的驾校学员对其评价高于 4.032 分，有 22.33% 的驾校学员对其评价低于 4.032 分（见图 1）。其中，全国各个省份平均有 74.726% 的驾校学员对其评价高于 4.032 分。

图 1　2017 年各个省份驾校好评占比

通过用户数据报告可以看到，各个省份学员对驾校的满意度评价不同，甚至一些经济发达的省市学员满意度低于不发达地区（见图1），原因有多方面。一般来说，满意是指学员的期望值在驾校得到了满足。而期望值和学员个人因素及驾校的宣传承诺有关；兑现值和驾校的教学服务是否到位有关。由于驾培行业是一个高接触性的服务行业，并且服务链条比较长，具体到驾校的服务而言，除了具备基本的服务特征之外，它还有以下独有的特点。

（1）驾驶培训服务具有高接触性、参与性——学员必须参与培训服务的全部或绝大部分提供过程。高接触性的服务系统比低接触性的服务系统通常更难以管理，学员可以影响到服务的需求时间、服务的本质以及服务的质量，这是由于学员参与了这个过程。

（2）驾驶培训服务具有低无形性——低无形性是指驾校的办公场所设施、教练车辆、员工形象都是可以看清楚的，就是仍未报名的学员也可以提前来驾校实地考察或者通过图片感知。

（3）驾驶培训服务具有差异性——导致同一教学服务者提供的同种服务会因其精力和心情状态等不同而有较大的差异，同时学员对服务本身的要求也参差不齐，这就使得服务评价观感不一。而发达地区学员对精神的追求比较高，他们在乎是否受到尊重、是否受欢迎、是否被理解、是否感觉舒服。

（4）驾驶培训服务具有长期性——学员来驾校学车，一般需要一个多月时间，最长可达3年。

（5）驾驶培训服务具有全员性——除了驾校的教练员之外，报名大厅的工作人员乃至接送学员的班车司机都会影响学员对驾校服务的整体印象。

学员与驾校任何一个部门的每一次接触都是真实的，会产生或好或坏的印象。这些特征决定了驾培行业在服务提供者和服务被提供者之间的时空分配，服务策略和质量改进策略的侧重点各有不同。

得益于学员的年轻化，现在的学员大部分都受过良好的教育，有机会接触更多的信息，他们还有很多办法能验证驾校所宣传承诺的内容。因此，驾校的日常工作都必须以学员感知的价值最大化为核心来开展。学员感知价值是指学员通过学车过程感知的整体利益减去全部成本的评价之差。学员的整体利益包括教学利益（通过考试及获得安全驾驶知识技能）、服务利益、人员利益（获得情感及友情）、形象利益（感觉舒服）；学员的全部成本则包括金钱成本、时间成本（学车花费的总共时间）、精力成本（如练车约考时的辛劳）和心理成本（学车过程中的愉悦与否）。

（二）对教练个体的满意度评价

教练员是驾校的主力军，是直接服务学员的主要工作人员，也是驾校人数最多的群体。本次调研对全国70余万名上线的教练员做了满意度整体测评。

本次调研按照其他行业的评价方法，从低到高，由学员对自己的教练员进行星级评价。从数据统计结果看，广大学员对教练员的评价较高，其中79.73%的学员给了教练员五星评价，等于大于4星的占比达97.6%。三星及以下星级评价的只有2.4%（见图2）。

图2　2017年教练评价星级分布

学员最关心的是教练员工作是否资历丰富、尽心尽力、脾气好、细心；最反感的是教练员说脏话、吃拿卡要、教学水平不行还脾气大（见图3）。

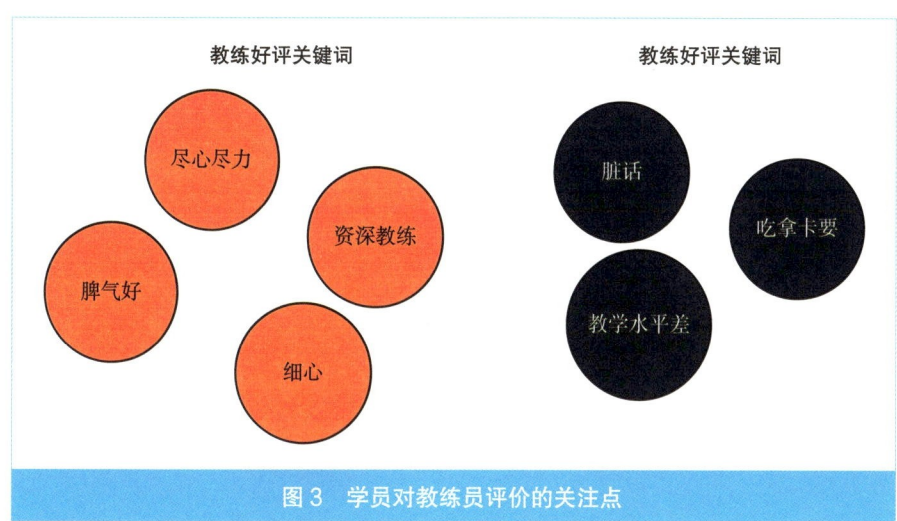

图3 学员对教练员评价的关注点

学员所接受的教练员服务体验质量又可以分为两大要素——技术性质量和功能性质量。技术性质量是指学员能明显感知的实质内容,如经过教练的培训,学员是否能一次性考试通过,它是学员对教练员教学水平评价的重要依据;功能性质量是指服务的技术性要素,包括服务的过程和教练员的整体形象。功能性质量虽不易于进行客观的评估,但也是学员对服务评价的重点。具体包括:教练员的服务意识以及对学员的服务态度、服务行为、教练员的外观、学员需要服务时教练员能否做到有求必应。

一个学员对教练员的服务是否满意,取决以上的综合感受。比如,一个驾校的教练员看起来形象良好、语气温和,教学服务耐心细致,所教的学员合格比率高,自然会让学员觉得很好,钱花得不冤枉。这些,都构成了学员对教练员是否满意的评价因素。

学员对教练员满意度的提高,得益于近几年政策的调整,加快了教练岗位的流动性和教练员的危机感;也得益于驾校及教练员在市场压力之下,不断强化服务意识,推出了更多的服务举措;还得益于全国各驾校教练员队伍源源不断地被注入新鲜血液,一些年轻的、文化水平比较高的新教练员加入教练员队伍,使得队伍越发充满活力,从师傅带徒弟的模式转型为朋友式教

学。甚至大部分教练员直接将自己定位于特殊的服务人员，希望学员满意后帮其介绍新学员。

四 结论与展望

综合分析，尽管以上学员满意度测评的角度不尽相同、指标口径不一，但总体看来，2017年我国驾培行业服务质量逐步向好，满意的学员居多，不满意的学员较少。在市场这只无形之手的倒逼和政府这只有形之手的监管双管齐下、共同作用的情况下，驾培行业的服务质量得到了大幅提升、驾校各种服务模式、手段、方法竞相涌现。这也是近年来，驾培行业供给侧结构性改革取得的初步成果。对于大部分驾校经营管理者而言，已经深刻认识到服务水平的高低已经成为利润持续增长的焦点，学员的满意度关系到驾校的口碑和品牌美誉度。

行业第三方的用户数据报告显示，从市场评价来看，2017年顾客满意度仍然处于"比较满意"区间，服务质量基本稳定。监测结果显示，2017年，我国驾培行业顾客满意度为4.032，保持在"比较满意"区间。又如，2017年1~6月，无锡运管处共发送驾培满意度调查短信5万余条，收到学员回复2.3万条。从回复的短信来看，学员对该市驾校满意程度在提升，有93.2%的学员回复了满意，较2016年同比上升了1.6个百分点。还有5.3%的学员回复了一般，1.5%的学员表示不满意。2017年第四季度，泰州市运管处共发送驾培满意度调查短信7096条，有56名学员回复了不满意，总体满意度为97.76%。

从质量运行来看，2017年驾培行业投诉量显著下降，服务质量提升取得初步成效。在影响学员满意度的因素中，驾校品牌形象和教练员教学质量的影响较大。

学员对驾校服务满意度提升的主要原因有三。

（1）驾校的高度重视。迫于市场竞争压力，大部分驾校通过管理、技术等手段着力提升学员满意度，去培养忠诚的学员。譬如，一些驾校装配监控设备对教练车进行监控，让学员觉得很放心。合肥一位学员说："之前我还有点担心,怕会被教练责骂,遭遇粗暴教学之类的问题,可上车学习后,我发现教练服务态度很好。"

(2)教练员服务意识和素质的提升。近年来,教练员队伍年轻化、高学历化加快,观念逐渐转变。并且驾校开始重视对教练员的培训,中国交通运输协会培训中心等一批行业专业培训机构举办了多期有关教练员教学与服务的培训班,出版了教练员教学与服务的专业书籍,这也在一定程度上影响和推动了教练员服务意识和素质的整体提升。

(3)管理部门的监管。从政策环境看,行业管理部门的一些创新举措陆续推出,得到社会的好评和称赞。比如管理部门加强了学员投诉监管,发布了驾校红黑名单;取消了教练员从业资格证书;学员可以自主选择教练、自主选择考试时间等。

尽管我国驾培行业服务质量总体上不错,但存在的问题也不少,仍有很大的提升和改进空间。

行业第三方的用户数据结果还显示,驾校乱收费、退费难,教练员吃拿卡要、粗暴教学等投诉还依然存在,在一定程度上影响了学员的好评。

全国每年有2600多万人学车,通过驾校已经累计培养出3亿多名驾驶员。好事不出门、坏事传千里,由于基数太大,每年只要有3%的学员不满意,就相当于至少70多万人次在亲友圈或在网络上说驾培的不是。再者,由于学员学车基本一生一次,很多社会人士对驾培行业的认知,还停留在他们前些年甚至十年前的体验和感受。受之前老学员对驾校的成见,以及媒体记者对负能量侧重报道的影响,驾培行业的从业人员的地位不高,职业自豪感、荣辱感不强。此外,黑驾培扰乱了驾培行业,让学员真假难分,一定程度也影响了大众的社会评价。驾培行业的正面形象建立还需要时间,需要社会公众的理解、支持和督促,更需要驾校从业人员卧薪尝胆、砥砺前行。

以学员满意作为评价驾校教学服务工作的主要标准,既是驾校工作的出发点也是落脚点,学员如果对驾校的教学和服务感到满意,会将他们的消费感受通过口碑传播给其他的顾客,扩大驾校的知名度,提高驾校的品牌形象,为驾培行业的健康发展不断地注入新的动力。

专 题 篇

B.7 新营销在驾培领域的应用

王 萍 钟鸿峰

摘 要： 营销关乎驾校的品牌和招生，营销成本和效率更直接影响企业的盈利能力。本文从新营销的定义和解读开始，先回顾传统营销的工作内容，再探讨从传统营销到新营销最重要的变化，即原来是以产品或服务体验为核心的差异化竞争，现在是在营销不同阶段塑造不同参与感体验为核心的差异化竞争，最后列举驾培行业的典型新营销应用事件。试图为驾校经营者建立新营销的理论框架，并提供可参考的应用案例。

关键词： 新营销 参与感 用户粉丝化

营销是驾培行业经营者最关心的问题之一，它关乎驾校的品牌和招生，营销成本和效率更直接影响企业的盈利能力。尤其是在行业竞争激烈的今天，驾培行业从市场的萌芽、动荡，到如今步入市场化，经历了从卖方市场到买方市场，从蓝海到红海，从学员主动上门报名到用尽不同手段营销的变化过程。对于大部分驾校管理者来说这是个痛苦却又不得不接受的蜕变，与此同时，营销也成了绝大多数驾校最重视也是最棘手的问题。

一 新营销的定义和解读

营销的本质是用最小的成本建立品牌优势，抢占更多市场份额。虽然在很长一段时间内，整个行业处于供不应求的状态，驾校管理者不需要在营销层面上花费过多精力也能在市场占有一席之地。但在当今竞争激烈的环境下，面对同质化的宣传、无孔不入的广告信息，消费者开始变得越来越麻木，传统的广告促销等营销组合已经无法有效激发消费者的诉求。

传统的营销 4P 理论是产品、定价、渠道、促销。在互联网社群时代，营销组合已经进化成让更多顾客共同参与。"现代营销学之父"科特勒提出营销 4.0 的概念并将 4P 重新定义成 4C，即共同创造产品（co-creation）、浮动定价（currency）、共同启动渠道（communal activation）、对话（conversation）。区别是从"产品"变成"共同创造产品"，从"定价"变成"浮动定价"，从"渠道"变成"共同启动渠道"，从单向的"促销"变成双向的"对话"。从传统营销到新营销最重要的变化，原来是以产品或服务体验为核心的差异化竞争，现在是在营销不同阶段塑造不同的参与感体验为核心的差异化竞争。新营销和传统营销维度对比见表 1。

表 1 新营销和传统营销维度对比

项目	传统营销	新营销
产品和消费者	注重产品的销售	注重消费者的需求和欲望
营销的角度	以市场为导向	以消费者的需求为导向
渠道和沟通	注重渠道	注重和用户的沟通
促销和品牌传播	以促销为主	以传播、树立品牌形象为主

移动互联网时代顾客的购买体验可以归纳为五个阶段：第一阶段是通过其他人的介绍或无意中看到的广告抑或回忆过往的经验对品牌形成认知阶段，即"我知道"；第二阶段是受到品牌的吸引，对广告诉求产生联想，产生长期记忆进入诉求阶段，即"我喜欢"；第三阶段是向朋友请教或上网看评价、联系客服、比价、在驾校试学，进入询问阶段，即"我纠结"；第四阶段是对整个品牌了解之后进入行动阶段，即"我要买"；最后一个阶段是享受了驾校的服务，如果满意则进入倡导阶段，即"我推荐"。

互联网已渗透到全球一半的人口中，驾培行业从业者不能再依赖于传统的营销手段，而新营销在驾培领域的应用，是整个市场发展的结果，也是行业洗牌过程的必然趋势。在今后的经营之路上，从业者必须建立品牌化思维，以企业解决的核心问题为目标，描述企业提供的特殊价值和在这个价值基础上的核心体验，不断地在每个阶段里用产品和服务细节体现品牌调性，运用各种丰富的营销手段引导、互动和加深品牌记忆，才有希望在竞争中胜出。

二 驾校传统营销内容

驾校的营销方式是由市场环境、学员的需求层次以及所处阶段的政策所决定的。一方面，对于没有学车经历的学员来说，驾校的口碑是影响他们做决策的重要因素。学员对驾校的诉求主要有三个：拿证速度快、教练不会吃拿卡要、驾校不会乱收费。基于学员的诉求，驾校的营销卖点也始终围绕其展开。另一方面，学员获取信息的渠道除了通过驾校的宣传之外，就是了解驾校口碑再做决策。驾校在很长一段时间是不需要主动营销招生的，学员大多数是主动上门或是经由校长、教练的亲朋好友推荐，或是学员口碑宣传。而传统营销方式的核心目标以销售为导向，营销活动以激励潜在学员报名为主要目的，可以分为广告宣传、促销活动、口碑营销三个维度。

（一）广告宣传

城市的主流媒体包括地方频道电视广告、报纸媒体、户外媒体（公交站台、公交车身广告）、地铁广告等。绝大部分驾校并没有设立营销部门，这也导致驾校管理者对自身的营销规划比较模糊，而主流广告媒体投放成本较高，广告效果难以得到实际的量化结果。所以，这些方式在行业内并未被广泛使用，只有少部分资金实力强的区域性品牌会选择投放媒体广告。

驾校在做营销活动前会选择在服务覆盖范围内人流量大的地方派发宣传单，而宣传单则多数交给小广告公司随意设计排版，不考虑审美。虽然整体来看，宣传单能够触及有需求的用户，但因为接触时间短，很难和用户建立联系，所以效率并不高。另外，如今人们每天都要接受大量的广告信息，生活节奏加快，对大篇幅的广告信息产生了普遍的抵触情绪。

（二）促销活动

做促销活动是驾校营销最常见的手段，促销活动以招生为主要目的，在大众熟知的节日时间推出学车优惠活动，如中秋节、国庆节、元旦、情人节、圣诞节等。促销方式也有多种，折扣优惠、报名送礼品、报名返现、抽奖、发放优惠券等。促销虽然能增加短期内的销量，对准备学车的人极具冲击力，但并不能解决营销的根本问题，长期促销也会导致价格难以复原，在行业内存在很多驾校长期做促销活动，这种方式对驾校的品牌并不利。

（三）口碑营销

把学员服务好，他们就是最好的销售员。很多驾校专注于服务和学车体验，而学员顺利拿证后口碑传播能为驾校带来更多学员。除了注重服务体验外，定期举办线下营销活动，参与者基本是驾校的新老学员，从而提升意向学员对驾校的好感，打造良好的品牌口碑。

（四）驾校传统营销方式的主要特点

1. 营销无差异

因为缺少对市场、用户需求的详细调研分析，很多驾校对自身品牌定位并不清晰，不清楚要提供什么卖点去更好地参与市场竞争。具体表现为驾校

卖点普遍雷同，如 35 天拿证、绝无吃拿卡要、花园式教学环境等。在很长一段时间，行业内的普遍现象是营销无差异、卖点无差异。而对于如今的消费者来说，这会让他们难以抉择，也无法记住驾校的品牌。在同质化竞争严重的情况下，必须要追求服务差异化、营销差异化、学车体验差异化。

2. 宣传与实际服务不相符

传统营销方式的核心目标是销售，驾校之间为了抢占更多生源，不仅会使用促销等营销手段，而且在宣传上会尽可能打消学员对驾校的顾虑。不少驾校在报名前对学员承诺得多，但在学员学车期间并不能兑现。"报名前是爷爷，报名后是孙子"这句话在社会上流传已久，反映的就是驾校后续的服务跟不上、对学员学车体验不够重视的问题。当然，种种问题的发生都是由所处阶段的环境决定的，几乎所有处在卖方市场的行业都存在这种现象。

3. 营销方式传统且单一

驾校管理者将大部分精力投入在销售的渠道建设上，营销方式总体较为传统和匮乏。通过招代理、开设报名网点、异业合作、发传单及老拉新等手段实现销售，将营销等于销售。对于中小驾校来说，以销售导向作为营销的核心目标是正确的思路，不管使用什么营销手段，最终目的都是希望能为驾校带来生源。但在未来，驾校管理者不仅要搭建系统、多元的线上线下销售渠道，而且要在建立驾校长期的竞争优势、打造品牌、提升驾校溢价能力上投入更多的精力。

三　驾培行业新营销核心内容

（一）驾校的服务管理和培训质量是基础

不论是传统营销还是新营销，想要打造品牌都必须建立在提供优质服务、规范化管理的基础上。品牌营销和培训服务必须齐头并进，如果没有服务和培训质量支撑，品牌营销就无从谈起。过去，大多数驾校在宣传推广的时候会将教练不"吃拿卡要"作为一个重要卖点，而在不久的将来这句广告词会消失，因为还在"吃拿卡要"的驾校已经被淘汰了，而这本身也是一个培训服务行业应该做到的基础服务。

新营销的根本思维是：永远从学员需求和用户价值出发，和用户做朋友，培养用户的参与感是至关重要的。构建参与感，就是把做产品、做服务、做品牌、做销售的过程开放，让用户参与进来，建立一个可触碰、可拥有、和用户共同成长的品牌。

（二）抓住消费升级趋势下学员潜在诉求

在消费升级趋势下，人们对品牌的期望已经不止于解决他们最基本的诉求了。马斯洛理论把人们的需求由低到高依次分成生理需求、安全需求、爱和归属感、尊重、自我实现五类。换句话说，人们更在意品牌和产品能体现自己的品位和态度，消费升级其实是性价比升级、服务体验的升级。

了解用户的特点和情感诉求，直接关系到驾校自身的品牌定位及品牌策略制定。蓝领、大学生、白领对品牌的诉求不一样，如果大学生是驾校的主要目标人群，那么营销方式、营销活动、驾校装修都应围绕他们的习惯、喜好和诉求落地。

名创优品是近年来发展非常快的生活消费品牌，就是以前经常看到的10元店。但相较于传统"10元店"商品质量参差不齐的状况，名创优品以更加品牌化、规模化的形式在传统10元店、路边摊的基础上进行了消费升级，满足人们对品牌、时尚的追求。在驾培行业内，也有专门针对消费者喜好打造的主题驾校，在同行服务水平、管理规范程度相当的情况下，这类主题驾校更具市场竞争力。

（三）互动营销——引导用户线上分享传播

小米联合创始人黎万强曾表示"与粉丝互动"是小米成功的秘诀："小米让粉丝参与产品研发、市场运营。这种深度介入，满足了粉丝全新的参与式消费心态。"

"粉丝经济"背后主要是"90后""00后"消费人群，正是驾培行业的核心目标人群。驾校经营者应该更新认知，深度了解这类人群的趣味和需求，通过互动与学员交朋友。用工匠精神做培训，将学员发展为驾校的粉丝，从而提升驾校的品牌口碑传播效果。

无论是线上活动还是线下活动，新营销的重要一点就是和学员充分互动。互动的原则是简单、获益、有趣、真实。互动式营销不仅能和学员建立起深厚的情感联系，而且能让品牌变得更有生命力。线下的主题活动需要设计好如何引导学员在社交媒体上分享，设置分享奖励。最好的方式是活动的某个环节能够让学员有主动分享的动机。例如，趣学车在驾校内举办的卡丁车赛活动，摄影师的高质量照片以及分享即可参与抽奖这两项，促使学员去主动分享，将品牌传播效果最大化。需要注意的是，在用奖品引导学员分享的时候，分享的流程不能太复杂，门槛不能太高。如有一些驾校的分享规则是"关注微信号 + 留下手机号码 + 一段带驾校品牌名字的转发分享语 + 填写调查问卷"，复杂的流程不仅会打消学员分享的积极性，也会影响学员对驾校的好感，那么即使再高的转发量、参与量也无意义。

（四）重视线上宣传渠道的运营

在移动互联网时代，手机成为人们获取信息的主要渠道，社会化媒体成为品牌营销的首选阵地，微博、微信朋友圈等早已经成为常规的营销组合。线上渠道五花八门，要选择合适的平台渠道投入精力运营，前提是需要知道用户在哪里，了解用户的行为数据。

1. 微信公众号

目前微信的用户已经突破了10亿人，其功能已覆盖了社交、支付、资讯、生活出行。与此同时，微信公众号早已成了每个企业对外发声渠道的标配，据统计，截至目前微信公众号至少达到了6000万个。另有数据显示：微信公众号的打开率已经低于2%。虽然公众号的打开率和阅读率都在下降，但并不表示驾校就不需要运营微信公众号。驾校计划运营公众号之前，必须明确要达到什么目的，是否需要专人运营。驾校可根据实际情况规划具体运营计划，目前驾校可利用公众号发布通知、活动信息、学车干货文章。

如今自媒体在搜索中的权重越来越高。在百度页面搜索关键词的时候，出现的不再是单独的网站而是这些自媒体内容了。这些渠道很多时候是做口碑宣传、内容沉淀的，短期效果可能没有那么明显，长期做下去会对转化率有很大的提升，要利用好这些渠道，也需要花费很多精力和内容输出来做好传播。

2. 短视频平台运营

以时下风靡的抖音为例，这款音乐创意短视频社交软件，专注年轻人15秒音乐短视频社区，用户可以通过这款软件选择歌曲，拍摄15秒的音乐短视频，形成手机原生配乐作品。抖音的用户主要来自年轻人，用户的黏性非常高，很多企业也希望能借助平台的流量，帮助自身企业宣传。

目前，行业内少数驾校也开始运营抖音号，以趣学车运营抖音号规划为例。

目的：品牌曝光，得到用户点赞、留言、关注；传递好玩、有趣的品牌理念；通过抖音接触潜在学员。

运营风格：用段子的形式展现。趣味性是抖音短视频火爆的重要因素，段子门槛相对较低。

短视频的主要创意场景：日常学员学车和教练教学过程；招生过程；好玩的线下营销活动；突出趣学车主题驾校环境。

视频内容生产：由趣学车团队自己生产创意视频或举办活动发起挑战引导趣学车学员参与。

扩大曝光的方法：小号带大号，趣学车官方抖音号发布原创视频，号召团队成员转发或复制，并@趣学车；利用抖音上"附近的人"功能，点赞附近的人引起关注；引导团队内部成员在朋友圈点赞留言，可以增加抖音的推荐；在抖音上发起的挑战需加入相关话题。

执行计划：趣学车官方抖音号一周发布2~3次；每晚8点搜集抖音有趣的素材作为素材库；发动趣学车内部工作人员创作抖音视频，点赞达到一定数量可获得奖励。

四 新营销在驾培行业的应用案例

随着移动互联网的高速发展、智能手机的普及，现如今人们获取信息的方式、与人沟通的方式，甚至生活方式都转移到了线上。这使得营销的渠道也变得丰富起来，过去驾校做营销活动更多的是停留在线下宣传，跟用户互动性差，用户接受度、参与度都较低。如今，可以利用微信公众号、微博、QQ空间等丰富的自媒体传播信息。不论是营销活动预热还是活动传播，都让传播变得可视化、可监控，学员可以通过社交媒体分享驾校的活动，广泛地传播，帮助驾校宣传。而新营销不止是传播渠道上的变化，宣传的内容也不再是单纯的广告、促销活动信息。有的驾校对学车班型创新，有的对环境创新，这些创新之处就可以变成驾校新的营销卖点。在新的竞争环境下，营销首先必须以用户为中心，找到用户的诉求；其次充分和用户互动，无论是潜在的学员还是正在学车的学员。

什么样的营销是有效的？重点有两个关键词：一个是因地制宜，即首先要了解驾培行业的特点和人群属性；另一个是内外兼修，即除了做营销的一些常规手段之外，更重要的是做好驾校管理、服务的沉淀。

（一）新营销案例：品牌联合营销，提升品牌势能

案例概况：趣学车郑州赛车主题驾校与滴滴出行联合举办的营销活动，活动主题是"约驾极速天使，滴滴一下'趣'学车"。策划该活动的前提是对用户需求的洞察，经过趣学车对用户的调研发现，不少大学生（郑州赛车主题驾校覆盖约10万名大学生）觉得赛车是一件非常酷的运动。基于用户这一诉求，趣学车又把美女赛车手作为这次活动主线，"美女和赛车"本身是一个具备话题性的组合，对后期的宣传也很有利。该活动营销广告见图1。

活动前，两个品牌方对此次活动进行了详细的规划，包括活动前期的预热传播、活动执行以及事件的后续传播计划。

活动前期双方都利用公司官方自媒体渠道，以及郑州大学城优质公众号对活动进行预热，如滴滴出行通过APP向用户推送活动信息，招募活动当天参与的用户，用户可通过线上渠道报名参加。

活动当天美女职业赛车手驾驶跑车在趣学车赛车主题驾校与学员进行互动教学，让学员体验赛车的乐趣，同时给学员灌输安全驾驶的理念，寓教于

图1 趣学车营销广告

乐。双方将这次活动拍成了视频在社交媒体传播,引起了大量用户关注。对于趣学车来说,通过这次活动提升了其在用户心中的好感;与知名品牌联合营销,增加用户对品牌的信任;传递了年轻、有趣、时尚的品牌理念。通过持续的活动营销,如今趣学车赛车主题驾校也在郑州大学城受到了大学生的热捧。

这类营销活动并不是以销售为主要目的,事实上品牌营销也并非一蹴而就,它是一个厚积薄发的长期过程。一个营销活动很难达成多重目的,所以,

活动策划人员首先要想清楚每个营销活动要达成的目的是什么，分层次、分主次地进行。

（二）新营销案例：用户粉丝化营销

案例1：2017年9月，趣学车在驾校内举办的一场"卡丁车赛"营销活动，将赣州机器人主题驾校打造成一个卡丁车赛场，并邀请附近高校大学生到驾校内畅玩卡丁车。活动的主要目的是：趣学车品牌曝光；将用户引流到驾校；突出趣学车优势，达成销售。

活动的主要参与者有趣学车的老学员以及还未报名学车的潜在意向学员，为了让参与的学员能够更主动地在社交媒体上分享这次活动，现场有专人全程为用户抓拍。通过高质量的活动照片增强了用户在线上社交媒体平台分享的动机，每一个参与用户分享之后又可以抽取趣学车奖品（趣学车吉祥物、笔记本、保温水杯、书包等）。用户的主动分享扩大了品牌曝光，将传播效果最大化。同时，前来现场参加活动的潜在意向学员，因为对驾校环境和品牌有了更深入的了解，促成销售的概率大大增加。

案例2：2018年3月，南昌白云驾校策划了一场"王者荣耀千人争霸赛"的营销活动，吸引了近3000人到达活动现场（某高校体育馆）参与活动。活动的主要目的是：促进销售；扩大白云驾校的品牌影响力，传达白云驾校年轻、快乐的品牌主张。

活动奖励：冠军10000元；亚军6000元；季军4000元。

活动规则：2月26日至3月25日来白云驾校报名的学员均可报名参赛，参赛人员可自行组建战队，战队中必须至少2名新报名学员，通过抽签形式进行淘汰赛，3月31日决出冠、亚、季军，获奖团队将有丰厚的现金奖励。

王者荣耀这款游戏本身具有庞大的受众面和很高的受欢迎程度，白云驾校抓住了这个极有号召力的大IP，利用其影响力策划营销活动。同时，参加业余电子竞技比赛也是很多年轻人愿意积极参与的活动形式，再把大奖设置在活动中，起到了很好的自传播效果。在活动预热造势方面，白云驾校选择了高校多个优质公众号覆盖目标人群，报名参赛至少需要组织一支5个人的团队，这也加快了活动的传播速度。活动现场有不少学生主动拍照分享传播，通过游戏竞技比赛、创意节目表演、抽奖互动让整个活动达到用户预期，也保证了线下活动的气氛。

2017年12月白云驾校再次利用"中国有嘻哈"这档人气火爆的网络电视选秀节目，策划了一场"白云驾校嘻哈跨年狂欢晚会"的营销活动。活动目的是回馈学员长久以来对驾校的支持和信任，晚会设置了奖品以激励学员报名。其中一条活动规则为：12月15~28日在白云驾校报名并出席晚会的学员凭报名发票均能抽取最低200元的现金红包一个。一等奖可获得8888元的现金红包，二等奖可获得5888元的现金红包。不菲的奖金这种手段能够帮助驾校达到促销的目的。

近年来虽然竞争环境激烈，但是白云驾校的招生数量节节攀升，这与其重视营销工作是完全分不开的。以上案例均为借鉴之用，一场完整的营销活动涉及诸多细节，在此不做赘述。广大从业者在策划营销活动的时候需要根据驾校实际情况、当地市场竞争情况、用户情况而定，不可东施效颦。

B.8 大型客货车驾驶人准入政策与趋势

熊燕舞

摘　要： 大型客货车驾驶人是道路运输行业关系交通安全、生命财产安全的关键岗位。全国大型客货车驾驶人缺口巨大，管理部门意图将大型客货车驾驶人培养逐步纳入国家职业教育体系，部门、院校、行业、企业之间的联动机制是办学成功的基础。从当前推进的效果来看，政策初衷虽好，但是落地性欠佳。建立政府主导办学的工作机制、"两客一危"企业驾驶人职业化合作体系等，将是行业面对各种挑战的解决方案。

关键词： 大型客货车　准入政策　职业教育　合作体系

近年来，道路运输安全生产形势总体稳定，但重特大事故仍时有发生，营运车辆点多线长面广，安全防范难度大，其参与发生的交通事故一度被称为"世界第一公害""和平年代的战争"，让人扼腕叹息。

驾驶员是道路运输行业安全管理的重要岗位，大型客货车驾驶员的培训关乎人民生命财产安全，是不可小觑的关键环节。近年来，交通运输部、公安部、国家安全监管总局共同举办的"道路运输平安年"活动强化营运驾驶人安全管理，持续开展各类专项活动，创新培训教育方式，使他们的职业素质和驾驶技能得到了提升，一些违法违规行为消弭于无形，大型客货车驾驶人的准入政策也在不断修正、完善。

一 大型客货车驾驶人培训的产业环境

（一）历史和背景

随着机动车保有量持续快速增长，国内机动车驾驶员数量也呈同步大幅增长趋势，根据公安部交管局统计，2013~2017年年均增量达2467万名，从业资格培训人次一般占到10%左右。

近年来，道路运输企业驾驶员数量大大减少，而新形势对驾驶员的要求在不断提高，二者形成巨大反差。所以，全国道路运输企业普遍存在缺员状况，造成人车比例达不到安全标准，对驾驶员的使用、管理、教育、培训带来较多问题，给企业行车安全控制在可控范围能力带来很大困扰。2010年，苏州、无锡、常州、南通四家专业道路运输企业联合向主管部门呈报了一份《关于专业运输企业大客车驾驶员招聘难的分析和建议》，将企业在招聘大客驾驶员所面临的现状及瓶颈进行了详细的汇报。

据统计，云南省现有4.93万辆营运大中型客车，按1车3人计算，约需15万名大中型客车驾驶员，全省缺口还有约1万人。此外，还有部分持有从业资格证的驾驶员并未从事驾驶工作，因此实际缺口更大。[①]据江西运管局提供的数据，2017年，江西省道路运输从业人员达65万人，其中客货运输（含危货）驾驶员55万人，人车比为1.4∶1，远低于人车比2∶1的标准水平；全省营运驾驶员缺口率达21.6%。[②]根据笔者2017年9月从广东省城市公共交通协会调研得到的数据，截至2017年6月，广东省共有56950辆公交车、95326名公交驾驶员，按照国家规定的人车配比2.4∶1的要求，全省公交行业驾驶员缺口为4万余人。

从历史角度来看，1949年到20世纪80年代初期，学驾人员绝大多数被

[①]《云南省大客车驾驶员缺1万人 首个大客车驾驶员专业落户学校》，人民网，http://yn.people.com.cn/news/yunnan/n/2014/0918/c228496-22352355.html，2014年9月18日。

[②]《江西积极探索大型客货车驾驶人职业教育》，江西道路运输网，http://www.jxyz.gov.cn/jxgls/zxft/201705/595b776e722a4e48a835c0e2425af5e5.shtml，2017年5月10日。

限定为职业驾驶员，培训期满之后还有实习阶段、实操阶段，培训场地基本上是交通运输系统内部的技校、职校。但是，近20年来，大型客货车培训问题重重，由于学员求快速、驾校求速成，培训之路极为坎坷，职业驾驶人培训的步子迈得不成体系，几乎沦为非职业短期培训的泥潭。

（二）大型客货车交通安全事故案例与启示

当前，道路运输安全事故总量仍处于高位，安全生产形势依然严峻，重特大事故时有发生，尤其是2017年呈现明显反弹：全国共发生一次死亡10人以上的重大道路运输事故7起，造成95人死亡，同比分别上升75%和58%，血的教训再次敲响警钟。重特大事故的反复发生，充分暴露出道路运输安全基础依然薄弱，安全发展不平衡、责任落实不到位、保障基础不扎实、基层监管薄弱等问题依然不容忽视。①

案例1：京昆高速秦岭1号隧道特大事故

2017年8月10日，陕西安康境内京昆高速公路秦岭1号隧道，发生一起大客车碰撞隧道口的交通事故，造成36人死亡、13人受伤，直接经济损失约3533万元。

根据《陕西安康京昆高速"8·10"特别重大道路交通事故调查报告》的结论，这是一起生产安全责任事故，直接原因为车辆驾驶人超速行驶、疲劳驾驶；间接原因为事故现场路面视认效果不良、相关部门监管不到位等。

驾驶人是51岁的王百明，在事故中身亡。调查组认定，此次事故的直接原因是，王百明行经事故地点时疲劳驾驶、超速行驶，致使车辆向道路右侧偏离，正面冲撞秦岭1号隧道洞口端墙。调查报告认定，发生碰撞前，王百明未采取转向、制动等任何安全措施，显示其处于严重疲劳状态。事故发生前车速为80~86千米/小时，高于事发路段限速（大型客货车为60千米/小

---

① 《交通运输部刘小明副部长在2018年道路水路春运安全工作暨一季度全国道路运输安全生产形势分析电视电话会议上的讲话》，广西壮族自治区交通运输厅网站，http://www.gxdot.gov.cn/ztzl/gwyjtysb/201802/t20180213_113222.html，2018年2月13日。

时），超过限定车速33%~43%。①

案例2：广河高速大客车重大事故

2017年7月6日12时55分许，惠州市境内广河高速公路龙门路段广州往河源方向发生一起大型客车碰撞中央分隔带护栏仰翻的重大道路交通事故，造成19人死亡，31人受伤，直接经济损失达3152.17万元。

2017年7月6日10时53分，驾驶人赵红广驾驶粤VV1351号大型客车从广州市汽车客运站出发开往揭阳普宁市占陇镇。12时55分许，行驶至惠州市境内广河高速公路龙门段73.44千米处时，车辆失控向左偏离行驶方向与公路中央分隔带护栏发生刮撞后旋转并掉头仰翻于中央分隔带上，造成客车上19人当场死亡、31人受伤，中央分隔带护栏及车辆损毁。

经调查认定，驾驶人赵红广驾驶事故车辆，雨天超速行驶，在路面湿滑情况下操作不当，导致车辆失控偏离行驶方向与高速公路中央分隔带护栏发生碰撞后翻车。②

案例1事发前，运输企业的监控平台曾经收到16次疲劳驾驶报警及多次超速报警提示。案例2中，揭西分公司虽然制定了驾驶员安全教育学习制度，但赵红广长期未参加安全教育培训。经查阅分公司2017年1~6月的驾驶人培训记录表，均未见赵红广签名。分公司分管安全生产的副经理彭玉称供述，分公司对该情况完全了解，但未采取有效监管措施。经调查发现，事故车辆驾驶人赵红广在驾驶过程中，存在使用电话、微信等情况。

两个案例均有铁的证据、血的事实，我们可以得出结论：如果不能在营运车辆驾驶员培训环节切实加强源头管理，用合力强化针对营运客车及驾驶员安全监管工作，后果是不堪设想的。

---

① 《陕西安康京昆高速"8·10"特别重大道路交通事故调查报告》，http://www.hrbaq.gov.cn/uploads/soft/180227/11.pdf。
② 《23人被处理，广河高速致19死31伤"7·6"重大交通事故调查报告公布》，新浪网，http://news.sina.com.cn/o/2018-01-03/doc-ifyqinzs8128949.shtml，2018年1月3日。

客货车事故发生的原因是多方面的，但最根本的因素在于驾驶员。驾驶员的素质一方面取决于企业对其教育、培训、管理，另一方面在于其内在素质，包括驾驶技能、道德修养、心理素质、抗干扰能力等。其中，大型客货车驾驶员（持有A1、A2、A3、B1、B2驾驶证者）适应性差、缺少防御性驾驶理念、突发情况应对错误等，种下了各类重特大道路交通安全事故频发的诱因。这些驾驶员正在逐步成为相关管理部门准入监管、日常管理和继续教育的重点对象，培养这些驾驶员的驾校、职业教育院校肩负的责任重如泰山。

（三）系列文件

目前，大多数地区的客货运机动车驾驶员培训模式单一、死板，学车时效得不到有效保障，培训质量不尽如人意；学员自主选择余地小，由于教练员普遍受到年龄和文化理论水平的限制，无法满足规范化教学的进程；由于受到资金等限制，教练车辆设备陈旧，更新速度慢，学员普遍反映教考差别大、合格率较低，造成学车成本较高、学习时间跨度较大。

近年来，管理部门在经验积累的基础之上，意图将大型客货车驾驶人的源头培训逐步纳入国家职业教育体系，缓解国内普遍存在的大型客货车驾驶员紧缺难题，使国家职业教育成为营运驾驶人队伍的重要补充，提升驾驶人的安全意识与行业技能。

对职业教育体系形成最为紧要的几份文件如表1所示。

表1 职业教育体系形成相关文件

发布时间	文件名称和制定部门	重要内容	意义
2012年2月	《关于进一步加强客货运驾驶人安全管理工作的意见》（公通字〔2012〕5号）公安部、交通运输部	严格大中型客货车驾驶人培训考试，严格客货运驾驶人从业资格管理，严格客货驾驶人日常教育管理	一些从事营运的驾驶人安全意识不强、素质不高、交通违法的问题都比较突出，意图解决职业驾驶人准入门槛相对较低的问题
2012年7月	《国务院关于加强道路交通安全工作的意见》（国发〔2012〕30号）国务院	将大客车驾驶人培养纳入国家职业教育体系	吹响了解决高素质客运驾驶人短缺问题的号角

续表

发布时间	文件名称和部门制定	重要内容	意义
2014年7月	《关于开展大客车驾驶人职业教育试点工作的通知》（厅运字〔2014〕100号）交通运输部办公厅、教育部办公厅、公安部办公厅、人力资源和社会保障部办公厅	将大客车驾驶人纳入职业教育，并在江苏、安徽、云南三省各选取一至两所具备资质的职业技术学院、高级技工学校，开展大客车驾驶人职业教育试点工作	国内首次开展大客车驾驶人职业教育试点
2016年10月	《关于加快发展现代交通运输职业教育的若干意见》（交人教发〔2016〕179号）交通运输部、教育部	大力开展现代学徒制培养。鼓励交通运输职业院校与交通建设养护、运输、物流、港口等领域规模以上企业合作开展现代学徒制培养试点	为交通运输部、教育部下一步对接大型客货车驾驶人职业化培训奠定了基础
2017年1月	《关于开展大型客货车驾驶人职业教育的通知》（交办运〔2017〕1号）交通运输部、公安部	在全国范围内开展大型客车、牵引车（简称大型客货车）驾驶人职业教育	继三省大客车驾驶人职业教育试点工作的基础上，在全国范围内全面推进大型客货车驾驶人职业教育工作

目前，按照交通运输部、公安部的统一部署，协调教育部门、人力资源和社会保障部门，落实必要的政策、组织和资金保障，严把招生院校资质关和生源质量关，严格规范考试程序，伴随着试点省份职业院校大客车驾驶员专业、"大客车司机班"的招生和教学，试点省份已对建立大客车驾驶员职业教育培养体系进行了有益探索，为全国大客车驾驶员职业教育培养模式创新摸索出一些先行的经验，为在全国范围开展大型客货车驾驶员职业教育奠定了基础。

当然，在管理部门的文件框架之外，也有诸多实践尝鲜的职业院校或技工院校，它们也长期致力于职业教育的探索，取得了不少成果。例如，重庆市公共交通技工学校汽车驾驶专业城市公交车驾驶方向就有着10余年职业教育摸索经验，确立了基于"校企合作"的人才培养模式，为大型客货车驾驶员职业教育人才培养的改革创新提供了借鉴。

（四）参加职业教育的基本门槛

按照之前的规定，社会人员年满18周岁才被允许申请机动车驾驶证考

试,通过参加传统的社会驾校增驾培训、道路运输从业人员从业资格考试,获得准驾车型为牵引车的道路货物运输驾驶人资格,最少需要4年时间,且年龄要求必须超过24周岁。若要获得准驾车型为大型客车的道路旅客运输驾驶人资格,最少需要7年时间,且年龄要求必须超过26周岁。

而按照2014年7月《关于开展大客车驾驶人职业教育试点工作的通知》、2017年1月《关于开展大型客货车驾驶人职业教育的通知》,学生在18周岁时开始参加为期三年的院校全日制学习,毕业时可获得学历证书、机动车驾驶证、国家职业资格证书、道路客货运输驾驶员从业资格证四项证件,在21周岁左右就可具备从事道路客货运输活动所要求的资格,正处于黄金择业年龄。大大缩短了学生获得就业资格的时间,从而扩大了社会就业面。

具体来说,学生参加大型客货车驾驶员职业教育应具备以下条件:第一,年满18周岁,具有高中(含中等职业学校)及以上文化程度;第二,未取得小型汽车及以上准驾车型驾驶证;第三,身体条件符合《机动车驾驶证申领和使用规定》有关申领大型客货车驾驶证的要求,并通过驾驶适宜性测试。

为确保生源质量,《关于开展大型客货车驾驶人职业教育的通知》要求:一是在人才培养方式上,开展全日制学历教育的高职院校,应采用定向、单独编班方式,从本校自愿报名的高职道路运输类或汽车制造类专业新生中选拔培养。高级技工学校、技师学院应通过汽车驾驶专业进行培养,其招生计划纳入学校年度招生计划总规模;二是完成专业招生后,院校要将招生情况报当地交通运输、公安部门备案,不得突破招生计划,不得再向社会招收学生或在本校范围内随意调剂学生进入该专业学习,不得跨校或跨专业招收选修学生。

(五)职业教育学院的设置条件

实施科学的人才培养方案,是开展好大型客货车驾驶员职业教育的关键,其培养主体就是有关职业院校或技工院校,按照要求,它们应该通过当地交通运输部门和公安部门的审验,并具备以下基本条件:具有教学管理制度、课程体系和教材、教学车辆、教学设备、教学人员(含教练员)和管理人员具有符合国家标准《机动车驾驶员培训教练场技术要求》等要求的大型客货车辆训练场地以及实训场所；院校不得以委托或者合作形式将教学任务交给驾校等其他培训机构承担。

在学制方面，要求构建系统的、不少于三年的大型客货车驾驶专业课程体系。第一学年进行专业基础课教学和小型汽车驾驶证培训，注重道路交通法规、安全文明节能驾驶等方面的知识教学和素质培养。第二学年进行大型客货车驾驶理论和场地驾驶教学，学员年满20周岁后按规定报名。按照规定，学生获得大型客货车驾驶证后，可直接考取道路旅客运输驾驶员或道路危险货物运输驾驶员从业资格证。第三学年进入经营管理规范的道路运输企业跟车实习一年。实习期满，由实习单位和职业院校共同做出书面鉴定。

教材方面，要求按照相关专业培养目标组织实施教学，在保证职业教育人才培养规格的基础上，组织编写或选用优质教材，采取针对性的教育实践，突出驾驶员职业道德教育和安全责任意识培养，强化大型客货车驾驶实践的技能训练。例如，江苏省在试点中突出职业化学校规范教学特点，由行业管理部门组织行业、学校、企业的专家，确定了《大客车驾驶人职业规范》《大客车电气设备》《交通安全法规与管理》《客车驾驶操作技术》《大客车信息技术应用》等11门核心课程教材，并通过了交通运输部组织的专家评审。

在合作方面，《关于开展大型客货车驾驶人职业教育的通知》要求相关省（区、市）交通运输部门、公安部门，建立部门协调合作机制，具体包括以下方面。

（1）提前做好大型客货车驾驶人市场需求调查，根据市场需求，会同其他有关部门确定招生规模。

（2）积极协调教育部门、人力资源和社会保障部门，根据本地实际情况选择具备资质的职业院校（含技工院校），开展大型客货车驾驶人职业教育。

（3）积极探索管理部门、行业、企业参与的办学机制，鼓励校企合作。道路运输企业根据需求，与职业院校联合招生、联合培养，推行订单培养模式，学生培训考试合格毕业后能直接进入定向企业工作。

（4）开展职业化教育的院校要加强管理，严格按照规定招生和教学，违反规定的不予安排考试；在校期间发生严重违纪受到处分尚在处分期内的，或学驾过程中发生责任事故的，取消在校申领大型客货车驾驶证考试的资格。

（5）营造有利于大型客货车驾驶人职业教育的政策环境，形成多渠道经费投入机制，减轻学生负担。省级交通运输部门在符合资金管理政策的前提下，安排适当资金，支持大型客货车驾驶人职业教育工作。鼓励企业通过捐资助学、设立奖学金等方式，支持大型客货车驾驶人培养。

（6）联合企业、学校等相关方建立学生档案库，对学生就业后的交通违法、事故率等进行跟踪分析，评估职业教育推行效果，及时总结经验做法，不断完善人才培养方案。

各部门之间的合作协调对职业技术教育的发展非常重要。例如，20世纪初产生于美国的"合作"职业教育模式就非常重视学校与企业的合作。学生入学半年以后，由校方根据专业与企业联系，双方签订合同，企业负责提供劳动岗位及一定的报酬。英国的"合作"职业教育模式是以企业为主、以学校为辅，目的是为企业培养工程技术人才。学生在企业工作1年后接着在学校学习2～3年，然后再到企业实践1年，这种培训被形象地称为"三明治"模式。

在实习方面，要求职业院校组织学生进入经营管理规范的道路运输企业进行实习，实习总里程不得少于2万千米。其中，学习大客车驾驶的学生要在客运企业跟随省内中短途班线客车（200千米以内）实习。实习期间，学员驾驶实习单位运输车辆上路行驶，应由实习单位中优秀驾驶员陪同指导，车辆不得载客、载货；车辆载客、载货时，学员可以随车观察，学习安全文明驾驶意识和驾驶操作方法。实习期满由实习单位安全管理部门和职业院校共同做出书面鉴定。鉴定不合格的，跟班实习期延长半年，再次鉴定考核。

应该说，实习这一关在当下是相当必要的。而在国外许多国家里，对实习期驾驶人管理主要集中在初领驾驶证的群体，增驾模式一般不设置实习期。加拿大的渐进式驾驶证管理体系，实习期只针对初领驾驶人。欧盟对新取得大中型客车驾驶证的驾驶人没有统一的实习期管理规定。

二 大型客货车驾驶人职业教育的最佳实践

目前模式一般是：追求学历教育，轻视技能教育；追求普通教育，轻视职业教育。职业教育往往是说起来重要、做起来次要。但是，继2014年交通运输部、教育部、公安部、人力资源和社会保障部联合在江苏（江苏汽车技师学院、南京交通技师学院两所试点学校）、安徽（合肥职业技术学院、六安技师学院两所试点学校）、云南（云南交通技师学院）三省开展大型客货车驾驶人职业教育试点工作的基础上，相关部门开始在全国范围内推进大型客货车驾驶人职业教育工作。

2016年，新疆维吾尔自治区交通运输厅会同教育厅、公安厅、人力资源和社会保障厅四部门联合印发《自治区开展大型客货车驾驶人职业教育试点工作的实施方案》，在全区开展为期三年的大型客货车驾驶人职业教育试点工作，从2016年底开始分三个阶段进行，至2019年8月结束。初步确定新疆交通职业技术学院、乌鲁木齐市交通技工学校、阿克苏地区技工学校、喀什地区高级技工学校、克州技工学校、和田技师学院等6所院校为试点院校。

2016年，衡水市交通运输局与武邑县人民政府、衡水职业技术学院签署职业教育集团化办学战略合作框架协议，积极争取专项资金支持，对集团教育基地标准化驾校、新能源大客车维保站等方面提供支持，并将交通运输行业人员继续教育交由职教集团负责完成。

2017年，福建省在三明市启动大型客货车驾驶人职业教育工作，依托三明市第二高级技工学校开设大型客货车驾驶专业，学校与福州市公共交通集团有限责任公司签署"校企合作协议"，首批招录的32名大型客货车驾驶专业学生毕业后将全部进入福州市公共交通集团有限责任公司就业。

大型客货车驾驶人职业教育工作取得的成绩有目共睹，试点经验具体有以下几点。

第一，部门、院校、行业、企业之间的联动机制是大型客货车驾驶人职业教育办学成功的基础。

这项工作需要多方参与、部门联动，必须建立政府主导、部门引导、院校育人、行业企业参与的办学机制，方可为试点工作有序开展奠定坚实的基础。通过校企合作、产教融合，适应道路运输业发展需求，引导行业企业参与，才能解决人才培养的针对性、学生就业和培养经费不足的问题，增强试点工作的活力和吸引力。

例如，江苏试点院校设立了江苏大运集团（由苏州客运、南通汽运、无锡客运、常州汽运组建）署名的"江苏大运"校企合作班，增强了企业主动关心人才培养过程，关心教学质量，关心学员安全管理的积极性及责任感，形成校企合作订单式培养大客车驾驶人的新模式。

第二，安全、特色、实践、科学是大型客货车驾驶人职业教育办学的最高目标。

必须坚持走特色办学之路，明确培养目标，以实践能力培养为重点，以行车安全、适应道路运输科学发展为主线，不断推动教学改革与道路运输产业转型升级衔接配套，不断推动专业设置与道路运输产业安全发展需求对接，努力培养综合素质能力较强的驾驶技能人才。

要求道路运输企业定期接收试点院校一定数量的学生参加跟车实习，提供试点工作实践技能培养的相关场地、设备，并给予试点学生适当的劳动报酬；要求道路运输企业建立试点学生实习安全管理和劳动保护制度，健全学生实习责任保险制度，购买一定数额的人身意外伤害保险；要求道路运输企业择优安排安全意识强、驾驶经验丰富、应急处置能力突出和有较高业务水平的专业驾驶技师承担跟车实习的教学指导工作。

第三，经费投入是推进大型客货车驾驶人职业教育办学试点的重要保障。

经费投入是开展工作的重要保障，必须建立积极稳定的财政安排、部门补助、企业赞助的经费投入机制，保障试点工作持续有效开展。例如，六安技师学院获得市政府280万元专项建设经费，采购7台大客教练车；获得省人力资源和社会保障厅专项补助经费50万元；在市政府支持下拟新征土地380亩，用于大客车、牵引大货车职业教育实训场地和科目二考场建设。再如，合肥职业技术学院获得合肥市3000万元的专项建设经费支持，用于训练场地改扩建、训练基地辅助配套设施建设、学生食宿条件改建、教学车辆及教学设备购置等方面。江苏省交通运输厅拨款 2000 多万元用于开展试点工作，促进了试点院校的大客车驾驶教学设施更新、培训设备购买和教练场地建设工作。

云南省由教育部门、人力资源和社会保障部门协同财政部门按经费拨款渠道和本地区职业学生人数平均经费标准向试点院校足额拨付职业教育经费；由省交通运输主管部门给予试点院校每名学生 1 万元的人才培养经费补助，第 1 期和第 2 期职业教育试点专项人才培养经费共 150 万元；鼓励道路运输企业对试点培养学生提供捐赠和资金赞助支持，主要由试点院校和道路运输企业按"校企合作"协议具体协商捐赠和资金赞助相关事宜。

第四，通过职业教育就业准入制度提高技能人才的职业地位是推进试点的关键着力点。

大型客货车驾驶人工作风险高、安全责任大，其职业地位和职业待遇都处于中下水平，社会认知度不高，导致现在的年轻人不愿从事这项职业；此外，职业准入门槛低，大量安全意识、责任意识和守法意识淡薄的从业人员充斥其间，也相应削弱了职业教育培养的吸引力。

一方面，需要制定实实在在的政策，建立就业准入制度，提高职业准入门槛，引导从事涉及公共安全的大型客货车驾驶人由社会化培训向职业教育培养转变；另一方面，需要着力提高大型客货车驾驶人的职业待遇、职业地位和职业荣誉感，引导社会和行业重视职业教育，让更多的年轻人愿意参加职业教育。

第五，做好试点招生宣传是保证大型客货车驾驶人职业教育试点的重要源头。

认真向道路运输企业和高中学校宣传"大客车驾驶人"专业招生事项；不断完善招生管理机制，严格招生条件，保障生源质量，招生过程中及时向学生和家长说明人才培养目标定位、专业方向、就业岗位、工作性质等情况；专门开辟"绿色通道"，将"大客车驾驶专业"招生纳入高招信息平台管理，采取有力措施，帮助有意愿的在读大、中专学生通过"转专业或转学校"到试点院校学习大型客货车驾驶技能。

例如，江苏试点院校在印发招生简章，在电视、报纸、网络等媒体发布招生广告时，结合"江苏省大中型道路运输企业联席会"平台进行定向宣传，使招生规模与市场需求相配套，确保招生计划与企业就业需求相吻合，提高招生吸引力。为确保生源质量，试点院校携手道路运输企业，共同研究制订联合招生方案和标准，共同开展招生资格审查、共同组织招生体检、联合开展心理测试和面试，层层把关筛选，保证了生源质量。

第六，严密科学的培训管理、健全的技能人才培养体系是确保大型客货车驾驶人职业教育试点成功的核心因素。

试点院校应完善试点教学实践基地建设，加大资金投入力度，购置与职业培养相适应的设施设备；加强师资队伍建设，完善教师队伍标准，安排试点授课教师到运输企业实践培训，培养既能讲授专业知识又能传授操作技能的专业教师；强化人才培养的针对性，专门制定职业教育教学大纲、职业教育教材，设置大型客货车驾驶理论、职业道德、职业心理学、旅客运输紧急情况处置、复杂道路驾驶情况处理、夜间驾驶与长途驾驶、高速路驾驶等各项专业课程。

例如，江苏省组织制定了《江苏省职业院校大型客车驾驶培训教练员资格认定方案》，明确大型客货车职业教育教练员资格条件和考核要求。

南京交通技师学院制定的大客班职业教育教学流程见图1。

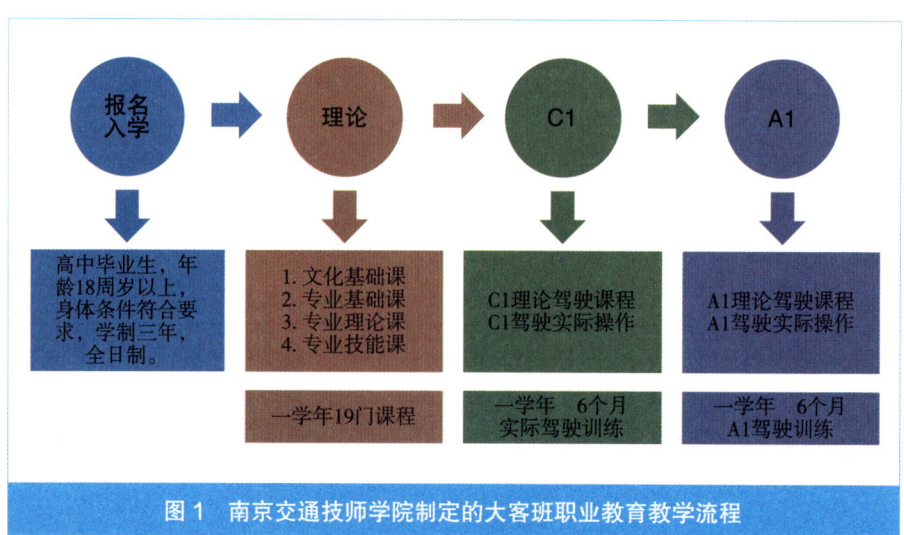

图1 南京交通技师学院制定的大客班职业教育教学流程

大型客货车驾驶人准入政策与趋势

三 大型客货车培训市场面临的机遇与挑战

伴随着改革的逐步深化，新型城镇化进程的持续推进，居民消费的不断升级，客运出行需求、物流产品需求快速增长，我国公交、货运、城乡客运、校车、驾驶人数量不足的问题开始暴露，用人单位捉襟见肘，大型客货车驾驶人培训考试市场均有着极大的机遇。

2013年，《机动车驾驶员培训教练场技术要求》（GB/T 30341-2013）、《机动车驾驶员培训机构资格条件》（GB/T 30340-2013）两项新国标发布，对大型车辆培训场地等的要求开始推高，要求严苛，成本巨大，加之大型客货车培训需求量、市场容量占比较小，很多场地面积不足的中小驾校放弃了这项业务，使得这块市场竞争减少。

按照经验来看，大型客货车培训属于绝对的小众市场，据估测占整个培训量的比重少于15%，且从全国范围来看合格率不高，科目二合格率平均只有20%左右，科目三合格率平均不到50%。

从驾培行业的发展趋势来看，潜在学员对服务的要求逐步提高，大型客货车培训必须跳出原有的桎梏，实现园区化运作，实施驾培服务链集成经营战略，突破传统经营模式和业务类型，拉长业务链条，集成报名、体检、约车、电话客服、预约考试、考场适应性训练、代理办证、证照年检、班车接送、住宿餐饮、商店超市等主营和配套服务，进而建立具有全国影响力的品牌。

近几年来，大型客货车学员报名人数增长缓慢。一是由于大中型客货车科目二考试项目的大幅调整，由原来的"训练10项、考试6项"变为"训练、考试均为16项"，科目二16项考试一次性通过率偏低。二是社会就业渠道广，客货运输属于高危高风险行业，工作辛苦，很多家长不愿独生子女去报考，年轻人也不想学。在广东特别是珠三角较富裕地区，这一现象更为突出。三是对大型客货车的报考条件较高，生源受到严格限制。

近年来，交通运输部和公安部对道路安全、和谐交通的重视程度显著提

高,驾照考试难度增大、培训周期长等导致机动车驾驶培训机构的运营成本提高。主管部门还推出了"三年责任倒查"机制,大型客货车更容易发生群死群伤事故,是安全管理部门监管的重点。

从目前的情况来看,大型客货车学员大多是城镇和农村经济条件相对较差的,学车的目的是找份谋生的工作,生源有一定的局限性。此外,驾培服务企业有区域化发展的特点。招生、考试有对异地的名额限制,一般不超过总学员的30%,导致生源拓展存在制约条件。而大型客货车的生源如果只局限于本地,可能存在后续生源不足的风险。

关于大型客货车驾校是否还有过剩的问题,应该这样分析:第一,大型客货车驾校投资巨大,需求量并不乐观,需要有长期作战的准备;二是如果抱定决心进入该领域,以做品牌为主线,假以时日,必将大有收获。

四 大型客货车培训市场存在问题与解决方案

目前,开展大型客货车驾驶人培训的主体有三类,首先是传统驾校,其次是两种职业教育,即职业技术学院的大专和技工院校的中专。

大专水平的驾驶人职业教育,培养对象是通过高考、经高职院校"道路运输类或汽车制造类"专业录取的学生。其培养目标定位不仅仅是培养高素质驾驶人,还应该是运输企业的中层以上管理者。

中专水平的驾驶人职业教育,培养对象是通过技工院校汽车驾驶专业(专业代码:0401-4)录取的学生。其培养目标定位主要是培养高素质驾驶人;同时,也是培养运输企业的中层管理者。

从2014年交通部、公安部、教育部、人力资源和社会保障部联合在江苏、安徽、云南三省开展驾驶员职业教育试点工作开始,已三年有余。从当前推进效果来看,政策初衷虽好,但是落地性欠佳,政策保障措施有所缺位,实际效果与预期还有距离。

当然,大型客货车驾驶人职业教育试点是新生事物,没有现成的经验可循,出现问题、碰到困难是不可避免的。现将大型客货车驾驶人培训所存在的问题与解决方案总结如下。

1. 加大政策保障力度，形成以政府主导办学的工作机制

目前，国家出台了《中华人民共和国职业教育法》等相关法规，对促进和保障当前一段时期的职业教育工作起到了一定的作用。但试点工作的政策保障力度不足，政策落实不到位，还没有上升到政府行为，没有形成以政府主导办学的工作机制，没有形成依法享受政府奖补、财税、土地、金融等政策的良好工作局面。

从当前大型客货车驾驶专业课程体系与人才培养方案的构建情况看，培训学制不少于三年。学生培训费用分担及实习安排、培训机构巨额投入、高素质教练人员前期培训、路面实习、证照考试等都存在一些提升改善的空间，政策保障措施有所缺位，实际效果没有达到预期。

实习生的上路跟车实习与从业资格许可存在实际障碍。例如，职业院校的实习生经学院教育培训，通过了公安交管部门的考试，取得了A1类机动车驾驶证，并且按照四部委联发的《关于开展大客车驾驶人职业教育试点工作的通知》（厅运字〔2014〕100号）的规定，实习生在实习期间，可在日行程200公里以内的中短途客运班车上实习驾驶，但由于实习生未能取得交通运输主管部门核发的道路旅客运输从业资格证，实习生的上路载客实习与从业资格证许可也就成为企业再次培训的最大障碍。

2. 加强安全意识教育，努力做到驾驶技术与驾驶素养并重

目前，客货车超员、超速、超载等违规违章是重特大道路交通事故的重要诱因，新出版的《机动车驾驶培训教学与考试大纲》已将安全与文明驾驶知识纳入教学内容和考试项目。驾驶培训企业必须严格按照大纲规定的内容、时间施教，强调安全以防为主，强化安全意识，提高驾驶技能，培训人文素养、专业素养、职业素养并重的大型客货车驾驶员，从源头上遏制交通事故的发生。

例如，欧洲一些国家的考核方式值得我们学习。它们在驾驶训练与考试环节，充分照顾到安全意识的考核，驾校场地布设惨烈交通事故留下的各种残骸，如撞坏的汽车、撞死的动物、损毁的马路里程碑等，还布设了便于学员体

验事故危险的碰撞装置等,可以在现场为学员介绍发生的重大道路交通事故,详细介绍事故的发生经过,剖析事故原因,引导学员养成遵法守法的良好习惯,潜移默化地培育文明驾驶习惯。其现场感强,令人印象深刻、理解透彻。

3. 加大优秀驾驶人孵化力度,建立"两客一危"企业驾驶人职业化合作体系

笔者在与公交公司、客运公司、大型物流公司及车队的走访过程中发现,当前,大型车辆驾驶人普遍存在文化水平与职业道德素养偏低、道路安全相关法律意识及安全意识淡薄、相关行业知识与技能匮乏等问题,而现行的大型客货驾驶人三类培训体制并不能满足用人单位与社会的需求。用人单位要求的驾驶人不仅要具备合格的驾驶技能,而且应具备较强的相关道路与行业法律法规知识、相关专业知识、综合服务素质和服务意识、职业素养等。

"两客一危"(指从事旅游的包车、三类以上班线客车和运输危险化学品、烟花爆竹、民用爆炸物品的道路专用车辆)是相关管理部门的重要动态监管车辆,其驾驶人的重要性不言而喻。建立"两客一危"企业与驾培机构的职业化合作体系更是必要选项。

有作为的驾培机构应致力于培养"两客一危"、公交、校车等用人单位"得之可用"的人才,方是新形势下大型客货车驾校转型发展的新思路。在一些品牌驾培机构做好封闭式学习与强化的试点,培养具有"工匠精神"的大型客货车驾驶人,建立长期稳定的校企合作培养驾驶人的新模式,交出可以与职业教育媲美的答卷,进而促进整个道路运输行业的健康成长。

4. 加大费用支持力度,争取列入紧缺专业人才培养体系

大型客货车驾驶人职业教育周期长,培训成本高,试点职业院校学费较低,不足以维持培训成本,需要试点院校筹集资金进行补贴,长久办学难度较大。

目前,很多省份大型客货驾驶人职业教育根据试点要求不收取任何费用,但从近几年试点情况看,缺口还是试点院校承担的。虽然合作办学的运输企业给了一定的经费支持,但试点院校在大型客货车职业教育中亏损已是不争的事实。如果长期下去,试点院校的积极性将受到严重影响。如何从政策上

保证大型客货车驾驶人走职业培养道路,并在资金方面予以扶持,保证大型客货车职业教育不亏本是各级管理部门要研究解决的问题。

例如,一个大型客货车职业教育驾驶人在某省试点院校三年的学习培训费用超过3万元,人力资源和社会保障部门按职业教育渠道每年每人补贴为5000元左右,还有1.5万元左右的缺口。

例如,某省取得C1、A1驾驶证的直接成本为18336元／人,有的试点院校培养一名大型客货车驾驶人居然要补贴20000元。

解决方案:一方面落实"政府专项补助＋受益方投资"的方式,解决办学成本问题;另一方面将大型客货车驾驶人列入紧缺专业人才培养体系,在专业设置和培训基础设施建设等方面给予试点院校更多的政策支持,特别是财政支持。

5. 修订完善法律法规,完善大型客货车驾驶人的职业教育就业准入制度

应修订完善相关法律法规,特别是结合《中华人民共和国道路交通安全法》、《中华人民共和国道路运输条例》和《道路运输从业人员管理规定》等,合理区分大型客货车驾驶人和职业教育学生在跟车实习阶段的安全责任,解决好道路运输从业资格证与上车实习之间的矛盾,增加重车实习内容和实习时间,真正发挥职业教育学员培训周期短、素质高的优势,使大型客货车职业教育学生尽快走上工作岗位。

应完善相关政策措施,扩大试点院校范围和招生范围,将大型货物(含危险货物)运输驾驶员、城市公交驾驶员、机动车驾驶培训教练员等重点关键岗位从业人员纳入职业教育试点培养。

应探索建立大客货车驾驶人的职业教育就业准入制度,强化职业教育的就业准入引导,逐步引导从事涉及公共安全、生命财产安全的大型客货车驾驶人由社会化培训方式向职业化培养方式转变。

逐步引导和鼓励道路运输企业建立大型客货车驾驶人技能职务津贴和特殊岗位津贴制度,进一步加大驾驶技能人才先进事迹的宣传报道,不断提升其社会形象、职业待遇和职业地位。

6. 努力增加职业教育培养数量，尽力满足社会客货运输市场的巨大需求

大型客货车驾驶人职业能力素质要求高，培养周期长，试点院校在场地改造、教学工具投入及燃油消耗等方面投入大，办学成本高，导致参与的院校吸引力不足。试点工作刚刚起步，培养的技能人才数量有限，远远不能满足客运、货运市场的健康发展需求。例如，2015年六安技师学院招收43人，合肥职业技术学院招收20人，2016年两院校招生人数各为39人和12人，这些数据相对于社会的巨大需求可谓"杯水车薪"。

究其原因，一方面，职业院校进行大型客货车驾驶人职业教育没有生源保证；另一方面，现行的试点政策对职业院校费用的支持存在较大缺口。

政府、行管部门应不断优化道路运输行业大型客货车驾驶人才的政策环境、法制环境、舆论环境和社会环境，运输企业也应紧紧抓住培养、评价、选拔、激励和保障等环节，在创新人才工作体制和机制上下功夫，着力营造拴心留人、人在心在的氛围，让该岗位有更高的职业荣誉感。

不断扩大招生对象范围。例如，江苏省只在应届高中毕业生中招收大型客货车职业教育学生，受经济社会发展形势的影响，应届高中毕业生大部分都能被大中专院校录取，大型客货车职业教育对生源普遍缺乏吸引力。而该省中考普通高中录取比例不到50%，大量初中毕业生被职业技能培训学校录取，如果允许大型客货车职业教育院校招收五年学制初中毕业生，接收军转人员、农村剩余劳动力参加职业教育培训，对拓宽招生渠道、保持培训规模具有重要意义。

应与教育部协调，将大型客货车驾驶人专业列入全日制学历教育的高职院校专业体系，将招生计划纳入学校年度招生计划总规模。

7. 提高重点车辆驾驶人教育针对性，真正实施驾驶适应性检测

目前，我国的驾驶适应性检测仍然处于理论研讨阶段，应用基本没有走出实验室，而一些西方发达国家在驾驶人报名之后的适应性检测方面已经取得了较好的成绩。有的国家对驾驶员检测9个项目，包括情绪稳定性、身体协调性、态度和善与否、安全意识、判断合理与否、动作平顺与否等。

驾培进入新的发展阶段之后，我们不得不面对这样一个事实：有相当一

部分报名者在生理、心理方面存在缺陷，不适宜驾驶机动车。驾驶适应性检测可以运用心理学、生理学、医学等交叉学科知识，对驾驶员的生理、心理、人格等众多与安全直接有关的项目进行测试，然后做出科学诊断。

要在大型客货车驾驶人培训之前使用适应性检测，必须成立真正负责的第三方检测机构，培训相关的技术人员，必须明确检测在法律法规上的地位，由交叉学科的专家共同研讨制定详细标准，将检测方案落到实处。也可以在以后将检测引入从业资格考核、继续教育、退出机制中，如此，适应性检测就可以发挥更大的作用。

8. 鼓励道路运输企业充分参与试点，财政应予以支持

支持道路运输企业通过"校企合作"，协力培育大型客货车驾驶人，企业参与试点工作的情况可纳入企业社会责任报告和年度质量信誉考核。对支持试点工作力度较大的道路运输企业，尝试在新增班线、运力、一车两牌试点、大转小试点时给予特殊安排。

支持各道路运输企业参与试点工作，鼓励企业参与办学、管理，共同开发教材与课程，允许优秀技能人才或管理人才参与试点教学。鼓励各道路运输企业以委托培养、定向培养、订单式培养等方式参与试点；鼓励各道路运输企业建立大型客货车驾驶技能人才技能职务津贴和特殊岗位津贴，不断提升其收入水平和职业地位。

运输企业在培养这些技能人才时，也花费了很多的精力与财力，既要支付培养费，又要支付一年实习期的各类费用（实习津贴、住宿费、车辆使用费、带车师傅工资费等）。所以建议政府在政策上给予支持的同时，在财政上也能给予企业适当的补贴。另外，学员各类证照均是通过校企合作培养的快速通道取得，如何规范学员忠诚为企业服务，可能还需要进行有效规定。

9. 解决顶岗实习期潜在风险，保障实习期安全

试点学生经过两年学习、实训考取大型客货车驾照后，由于第三年的实习期内不能驾驶营运车辆，客运企业考虑到实习生实习期间存在一定的交通安全风险，且实习成本较高、就业单位不确定等因素，接受实习生的积极性不高，学生实习单位落实存在一定困难。

试点通知规定学员在企业跟车实习,学员驾驶实习单位运输车辆上路行驶,车辆不得载客载货,这和学员在职业院校时道路驾驶训练没有多大差别,不利于学生在载客载货状态下的驾驶心理因素培养和应急处置能力,同时增加客运企业实习成本,建议对法规进行部分突破,同时明确大型客货车驾驶跟车实习阶段安全责任。

招生院校与实习道路运输企业要严格执行教育部等五部门印发的《职业学校学生实习管理规定》,健全学生实习责任保险制度,完善学生实习安全管理和劳动保护制度,保障学生实习期间的安全。

10. 其他

根据新的国家标准(GB/T 30340、30341),一个大车训练场要求面积70亩以上,社会经营性训练场150亩以上。在国家严格土地审批管理的形势下,新征地的难度非常大,二手地一方面投资较大,另一方面较难找到符合条件的地块。

在政策允许范围内,可放宽社会化训练场审批条件,由几所驾校或一个县域内共同建设训练场,一方面减少土地资源浪费,另一方面保障学员训练需求。另外,应删除入校时"未取得驾驶证"的要求。

参考资料

[1] 交通运输部:《道路运输从业人员管理规定》(交通运输部令2016年第52号),2016。

[2] 交通运输部:《机动车驾驶员培训管理规定》(交通运输部令2016年第51号),2016。

[3] 交通运输部办公厅、公安部办公厅:《关于开展大型客货车驾驶人职业教育的通知》,2017。

[4] 刘俊利:《大型汽车驾驶人职业化培训改革综述》,搜狐网,2016年11月6日。

[5]《德国职业教育国际化:动因、改革与启示》,上海农业网,http://www.shac.gov.cn/,2018年3月15日。

B.9 电动教练车的发展趋势

张泽涛

摘　要： 教练车作为驾校最主要的生产工具，其购买、保养维修及日常教学过程中产生的油耗是驾校运营的主要成本之一。在教练车的发展演变过程中，电动教练车的大规模普及是未来的趋势。本文首先分析了教练车的发展演变，其次阐述了新能源汽车可以被驾校大规模普及的原因，再次针对纯电动教练车的发展现状分析其普及率低的原因，最后对2018年电动教练车的发展进行了展望。

关键词： 电动教练车　新能源　环保

教练车作为驾校最主要的生产工具，其购买、保养维修及日常教学过程中产生的油耗是驾校运营的主要成本之一。驾培行业经营者能否降低教练车的使用成本，直接影响到驾校的运营效益。

电动教练车在中国智能汽车发展的长期趋势下，大规模普及是未来的趋势。但是，电动教练车在目前的政策环境、售后服务和实用性等方面存在诸多挑战。同时，电动教练车的低成本、环保、健康、可实现分享经济等使用特性，也将给驾校从业者提供差异化服务和重新定位品牌的可能性。

驾培行业蓝皮书

一 教练车的发展演变

驾校经营者对教练车的选购，通常都是参照当地车管所考场的考试车型。目前99%的驾校教练车都是大众捷达、桑塔纳等品牌的燃油车，以及少部分的"油改气"、电动模拟教练车和新能源教练车。部分驾校和教练车供应商为了降低车辆的运营成本，进行了很多探索，可分如下几类。

（一）"油改气"教练车

"油改气"是通过改变教练车燃料种类进行改装的一种方式，将教练车从原来的汽油、柴油燃料改装成液化天然气。

相比燃油车，天然气的运营成本更低。天然气在发动机中因为燃烧相对完全和干净，不容易有积碳，因而发动机汽缸零件磨损减小，延长了发动机寿命和润滑油使用期限。油改气教练车的缺点是，缺乏统一的技术标准，车辆管理部门无法认定其合法，保险公司也无法衡量改装后的危险程度和制定相应保险产品。另外油改气车辆改装费用较高，改装一辆小轿车的费用要在5000元左右。而且目前全国各城市的加气站还未完全普及，加气站点少，加气比加油麻烦。油改气教练车比较适合在天然气较普及和使用成本低的地区使用。

（二）有线式电动教练车

有线式电动教练车利用废、旧车改装，用交流电动机（直流电机）取代汽油发动机，由伸缩电缆提供电源作为动力的培训用车。其驾驶性能与感觉和普通汽车完全一样，可进行倒车入库、侧方位停车、直角转弯、单边桥、半坡起步等科目的训练。

优点：①能耗成本低，只有燃油教练车的1/5；②更安全可靠，超越库线和端线的断电保护，超越12米半径的断电保护，保证场地周围安全。

缺点：①对场地有特殊的要求，需加装电网支持，按技术要求需埋设公用地线,并安装漏电保护器;②需要将原有车辆进行特殊改装;③只能专车专用,车辆活动范围有限;④不能通过年审,《道路交通安全法》规定,拼装机动车或者擅自改变机动车已登记的结构、构造或者特征的属违法行为。

(三)无线式电动教练车

无线式电动电动车主要是把烧油发动机改装成电力系统,电力驱动系统主要有电机、电控总成、蓄电池三大部分组成。

优点:①安全性强,行驶速度和等级可由系统自由设定,无线式电动电动车采取了以电瓶做动力,不会出现因学员挂错挡位发生安全事故的现象,因此降低了教练车事故发生率。②节约成本,相比油耗来说用电成本低,维修保养费用低。"电动教练车"每小时1度电,每天按8小时计算,每天需要5~8元钱;普通教练车每天消耗15升左右的油。一台"电动教练车"每天能为驾校节省开支70~80元,每年节约20000元以上。由于电器部分部件少、磨损少,故障率约是燃油、燃气发动机的1/10。

缺点:①跟油改气教练车一样,因为改装缺乏统一的技术标准,车辆管理部门和保险公司不认可;②不能通过年审,《道路交通安全法》规定,拼装机动车或者擅自改变机动车已登记的结构、构造或者特征的属违法行为。

(四)新能源教练车

新能源教练车,是指采用非常规的车用燃料作为动力来源的汽车作为教练车,包括纯电动汽车、增程式电动汽车、混合动力汽车、燃料电池电动汽车、氢发动机汽车,其中以纯电动汽车接受度最高,也是国家正在大力推广的。

纯电动汽车顾名思义就是主要采用电力驱动的汽车,大部分车辆直接采用电机驱动,有一部分车辆把电动机装在发动机舱内,也有一部分直接以车轮作为四台电动机的转子,核心是电力储存技术。

优点:①节约成本,无油耗、用电成本较低,维修保养费用低;②技术相对成熟,只要有电力供应的地方就能够充电;③可以直接上牌,无须改装,与燃油车一样可以被车辆管理部门和保险公司认可。

缺点：①纯电动汽车均为自动挡操作的车型，与目前驾校90%以上的手动挡车型不同，需改装增加挡位和怠速功能才可以替代手动挡；②相比燃油车，纯电动汽车的充电速度较慢，需要6~8小时才能充满；大部分城市的充电桩位较少，驾校若要自行加装快充设备，费用较高。

纵观驾校教练车的发展演变可以看出，符合车管所考试要求，并能有效减少能耗车型是发展方向，其中纯电动汽车最可能被大规模普及推广。

二 新能源汽车可以被驾校大规模普及的原因

在落实党的十九大精神为建设科技强国、网络强国、交通强国提供有力支撑的过程中，各部委积极推动汽车智能化、网联化技术发展和产业应用，推进交通运输转型升级创新发展。这是中国政府深刻推进综合技术趋势、产业经济、环保和政治影响的战略部署，智能汽车是中国汽车产业必然的发展趋势。驾培行业作为汽车产业的入口，使用新能源汽车也是必然的趋势。

全球汽车行业的未来发展趋势是相互交织的"三化"技术，即电动化动力总成、自动驾驶智能化、车联网的网联化技术。其中，电动化为智能化提供了理想动力平台，零部件复杂程度低，响应速度提高；智能化促进电动化效率的提高，包括优化行驶状态、规划合理路径、辅助能量管理等；车联网使未来汽车具备基于云计算和边缘计算的复杂环境感知、智能化综合决策能力。

中国汽车产业作为传统内燃机领域的后来者，在发动机和变速箱的核心技术上与经历百年内燃机技术积累的国家相比还有一定差距。但与各国在电动汽车领域中竞争，中国没有明显的劣势。而我国在可再生能源和核电领域的探索上处于领先地位，主推电动汽车成为中国汽车产业跨越式发展形成"弯道超车"的最佳选择。

（一）国家大力支持新能源汽车的发展

2014年，财政部、国家税务总局、工业和信息化部发布《关于免征新能源汽车车辆购置税的公告》，规定 2014 年 9 月 1 日至 2017 年 12 月 31 日对购置的新能源汽车免征车辆购置税。2017 年 12 月财政部、国家税务总局、工业和信息化部、科技部四部委再次发布公告将新能源汽车车辆购置税优惠政策延长至 2020 年 12 月 31 日。2018 年 3 月 5 日，十三届全国人大一次会议开幕，政府工作报告中提到：将新能源汽车车辆购置税优惠政策再延长三年，延长至 2023 年 12 月 31 日。多次延长优惠政策，表明中国政府对于新能源汽车的重视。

2017 年，国家累计出台《乘用车企业平均燃料消耗量与新能源汽车积分并行管理办法》《新能源汽车生产企业及产品准入管理规定》《汽车产业中长期发展规划》《关于促进小微型客车租赁健康发展的指导意见》等 32 项新能源汽车相关政策，涉及宏观、补贴、基础设施、安全管理、技术研发、智能网联等诸多方面，这表明发展新能源汽车已成为国家战略。

2018 年两会期间，工业和信息化部部长在采访中表示，关于我国取消燃油车的时间表还在研究。但现阶段重点为提高我国新能源汽车在 2020 年后的占比，并确定 2019 年新能源占比要达到 8%，2020 年要达到 10% 的目标。

（二）综合运营成本优势

对于当前的电动车发展来说，国家能源局副局长刘宝华指出，动力电池技术和充电便利程度是电动汽车普及的关键所在。但是，对于电动教练车来说，这两大问题在驾培及考场特定场景内可得到有效规避。驾考场地用车按照每天需求 50~100 千米，而主流新能源汽车续驶里程均在 150 千米以上，实现充电一次可行驶 2 天以上。关于充电时间及便利性，快充约 2 小时，利用休息空隙即可补电续航；慢充则 8 小时以上，对于驾校来说，可采取白天用车夜间充电的模式。另外，运营车辆集中，无论快充慢充装置设施，充电设施建设及资源利用更加合理。因此，使用电动车作为教练车的话，就不存在什么限制，反而能充分享受电动教练车带来的好处。

对于油耗成本问题，目前，教练车油耗在驾培行业成本模板中占很大比例，油耗成本一度被驾校管理者视为可优化空间极小的成本模块。根据趣学车直营主题驾校的统计，一辆教练车按照每天 100 千米运营来计算，大约需要 10 升燃油，成本为 65 元左右。而按照当前新能源汽车平均功耗推算，电动教练车运营 100 千米大约需要 15 度电，成本为 9 元钱左右。每辆车每天的油耗成本仅为燃油车的 14%，极大地降低了油耗花费。

对于车辆维护问题，驾校学员都是刚接触车辆驾驶，并不太懂得如何操作车辆，导致教练车长时间低速行驶，油门刹车的使用频率远远高于家用车，这样对教练车的损伤是很大的，保养维修的成本一直居高不下。根据趣学车直营主题驾校的统计，教练车随着使用寿命的增加保养维修成本逐步增加，一辆教练车投入使用五年，平均每年保养维修成本为 3000 元左右，超过 5 年后保养维修成本会大幅提升。

但是对于电动教练车来说，其使用成本非常低。因为电动汽车不需要更换机油、机滤和火花塞等内燃气零件，只需要维护车辆轮胎、电机皮带等常规配件。同时，由于运营场景基本固定，路况、工况简单，整车性能质量更容易保障。根据当前市场上新能源汽车维修保养情况推算，电动教练车平均每年的保养维修成本为 1000 元左右。同样投入使用 5 年，每辆教练车每年的保养维修成本就可达到 2000 元的差距。

（三）发展智能辅助教学

电动教练车本身的动力、转向、刹车等都是电信号传输，相比燃油教练车的内燃机和液压转向等特性，电动教练车更适合发展智能化辅助教学。

目前驾培行业数字化、智能化程度低，相对于燃油车来说，电动教练车更便于驾校实现智能化管理。电动教练车通过收集学员驾驶习惯，包括车辆加速信号、电机转速、车辆加速度等数据，再经过大数据分析，最终实现数据推动优化教学内容，提高教学效率和驾校产能。

（四）环保和健康

国家大力支持新能源汽车发展的重要原因之一便是基于环保的考虑。电动教练车正好是契合环保这一国家发展主题的。因此，从长远来看，政府部门无疑更支持电动教练车的发展。

电动教练车的发展趋势

从环保大主题角度考虑，当前，在练习科目二项目时，教练员和学员需要一直围绕教练车教学和学习，车辆排放的尾气严重危害教练和学员的身体健康，对于长期从事科目二教学的教练员来说情况更加严重。而电动教练车完全不产生任何气体排放，非常绿色环保，也是对教练员和学员身体健康的有效保障。

三 纯电动教练车的发展现状

纯电动教练车的发展时间还很短，只有 5 年多。因为前期需要教育市场，提升驾校的接受度，又因为目前能被驾校认可的纯电动教练车的供应商较少，导致纯电动教练车在驾校实际教学中的使用率很低，估计只有 0.5%。

以下两家是比较有代表性的供应商。

1. 趣狗——扫码即用电动教练车

趣狗是由趣学车与新能源高新整车企业清行电动车共同推出的电动教练车。主打辅助教学的功能，通过智能终端实现车辆远程操控，车辆电池状态监测、车速控制等功能。不仅可以实时监测每辆车的运营状态，而且可以智能控制车辆的行驶速度，在学员对车辆性能还不熟悉时，智能使用低速驾驶车辆能有效保障学员学车的安全性，避免重大安全事故的发生。

学员通过手机智能终端设备扫码进入，无需钥匙，即可开启用车模式，实现远程操控，自助开关锁以及还车。同时还可实时监测车辆使用状态，包括电量使用情况、位置距离、行驶轨迹、使用时长以及车辆是否可以正常使用等。

除此之外，趣狗还升级了安全行驶功能，练车模式可限速为 5 千米 / 小时、10 千米 / 小时、20 千米 / 小时，学员驾驶更安全。首批趣狗 Q1.0 版本已经在成都、郑州、重庆、赣州等地趣学车主题驾校试点投放，受到学员和教练的一致好评。

2. 成都莱姆斯特——电动教练车2.0

该车采用纯电动教练车专智能辅助教学机器人系统，拥有九项实用新型专利和两项发明专利，拥有怠速、操作失误熄火、半离合、发动机声音模拟

等功能的核心技术。驾驶性能与传统燃油教练车性能相似度高达 95% 以上，操作方式与传统燃油教练车完全相同，能够满足驾校场地（科目二）教学培训的要求。

在政策合规方面，该车已列入公安部、交通部、国家发改委、工业和信息化部《道路机动车辆生产企业及产品公告》《节能与新能源汽车示范推广应用工程推荐车型目录》车型，可上牌入户。

此外，该车还配置安全辅助系统、三维动态地图、轨迹记录回放。精确的卫星定位系统，能实现考试车考试评判功能。自动化人工智能教学修正功能，各科目练习景象和发声，可直观明了地指导学员进行驾驶技能练习。虚拟三维电子地图，可以查看教练车在训练场地中的位置。

四 纯电动教练车普及率低的原因分析

虽然纯电动汽车越来越受人们关注，但目前普及率仍然较低，驾校电动教练车的普及更是比市场滞后。主要原因有以下几点。

（1）车管所的小型轿车考试车型 95% 以上都是 C1 手动挡的车型，所以驾校的教练车也基本上是这个比例。纯电动教练车需要经过改装，才能满足驾校这个需求，又由于市场需求量小，新能源车厂缺乏制造动力。

（2）同等配置的纯电动汽车价格要比传统燃油汽车至少高出 3 万 ~5 万元，虽后期油耗成本小，但前期一次性投入较大。

（3）纯电动教练车的电池续航能力相对较低，且各地的充电设施的建设相对滞后，造成充电不便利，而且充电时间长。

（4）售后服务相对不便利，不仅 4S 店少，而且缺乏专业维修技师，电动汽车生产量和保有量都较少，零部件价格相对较高。

（5）智能辅助教练系统的实用性还不够强，不能有效降低教练的教学压力，而且法律法规还不允许纯无人教学的方式，数字化和智能化暂时还不是驾校的核心痛点。

五 2018年电动教练车的发展

纯电动教练车的推广和普及还有很长的路要走。未来两到三年内，在车管所考试车型还是以 C1 手动挡车型为主的趋势下，纯电动教练车的供应商应提供满足手动挡操作的模拟车型作为过渡方案。此外应该积极创新销售方式，从一次买断的传统销售方式，向以租代售的方式探索；还可以结合正在落地的计时学车方式，实现车辆免费，按实际使用时长分账，降低驾校的早期投入。

驾培和考试一体化的驾校，如果能获得地方交通部门的支持，先在考场落地电动考试车，然后在驾培业务中落地电动教练车，将获得很大的竞争优势。一方面，驾校能进一步提升自身及驾培产业在政府城市管理工作的定位和重要性，有机会争取专项资金和政策支持；另一方面，驾校可以提供基于电动教练车的差异化服务，重新定义自己的品牌和价格。

纯电动教练车的数字化和智能化的实用性还需进一步提升，真正做到能有效提升驾校的考试通过率，提升教练的教学效能，从而降低培训成本。唯有如此，其才会有驾校真正接受并投入使用，而不只是高大上的高科技噱头。

B.10 日本驾培行业发展分析
——趣学车赴日考察报告

胡小婧

摘　要： 驾校经营者最关心两个经营指标，即通过率和事故率，更像服务机构而不是培训机构。区域性的行业协会或者驾校经营者组织，对驾校的教学质量和经营管理行为进行监督，发挥重要作用。在日本驾培行业蓬勃发展的时期，企业没有资本和技术去降低建立连锁驾校的成本，主要是管理和服务标准化、模块化、产品化的工作缺位，所以日本没有驾培连锁企业。

关键词： 通过率　事故率　行业协会　连锁

一　前言

2017年12月13日至16日，趣学车受两家日本驾校的邀请，赴日访问。此次访问虽然是中日两国驾培行业的民间交流行为，但它为中国驾培行业参与者学习日本驾校的经营管理与教学经验、寻找中国驾培行业未来发展的机遇、探索与国外驾校的多种合作提供了宝贵的机会。

《2017驾培行业发展蓝皮书》指出，截至2013年，全日本拥有驾照的人数超过总人口的60%，但是其每10万人的交通事故死亡人数只有4.7人，远远低于我国的18.8人，这对于一个人口密度很高的国家来说实属不易。未来中国驾培行业的政策和发展趋势，相比起其他发达国家而言，应更多参照日本经验。这不仅因为日本极高的道路安全水平，而且因为中日驾培行业制度和驾培考试体制的很多相似性。①政府监管机制相似。日本是交通部门监管培训和经营、公安部门监管考试和核发驾驶证，和中国的交通部下属运输管理处监督驾校和发放资质、公安部下属车管所负责考试和核发驾驶证的机制类似。②均允许自学直考，但大多数人依旧选择驾校。在日本拿到驾照通常有两种途径，一种是在警察局指定的驾校学习，并在校内完成技能考试；另一种则是通过其他途径（非指定驾校或自学），直接到警察局参加技能考试。③培训和考试流程类似。相比其他国家，中国和日本的考培流程都由理论考试及实操考试组成，实操考试分为场地内和场地外。

此次趣学车访问日方的邀请者分别是群马县的"群馬につた自動車教習所"（本文以下称群马县驾校）和东京的"五井自動車教習所"（本文以下称东京五井驾校）。群马县驾校已经营50余年，是群马县规模最大的驾校。2016年共计招生1123人，2017年1~9月招生878人。东京五井驾校地处东京附近的千叶县，创立于1964年，规模较大，可容纳招生3000余人，下有酒店、出租车公司等业务。2016年共计招生2600人。此次考察较为系统地了解了日本的驾考政策、历史沿革、经营管理方法、教学方法和现在遇到的经营困难。

本文意在将此次访问的收获和思考总结出来，供中国驾培行业的同仁参考。限于语言沟通上的障碍及访问时间的紧迫，本次访问所获的信息难免有纰漏。但对于所获的信息，都通过多方核实的方式尽力保证准确、真实。

二 日本驾培行业现状及发展趋势

（一）日本驾培市场的现状

日本内阁府公布的数据显示，截至2016年，指定驾驶培训机构数为1332所，技能检定员（即考官）有18686人，从事技能培训的教习指导员（即教练）共有32167人，通过指定驾培机构考取驾驶证人数为1548685人。平均每家驾校每年考试通过1163人，平均每位教练每年培训通过48人。

与日本相比,《中国道路运输发展报告(2016)》数据显示,2016年,我国共有机动车驾驶员培训机构16512家,机动车驾驶教练员87.1万人,机动车驾驶员培训教学车辆72.7万辆,2016年,我国共完成机动车驾驶员培训2686.6万人次,其中培训合格的达2257.8万人次,合格率为84.0%。平均每家驾校每年考试通过1627人,平均每位教练每年培训通过30.8人。由此可以看出,我国驾培行业的规模远大于日本,但是每位中国教练的年均培训人数低于日本。

截至2016年,日本持驾驶证人数达到8220.6万人,占人口总数的74.7%。新增驾驶人数量较2015年增长0.1%,达2025385人。2016年,日本报考的受试者达到2680631人,合格者为2025385人,合格率为75.6%(包含驾校培训和自学直考,单驾校培训的合格率应该高于该水平)。《中国道路运输发展报告(2016)》数据显示,同年中国的驾考合格率为84%。

人口结构的变化正在导致日本驾校业务结构的变化。日本在第二次世界大战后逐渐进入人口增长高峰期,随着经济与社会的复苏与快速发展,人口数量在2000~2010年达到峰值,约1.4亿人,随后开始回落。新增人口的减少,引发了日本人口的老龄化问题。目前,日本已经成为全球老龄化程度最高的国家之一,65岁以上日本国民人数占总人口比例超过25%。预计未来十余年,日本人口将持续负增长。

日本政府规定国民满16岁可考取摩托车驾驶证,18岁后即可考取汽车驾驶证。日本国民通常把拿到驾驶证作为成年的标志,因此对于这个年龄段的人群来说,考取驾驶证是刚需,新增适龄人群仍然是日本驾培行业的主要市场。但是随着新增人口的减少,新增驾驶人的总量越来越少,日本驾校的培训业务开始向老年人市场倾斜。日本规定,70岁以上的驾驶人换证时需要再学习2小时。75岁以上的驾驶人,需每年在驾校接受2小时培训和适应性检查,以确保安全。其实,职业司机的老龄化,在日本尤为明显,在出租车上经常见到高龄司机。在驾校的报名大厅里,高龄者的数量远大于年轻人。高龄人口适应性检查及培训,将逐渐成为日本驾校的主要业务之一。

在持证比例高度覆盖的情况下，日本的待持证人群性别年龄主要分布在 16~19 岁，20~24 岁，以及 55 岁以上的女性，和 70 岁以上的男性。

新增适龄人口仍是日本驾培行业的主要市场，老年市场次之。

经济的复苏有可能带来日本驾培市场的小幅增长。2016 年，日本的 GDP 增长率为 1%，结束了自 2012 年以来 GDP 连续下跌的趋势。人均 GDP 也实现了 5 年来的首次增长，达到了 39089 美元。经济的复苏和人均收入的增加推动了日本国内的乘用车需求。2017 年，日本的乘用车销售量为 439 万辆，较 2016 年增加 5.8%。乘用车需求的增加与驾培业务的增长息息相关。如果日本经济继续保持良好的增长趋势，日本驾校的培训业务也将出现稳定的增长。

（二）日本驾培行业的发展历程

日本的汽车工业非常发达，是国民支柱产业。日本政府在第二次世界大战前就开始出台政策扶持汽车工业的发展。1955 年，日本汽车工业进入高速发展阶段，私人用车开始起步。随着第二次世界大战后经济的强势复苏，日本的民用车市场逐渐打开，到 20 世纪 70 年代，普通劳动者成为汽车的主流买主，汽车不再是社会地位的象征，而成为代步工具。截至 2012 年 3 月，日本的汽车注册登记总量就达到 4800 万辆，每个家庭平均拥有 0.93 辆车。持证驾驶人与人口总数的比例超过 60%，会开车早已成为日本国民的基础技能之一。

20 世纪 70 年代同样是日本驾校发展的高峰期。国民考驾照的需求激增，政府放开驾校资质，鼓励民办驾校，还责令地方士绅阶层用自持土地开办驾校。同时，加大培训监督管理力度，取消大多数技能考试公共考场，解放考场用地，各个驾校自行组织技能考试。在该阶段，日本驾培行业面临的主要问题是培训人数增加、培训能力不足、考试能力不足、教练教学态度僵化等。随后，通过各地驾校市场竞争的加剧和政府培训监督力度的加强，教学质量和服务质量开始提升，上述问题得以有效解决。日本驾校进入一个稳定发展期。

在汽车保有量和持证驾驶人快速增加的时期，日本的全国交通事故死亡人数也大幅攀升。1959年，日本全国交通事故死亡人数已突破1万人，1970年更是达到16765人的峰值。对此，日本政府制定了全民预防道路交通事故总方针，成效明显。1979年，日本交通事故死亡人数降至8466人，与1970年相比下降49.5%；2008年降至5155人，较上年减少了589人，连续8年保持下降。目前，日本是交通事故死亡率最低的国家之一。这一成果和日本多年来在交通安全宣传和教育上的努力密不可分。目前，日本交通部门已经出台了一系列驾驶员培训标准，教练、考官培训标准，对驾校培训驾驶员的指导与监管非常严格，使驾校的服务水平有了大幅提升。

20世纪90年代，日本人均收入水平到达顶峰，人口数量达到峰值，经过稳定发展后，驾校的培训及服务态度也达到日本服务业的平均水平，日本驾培市场达到顶峰，约有2500家驾校。但在此之后，人口红利逐渐下降，新增适龄人口逐渐下降，各地服务水平差异不大，日本驾校开始萎缩。驾校招生数量不断下降，位置也由中心向边缘迁移。现在，驾校总量由2500家左右减少到1332家。

当今日本驾校的形态以中小驾校、单体驾校为主，无大型驾校和全国性连锁品牌驾校。驾校总体服务水平较高，且各个驾校之间的服务区别差距不大，各驾校都能维持在50%左右毛利的均势运营状态。

三　日本驾校经营及管理方法

日本驾校的管理人员具体人数根据驾校规模配备：年培训能力2000人左右的驾校一般配备10名左右的管理人员、40名左右的教练员，成本结构中人力成本占到50%。管理人员一般包括所长、副所长、司务长、考试监督负责人、文件档案管理人员等。其中所长、副所长主要负责驾校日常经营、教练员考试培训和教练员的管理等。据了解，所长或副所长通常由警察委员会退休人员担任，帮忙疏通驾校与监管部门的关系。司务长相当于支撑部门负责人，支撑部门同时会配备排课排考专员和文件档案管理人员，排课排考专员负责统筹安排学员培训、考试时间以及与教练员时间的匹配。文件档案管理人员负责学员培训到考试环节的所有资料的收集与发放工作。

　　日本驾校的总体经营水平很高，这与几十年来的经营经验和监管部门的严格监管体系是分不开的。从业者的进入门槛和资格发放、教学和服务的标准化主要由监管部门负责。在从业者的进入门槛方面，从教练到考官再到所长，日本监管机构有一系列难度不等的资格获取机制，培训和考核后再上岗，解决了驾培行业从业者的人才输送问题。以受访问的一家驾校为例，其在培训新教练时，与员工达成的劳动合同中明确规定，为其垫付170万日元的教练培训及考取资格的费用，考取后该员工须在驾校服务至少三年。在获得教练员资格后，还可以继续考取其他车型的教练员资格，获取的教练员资格越多，就业年限越久，基本工资越高。在教学和服务的标准化方面，监管部门对教学方法教案可以做到每年更新两次。经营者只需要严格按照标准执行，进行小的差异化创新，专注于精细化管理就可以维持较高的经营水平，管理难度也大大降低。

　　在日本的驾培体制下，日本驾校经营者最关心两个经营指标：通过率和事故率。所有的经营策略都围绕这两个指标展开，一方面是监管要求，另一方面是驾校口碑获客率应达到50%左右。要想在相对同质的服务中做出差异化，唯有提高通过率和降低事故率，为此经营者会每月对教练进行培训和教学总结，分析每一位未通过学员的原因。一旦有事故发生，公安委员会还会专门将事故信息发给驾校，由驾校分析原因和提出改进意见。

　　在受访问的驾校中，除去通过率和事故率，经营者对用户满意度更重视，对空驶率、产出率这两个指标，并没有提出有效的管理方法。这或许是因为驾校的毛利足够高，也有可能是经营者自身对这两个指标的忽视。

　　在越来越激烈的市场竞争中，日本的驾校还演化出了很多特色服务。例如，受访问的一家驾校的总公司同时具有幼儿园办学资质，在驾校开设了保育室，借此吸引年轻妈妈们来报名学车。一位社长表示，在经营驾校的五十余年里，驾校年招生峰值达到3000人，到了20世纪90年代，驾校竞争越来越激烈，年招生量下降到1400人，通过发展"合宿"（即住在驾校集中学习）和多车型培训服务，年招生量在最近几年恢复到2600人。他认为，未来驾校服务

的价格不会产生太大变化，不会出现无底线的低价，而是会发展出多元化的个性服务，增加服务的附加值。他表示，现在在经营上最大的瓶颈来自人才的供给跟不上市场发展。一位教练员表示，他现在最大的苦恼，是日本的新增适龄人群不够勤勉、教练员和学员的年龄差距较大、沟通困难等教学方法方面的问题。

四 日本驾校市场策略与用户体验

（一）产品类型和定价策略

日本驾校通常有两种班型：通学和合宿。"通学"是指学员可以自己预约来驾校上课。这种方式是针对附近的上班族的，上课时间灵活，考试通过时间为1个月至1年不等，价格为26万~30万日元。"合宿"已在上文提及，是指住在驾校集中学习。通常，驾校会跟附近的酒店合作，供学员住宿。这种培训通常适合距离较远、时间充裕的人群，主要针对学生群体。考试通过时间为13~17天不等。据了解，合宿班型的通过率很高，最多不超过17天就能通过考试，价格为16万~26万日元（包含住宿费用）。据访问的一家驾校表示，其通学班型招生占比60%，合宿班型招生占比40%。其中，合宿班型要向酒店分成8万~10万日元的住宿费用。

在定价策略方面，据访问的一家驾校所长表示，招生价格会遵照行业协会制定的指导价格而定，同行们不会打破行业价格低价竞争。但是，不同产品的定价会受淡旺季、节日、竞争等影响出现波动。比如，在日本冲绳的一家驾校，长期为还有一个月满18岁的未成年人开放优惠，将学车变成了一份成年礼物。日本驾校的淡旺季明显。1~3月、8月（寒暑假）是旺季。日本学校4月份毕业，通常学生需要在就业前拿到驾照。旺季合宿班型招生多，在培训压力较大的情况下，驾校主要招收通学学员。淡季期间，驾校会降价促销，据受访的一家驾校表示，其合宿班型在旺季时价格26万日元，淡季时最低16万日元，相差约6000元人民币。另外，为了解决淡季生源不足的问题，驾校会扩充可培训车型，如大型客运车等。

据长期旅居日本的中国朋友表示，前几年日本驾校最受欢迎的小型汽车准驾车型平均价格一直维持在 30 万日元，约合 18000 人民币。而在此次访问期间，平均价格为 25 万日元，约合人民币 15000 元。

（二）获客方式

通学班型的主要获客方式是在覆盖区域内口口相传，有的驾校有少量的上门推销。合宿班型主要通过投放电台广告或中介等。中介主要通过在学校、超市、百货商店铺设驾校指南的手册获取学员，现场会有销售人员，跟百货商店 5∶5 分成，每单佣金为学费的 10%；负责陌生拜访的销售人员没有业绩提成，如果驾校整体营业情况良好，年底会有奖金。驾校不要求教练获客，对教练获客不作要求也没有奖励。

群马县驾校大部分生源通过驾校指南手册获得，少部分通过有优惠的介绍、上门推销获得。获客成本约为 1 万日元，获客成本占比为 6.7%。东京五井驾校通过率高，口碑获客占 50%。

关于是否采用互联网的方式获客，驾校方面表示，因为有限的服务供给不能承接所有线上投放所获得的客户，而且这种方式不能有效降低获客成本，所以线上获客的方式较少。

（三）用户体验

总体来说，日本的驾校更像服务机构而不是培训机构。日本驾校的教学及服务非常标准化，硬件设施整洁干净。用户体验的差异点主要在教练员的教学态度和沟通方法上。例如，在日本冲绳的驾校，就列出了教练员的血型和星座，方便学员按喜好选择，增加服务的人情味。

在学员眼中，考驾照伴随着毕业旅行和成人礼，是一件必须要做且能轻松做到的事，而不是一件痛苦而又困难的事。同时，在驾校的学习过程对学员来说也是很重要的。因为驾校对学员学习过程的评价会记入学员档案，跟随学员一生。学员档案自动拿取机器见图 1，训练场地见图 2。

驾培行业蓝皮书

图 1　学员档案自动拿取机器

注：输入档案编号，档案自动弹出。

图 2　训练场地

五　日本驾校教学服务体系

（一）人才及标准供应方式

在本文第二部分可以了解到，日本驾培行业从业者的进入门槛和资格发放、教学和服务的标准化主要由监管部门负责。这两方面影响着日本驾校的教学和服务体系，本小节将对这两方面进行具体介绍。

在从业者的进入门槛和资格发放方面，日本政府部门制定了严格的行业准入机制，教练员需事先培训90个小时获得执业资格。获得执业资格后的教练员，每年还需要一定课时的再培训。教练员的考核主要是根据学员拿证后1年内的事故率来判定驾校和教练员的责任。如若教练的通过率太低，就会进行再学习接受培训，没有固定的考核产出任务。

教练平均年龄38岁，只有固定工资，约合1.5万元人民币/月，按照日本工薪阶层的惯例，每年中、年底会根据收益发奖金。

在教学和服务标准化方面，政府部门编写全国统一教材，强制要求教练员按照教材教学。根据事故发生反馈，教材每年修订2次，驾校组织全员学习。

日本编写的教材与我国驾培采用的教学大纲是不同的。教材规定了每一节课的教学内容，驾校必须严格按照教材教学。可以说，教材为驾校提供了最完善的标准化教学服务。

（二）服务流程（以小客车车型为例）

（1）报名。

（2）适应性检查：体检+一款名为OD的心理学测验题。OD主要作用是检测学员的性格、反应力，方便教练员因材施教。

（3）先行学科：让学员建立安全驾驶意识及沟通教学方案。

（4）第一阶段：基础理论学习（9学时）+场地内操作学习（C2是12学时，C1是15学时）。

（5）笔试+场地内考试（全部通过可获得临时驾驶证）。

（6）第二阶段：专门理论学习（16学时）+道路操作学习（19学时）。

（7）笔试+场地外考试（全部通过可视为毕业）。

（8）拿证。

（三）课程安排

教练员按照排课课表上课，每天上4~6个课时。教学模式为1人1车1位教练。在后期课时的要求下，教练员可以通过对讲机控制三辆车，提高效率。每个课时50分钟，强调准时，每节课的教学内容要依据教学大纲教学，教练员会根据学员情况和沟通情况小范围调整教学。

令人印象深刻的是，在后期的一个课时中，学员要在驾校三屏模拟器上练习，每位学员15分钟，体验特殊天气的防御性驾驶。

（四）考试安排

驾校可在场地里安排技能考试，一周可以安排三次，非常灵活。政策要求考官不得监考自己的学员，考试现场须有第三人在场。理论考试须到公安委员会指定地点参加考试，理论考试和技能考试都通过才算通过。

六 日本驾培行业对中国驾培行业的启发

从总体上讲，中国的汽车工业起步较晚，驾培的市场化进程较短，相比日本还比较落后。随着中国经济进入平稳增长阶段，中国驾培行业也从高速增长阶段转向平稳发展的维持整合期。中国驾培行业的主要问题也由培训考试能力供给不足转变为供给过剩。市场混乱、经营水平不高等问题，恰似日本20世纪60年代的情形。

（一）中日驾培行业的差异性

鉴于中日驾培行业发展具有一定的相似性，且日本的交通事故死亡率降低到了世界前列，证明了监管的有效性。因此，中国驾培行业的政策制定，

日本驾培行业发展分析

部分地参考了日本的政策。但是，日本和中国驾培行业仍存在很多差异性。

1. 监管指标不同

与中国监管部门向社会公开各驾校培训考试通过率不同的是，日本监管部门除了公开各驾校的通过率，同时还监管公开毕业学员一年以内的驾驶行为事故率。通过率和事故率是日本驾校最重要的两大经营指标，直接关系到驾校的经营口碑。此外，日本各地区交通部门还推行教学标准化教案，要求驾校严格按照教案教学，缺少灵活性。我国由交通部推出教学大纲，各地依据监管需要施行不同的考试内容规定，在驾校教学层面具有一定的灵活性。

2. 考试机制不同

我国由监管部门设立专门的考试机构统一进行考试，且考试机构人员由监管机构派出。日本可以在技术操作考试环节由驾校考试且考试人员为本培训机构的通过国家资格认定的工作人员（即考官），理论考试环节仍由公安委员会安排统一考试。相比之下，中国的考试机制由政府主导，不够灵活，考场不足时会产生考试学员积压问题，培训机构的培训和考试机构的考试产生脱节现象；日本由驾校主导考试，考试时间灵活、供应充足，做到了考培一体。

为了加强对考试通过率的监管，日本的监管部门要求，教学十年以上，持有多个教练资格的教练员才可以考取考官资格，同时，考官不得考评自己教学的学员，考试时也必须有第三人在场监督。公安委员会会每半年到驾校质检通过率。此外，对事故率的溯源和公开，也对考试通过率的监管大有帮助。

3. 培训形式不同

日本的驾驶培训主要有两种形式：通学和合宿。日本的驾校之所以广泛推出合宿这种培训形式，主要是因为人口红利的消失，驾校覆盖范围内的招生量下降。通过跟酒店合作分成的模式，吸引覆盖范围外的潜在用户，同时又能密集教学提高产出效率，节约培训成本，因此价格普遍比通学便宜。由于产能过剩，中国的大部分驾校在现阶段同样也遇到覆盖范围内招生量下降的情况，但因为驾校的资源整合能力不足、经营能力不足、考试时间不够灵活等问题，尚未看到类似合宿的培训形式。

4. 市场环境、整体经营水平不同

日本驾培行业的服务标准和经营水平大体相当，在市场环境健康、共同维持价格水平的情况下，毛利率可达到50%以上。中国驾培行业服务和经营水平参差不齐，正处在行业动荡期。北京驾培龙头企业东方时尚的毛利率可达到50%以上，而大量其他驾校在亏本经营。

5. 从业者社会地位不同

日本的第三产业高度发达，驾培行业在几十年的经营历程中也经历了严厉的教学态度向无微不至的服务态度的转型，行业有稳定全面的人才输送机制和横向、纵向拓展机制。教练员的最低时薪约1500日元，最低月收入约合人民币1.5万元，收入水平与其他服务业收入水平相当，教练员是一个可以养家糊口、从事一生的职业。在受访的其中一家驾校里，教练员的平均年龄38岁，平均教龄达到了10年以上，职业认同感非常高。

中国的驾培行业因为市场化进程较短，一直以来由于驾校经营者的粗放式管理，经营效益差，从业门槛低，教练员这一岗位游离在"临时工"和"员工"之间，还有的教练员做私人承包的"个体户"，没有系统地进行社会教育和职业教育，职业认同感很低。有的教练员对学员"吃拿卡要"，严重影响了驾培行业的品牌和口碑，本该是"车轮子底下救人"的高尚职业，并没有赢得社会的尊重和认同。

6. 土地类型不同

据了解，日本驾校资质的申请对场地的土地类型要求是工业用地和准工业用地，租赁和自持均可。中国驾校要求的土地类型是交通运输用地中的交通服务场站用地[①]，自持和租赁均可。不同土地类型所带来的影响有待进一步分析。

（二）对中国驾培行业的启发

日本和中国驾培行业的诸多差异性以及日本驾培行业的发展历程、发展现状为我国驾培行业的改革提供了很多启发。政策制定者和驾培行业的参与

---

① 参见《土地利用现状分类》（GB/T 21010—2017）。

者应该如何面对人口红利消失所带来的供给过剩问题？如何解决市场混乱和经营水平不高的症结？如何切实提高行业内人员的使命感和责任感、提高驾驶人的交通安全意识和文明素养？从日本驾培行业去探索答案，不失为一种尝试。

第一，我国可考虑建立适当的交通事故责任追溯机制。在《2017驾培行业发展蓝皮书》中已经介绍了日本的交通事故责任追溯机制。这一机制的具体内容是，学员在办完入校手续之后会领到一本个人练车记录档案。驾校老师在档案中记录学员每节课的学习状况，并由驾校长期保管。一旦发生交通事故，警察还会查清这份多年前的学车记录档案，追究驾校是否有教学上的疏忽等责任。因此，在这种机制下，日本驾校面临着承担已取得驾驶证的学员日后发生事故的责任。与这一个机制相辅相成的是，日本监管部门公开各个驾校学员毕业一年以内的驾驶行为事故率。这些机制使得驾校在关注学员考试通过率的同时，也关注对学员交通安全意识和安全驾驶行为的培养，并且会努力通过严格的教学制度去确保教学质量。这样的责任追溯机制和事故率公开机制将驾校的真实培训效果和驾校的声誉紧密地结合在一起，作用远远大于单纯在政策上倡导驾校去注重学员安全驾驶行为。当然，对于目前中国的驾培行业，过于严格的责任追溯机制有可能会阻碍资本、人才向驾培行业的流入。因此，探索适合我国当前驾培行业发展状况的责任追溯机制，或许是一种解决方案。

第二，充分发挥区域性和全国性行业协会的力量。在日本的驾培行业中，区域性的行业协会或者驾校经营者组织在驾培行业的发展中起着重要作用。首先，行业协会对驾校的教学质量和经营管理行为进行监督。例如，在上文中提到，日本驾校的招生价格会遵照行业协会制定的指导价格而定，同行不会打破行业价格低价竞争。这样可以有效地维持行业秩序，引导驾校经营者通过提高服务水平去进行良性竞争。其次，行业协会或相关组织对行业的经营、管理人员进行指导和相关培训，全面提高行业的经营、管理水平。具体的培训、指导模式可以借鉴位于名古屋的日本驾校"中部日本自动车学校"（以下简称中部驾校）的实践。中部驾校是日本著名的驾校，最初是作为丰田

驾培行业蓝皮书

汽车销售公司的一个业务部门成立的,于1963年独立出来。其宗旨是"培养一生无事故的驾驶人",围绕这一宗旨,它在从事驾驶员培训的同时,也从事教练员培训和驾校经营者培训的项目。在驾校经营者培训方面,中部驾校有一个为期两年的"长期研修"课程,主要培养对象是驾校未来经营者。研修期间,研修人员先按中部驾校的员工录用,并要获得教练员资质,然后从教练员做起,在各个岗位上进行锻炼,以积累较全面的经验。在日本驾培行业中有一个叫"青二会"的组织,是由修满中部驾校"长期研修"课程的第二、三代经营人组成的组织,成立至今有30年,会员170多人,作为行业的领军人物,活跃于日本各地。① 中国的驾培行业协会,可以参照类似的培训方式,从驾校的管理人员培训着手去影响整个行业的经营管理水平和行业文化。最后,面对行业从业者社会地位不高、待遇参差不齐的问题,行业协会也可以发挥类似于从业者工会的作用,切实保障从业人员的经济利益和权利,提高从业者的社会地位。

第三,制定全民预防道路交通事故总方针,并在全国范围内宣传、推广。面对极高的人口密度和持有驾驶证的人口比例,日本能够将交通事故死亡人数控制在极低的水平实属不易。这与它们长期推行的全民预防道路交通事故的总方针密不可分。上文已经介绍,在汽车保有量和持证驾驶人快速增加的20世纪60~70年代,日本的交通事故死亡人数也很高。为此,日本政府制定了全民预防道路交通事故总方针,积极采取各种措施去提高全民的交通安全意识和安全驾驶技能,用了将近10年的时间把交通事故死亡人数降低了近50%。现在,安全驾驶教育已经深刻融入日本各教学内容当中,成为其驾培行业的基本文化和驾驶员的基本道德规范。目前,我国虽然对酒后驾驶等极端的危险驾驶行为有严格的措施,但是对于基本的交通安全教育还没有普遍的措施。一场自上而下的、全国范围内的、持续的道路安全教育活动势在必行。这样的教育活动可以使全社会共同将安全驾驶作为一种文化、一种社会道德基本规范去遵守。任何违反安全驾驶的个人行为都将面对巨大的舆论压

---

① 董强:《我们怎样做个有社会责任感的驾培人——随省驾协日本驾校考察后感想》。

力，任何不重视安全教育的驾培机构都将面临市场的排挤。就像我国在全国范围内对酒驾的治理成果一样，一段时间之后，安全驾驶也将作为一种普遍的规范深入人心。

第四，注重学员的学车体验。驾培行业兼具有教育行业和服务行业的属性。在过去很长一段时间，行业的参与者关注的是驾培机构的"应试教育"功能——如何提高驾驶证学员的考试通过率，但忽略了驾培机构的"素质教育"责任——培养出具备安全驾驶技能和安全文明素养的驾驶员。现在，随着生活水平的提高，人们对于服务的要求也越来越高，驾培机构对于自身服务性质的忽略也越发凸显出来。如何提高自身的服务水平？可以从日本驾校的实践中获得很多启发。日本的年轻人考驾照往往被看作成年过程中的一个重要体验和经历，因此驾校会努力让这个过程变得愉快、难忘，而不是让其痛苦又困难。为了能在培训过程中与学员更好地沟通和因材施教，驾校在学员入学时要进行性格诊断检查。教练会在此检查结果的基础上，根据每个人的心理和行为模式弱点在某些方面给予一些特别的叮嘱，并在每个人的弱项上进行强化教学。很多驾校还推陈出新，提供很多特色服务来让学习过程变得精彩、愉快。比如上文中提到的冲绳驾校，会列出教练员的血型和星座供学生挑选。还有的日本驾校针对"合宿"的学员开发出有偿劳动的项目（如擦洗教练车）和特色娱乐项目（如学习骑马）。这样的劳动项目和娱乐活动不仅丰富了学员培训期间的生活，而且培养了一种积极的生活态度。这些体验将成为他们成长过程中的宝贵记忆。目前，我国的人口红利正在消失，驾培行业产能过剩的问题日益突出。如何能够吸引更多的学员成为各个驾校必须考虑问题。价格和考试通过率虽然仍是影响驾校生源的重要因素，但是服务已经变成越来越重要的因素。高品质、有特色的驾培服务必然会成为驾校的核心竞争力。

（三）中国驾培市场的机遇

上文已经指出，日本驾校以中小驾校、单体驾校为主。但是，一个值得思考的问题是，日本连锁业这么发达，有7-11、优衣库等世界知名连锁品牌，

为什么没出现大型驾校连锁品牌呢？通过总结日本驾校市场结构的成因，然后分析中国目前建立大型连锁驾校的机遇。

第一，得益于日本成熟的市场经济制度，日本驾培市场一直以来都是个开放的市场。企业只需满足准入门槛，即可申请驾校资质，没有指标限制。在市场需求激增的20世纪70年代，驾培行业具有较为充分的市场竞争。在监管部门的监督和政策引导下，行业的整体服务水平提升较快，驾校间差异不大。对于连锁企业来说，进入一个这样成熟的驾培市场后难以通过独树一帜的差异化服务取得竞争优势。当创立连锁驾校不足以让边际成本降低、边际收益提升的时候，经营者不会主动发展成连锁驾校。

第二，连锁企业的优势在于通过制定标准化的服务模式来利用规模经济降低成本。但是，日本的政府和监管部门已经通过多种行业政策实现了驾培服务模式的标准化，从而取代了连锁驾校可以带来的优势。比如，日本的驾培教材由政府统一编写，并强制要求教练员按照教材教学。教材每年修订2次，驾校组织全员学习。因此，连锁驾校很难通过进一步的标准化来获得成本和服务上的竞争优势。

第三，连锁企业通常出现在管理架构简单、供应链条长和服务链条短的行业，比如零售业。但是，驾培行业供应链条短、服务链条长，对于管理能力和经营能力的挑战非常大，如果没有好的管理工具提升运营效率、降低培训成本和管理难度，连锁本身是没有意义的。

第四，没有资本助力去成立大型连锁驾校对管理模式进行标准化。在日本驾培市场蓬勃发展的时代，风险投资并不像今天这么活跃。驾校无法获得宽裕的资金去开发更好的管理工具、探索快速复制高效管理模式的方法，只能通过小范围精细化运营实现利润增长。例如，一位所长表示，排课排考专员的工作非常重要，关系到驾校的运营效率，这位员工的工作也非常辛苦。事实上，排课排考是完全可以由技术系统来解决的，节约人力成本，提高产出效率，降低空驶率。但是这套看似解决了大问题的系统，驾校并没有足够的资金和动力去开发。

第五，在日本驾培行业蓬勃发展的时期，企业没有先进的技术去降低建立连锁驾校的成本。驾校经营的主要瓶颈是管理和服务，连锁化需要通过技术手段将管理和服务标准化、模块化、产品化，在20世纪70年代，宽带用户量、互联网技术还不足以支撑开发驾校管理工具，因此限制了日本驾校的横向发展。

第六，日本目前的驾培市场需求较小，地区县的中小型驾校已经可以通过出色的服务水平来满足当地的市场需求了，新的驾校进入市场的利润空间已经很小。而且，在大量依靠口碑来获客的情况下，新驾校难以在短期从已有驾校那里抢占足够的市场份额。

如果中国的驾培市场在改革开放时期放开政策，开放市场竞争，中国的驾培市场在今天也会同日本的驾培市场一样，是一个服务水平较高、市场份额分散、运作成熟的市场。而现实的情况是，中国的驾培市场刚刚放开，而且正在从部分地区、部分政策逐步放开，驾校从类行政机构转向服务机构，即将迎来一个竞争更加激烈的市场环境。而这样的局面，更加类似于日本20世纪70年代驾校蓬勃发展的局面。但与当时的日本不同的是，中国驾培市场正在历史机遇下，具备形成大区域性的连锁驾校品牌的条件和动力。

首先，我国驾校目前的管理水平和服务水平参差不齐，而且政府监管部门还未出台政策去严格统一服务标准。此时，连锁驾校可以从用户需求角度出发，通过建立一套统一的、高水平的服务标准和管理体系来降低驾校的运营成本、提高驾培行业的服务水平。从而以独树一帜的差异化服务建立竞争优势，获得市场认可，实现品牌效应。

其次，互联网和移动互联网技术正在快速发展，而且日趋成熟。连锁驾校可以通过研发互联网技术工具解决大部分驾校经营、管理问题，甚至可以切入行业供应链，结构性优化驾校经营成本，帮助驾培行业在最大程度上实现信息化。

最后，中国的风险投资较为活跃，有充足的资本去支持企业探索和开发高效的管理工具和运营模式。企业可以充分利用资金优势去发掘目前的人口红利和消费升级带来的机遇。

市场与投资篇

B.11 2018年驾培行业投资依据分析

董 强

摘 要： 我国驾培机构因系列驾培新政新规的正式颁布实施，从顶层设计上进一步开放了驾校申办的门槛，社会资金源源不断地流入驾培行业，致使民营驾校从数量、规模上出现了井喷式发展。在激烈的市场竞争面前，已进入和即将进入驾培市场的投资人要实现合理的投资回报，就需要在准确把握市场需求、市场供给、市场竞争和经营战略等方面下功夫、做文章。

关键词： 需求稳定 供给过剩 竞争激烈

一 市场需求情况

据公安部统计，截至2017年底，全国机动车驾驶人达3.85亿人，其中汽车驾驶人3.42亿人，驾龄1年以内的汽车驾驶人达3054万人。[1] 统计数据显示，从2015年开始，我国汽车驾驶人年增长量持续保持在3000万人左右，这意味着我国现阶段机动车驾驶人年增幅趋于稳定。

（一）目标人群（生源）结构分析

据公安部交管局统计，截至2016年底，全国机动车驾驶人数量达3.6亿人左右，汽车驾驶人超3.1亿人，占驾驶人总量的87.49%，2016年新增汽车驾驶人3129万人。从驾龄看，驾龄不满1年的驾驶人3314万人，占驾驶人总数的9.27%。从性别看，男性驾驶人2.60亿人，占72.75%，女性驾驶人9738万人，占27.25%。而在2004年中国女性驾驶人数量只有300万人左右，2016年已经增长至9738万人，增长超过30倍。这说明驾培市场消费者主力逐渐转向女性人群。统计分析还显示，18~29岁是主要集中的学车年龄段，占学车人群的60.72%，30~39岁是第二主要集中的学车年龄段，占学车人群的24.63%，年轻人学车已是驾培市场的主流（见图1）。

（二）驾校内部生源市场分析

近年来我国驾校数量的快速增长，导致驾校年平均拥有生源数量被摊薄。从2018年3月中国交通运输协会驾校联合会对全国驾校在当地的市场占有份额调查情况看，有36%的驾校表示在当地生源市场占有份额下降，有40.29%的驾校表示在当地生源市场占有份额没有变化，23.71%的驾校表示在当地生源市场占有份额增加（见图2）。此调查结果从一个侧面说明，在平均生源数量被摊薄的情况下，依然有驾校凭借其服务的差异性获取更多的生源。

（三）学车平台生源市场占有情况分析

随着互联网学车平台数量的增加，品牌效益的不断提升，互联网学车平台的年招生量显现逐年上升态势。目前，互联网学车平台在生源市场的高占

---

[1] 《人民公安报》2018年1月16日。

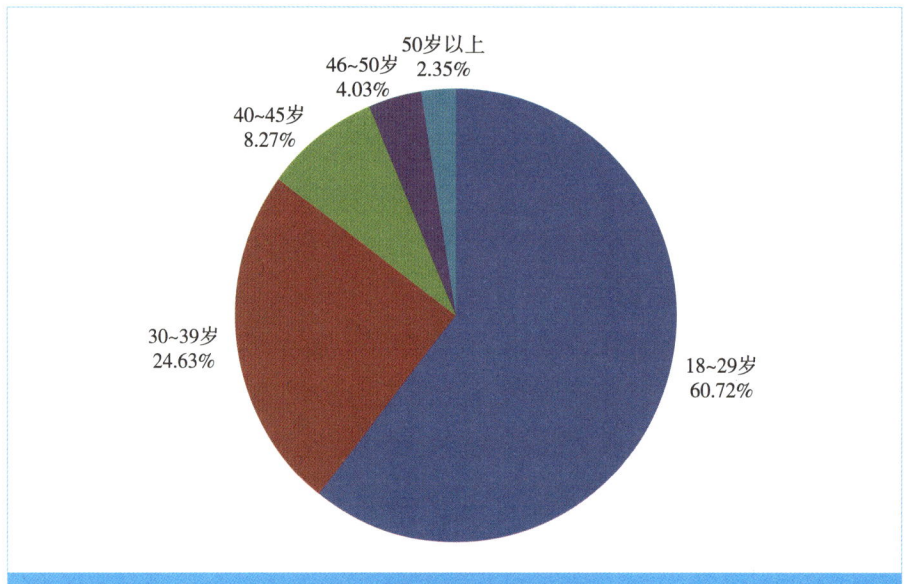

图 1　截至 2016 年 10 月全国各年龄段学车人群比例

资料来源：根据军博软件整理（http://www.xuechela.com/hangyezixun/20161009/7247.html）。

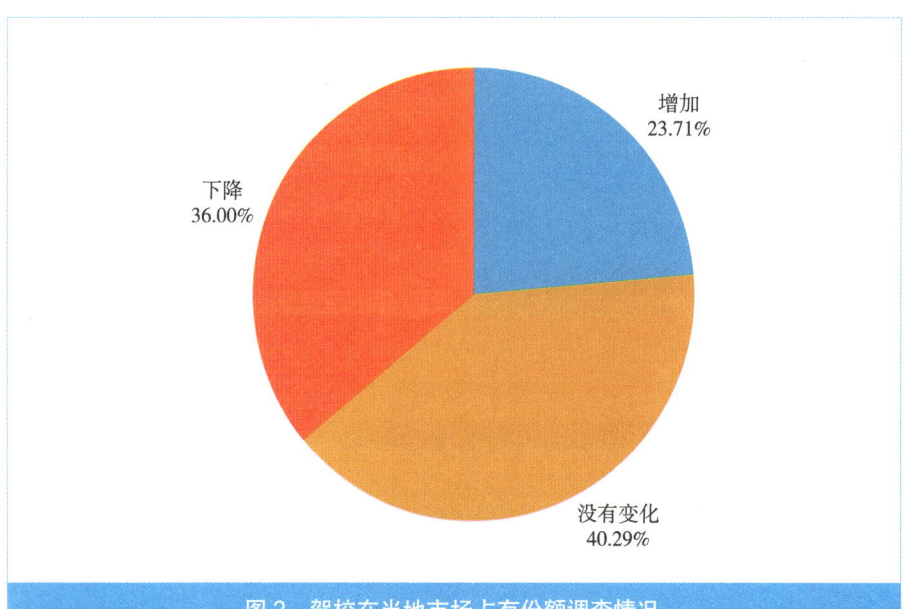

图 2　驾校在当地市场占有份额调查情况

资料来源：中国交通运输协会驾校联合会调查相关数据。

有率已远远超过全国任一驾校品牌。以成都驾培市场为例,部分驾校从互联网学车平台获得的生源已高达该校招生总量的20%以上,但因互联网学车平台支付给驾校的费用(指支付驾校的规费和教练员的培训费)极低,被成都市的传统驾校经营者喻为"洪水猛兽"。

综上所述,驾校经营者提供的基础服务不能一刀切。要挖掘年轻人及女性人群的生活方式及消费特点,不断变革驾校的营销、培训、服务模式。

二 市场供给情况

中国人民大学经济学院教授刘瑞在《把握好供给与需求的辩证关系》一文中指出:供求关系是市场竞争的一个基本矛盾体,这个矛盾体是一个问题的两个方面,像硬币一样,是正反面关系。需求和供给彼此相互适应才能使市场有序、正常运转,如果某一个方面出了问题,会影响到别的方面,即需求出了问题会影响供给,反之亦然。我国驾培市场供大于求、供求失衡状态将持续较长一段时间。

(一)驾校资源供给情况分析

《意见》及交通运输部令2016年第51号文件《机动车驾驶员培训管理规定》等驾培新政新规的正式颁布实施,驾培行业为资本进入打开了大门,释放出巨大的政策红利,使众多投资者压抑多年的办校需求得以井喷式爆发,不少从事房地产、矿产、钢材业、汽车业的资本,转身投资驾校。《中国道路运输发展报告(2016)》显示,截至2012年底,全国共有驾驶员培训机构11557所,截至2016年,我国共有驾校16512所。上述资料反映出2016年底驾校总数比2012年底增长了42.87%,驾校在这5年间的年平均增幅高达9.3%。从2018年3月中国交通运输协会驾校联合会对全国驾校"相对2016年底,截至2017年底当地的驾校总数量变动"的调查数据情况看,驾校增量在1%~10%的地区占到了27.71%,增量在10%以上的地区占到了26.86%(见图3),可见仅2017年驾校的增幅仍居高不下,供求失衡问题更加严峻。

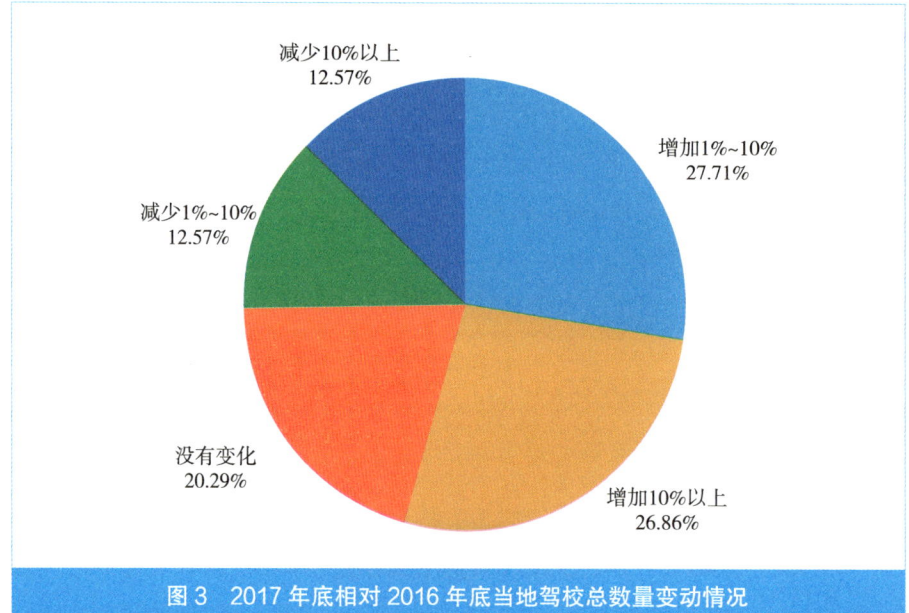

图3 2017年底相对2016年底当地驾校总数量变动情况

资料来源：中国交通运输协会驾校联合会相关数据。

（二）驾校产能供给情况分析

根据中华人民共和国国家质量监督检验检疫总局、中国国家标准化管理委员会联合发布的《机动车驾驶员资格条件》（GB/T 30340-2013）、《机动车驾驶员培训教练场技术要求》（GB/T 30341-2013）和相关政策规定，全国各地交通、公安业务部门给驾校资源配置普遍采取的原则是：驾校的学员报开学数量以该驾校教练车辆数量为基数，教练车辆数量又以该驾校教学场地面积所决定。在这一政策驱动下，新老驾校为拥有更多的市场份额，就不得不加大投入以扩大经营规模，以求驾校拥有更多的教练车辆资源和报开学指标。

《中国道路运输发展报告（2016）》数据显示，2012年底全国机动车驾驶员培训机构共有教练车43.4万辆，教练员52.3万人，年培训学员量为2228.8万人。但截至2016年底，共有教练车72.7万辆，教练员近87.1万人，年均培训学员量 2417 万人左右。上述资料反映出，我国驾校 2016 年底同 2012 年底相比，仅教练车和教练员资源配置上分别增长了 67.5% 和 66.5%。但从培训学员增幅看，2016 年比 2012 年年培训学员量增幅为 8.4% 左右，年车均学员培训量却从 2012 年的 51 人左右降到了 2016 年的 33 人左右。也就是说驾校投入资源的增长率同实际培训人数的增长率成负相关，反映驾校内部的资源配置过度，驾校生产资料（教练车辆、教学场地等）出现了闲置和浪费。

从中国交通运输协会驾校联合会对全国驾校教练车辆使用率问卷调查的情况看，12.86% 的驾校教练车辆使用率在 30% 以下，26.29% 的驾校教练车辆使用率为 30%~50%（见图 4），这再次证明了各驾校内部资源配置过度、产能利用率低、生产资料浪费较大。

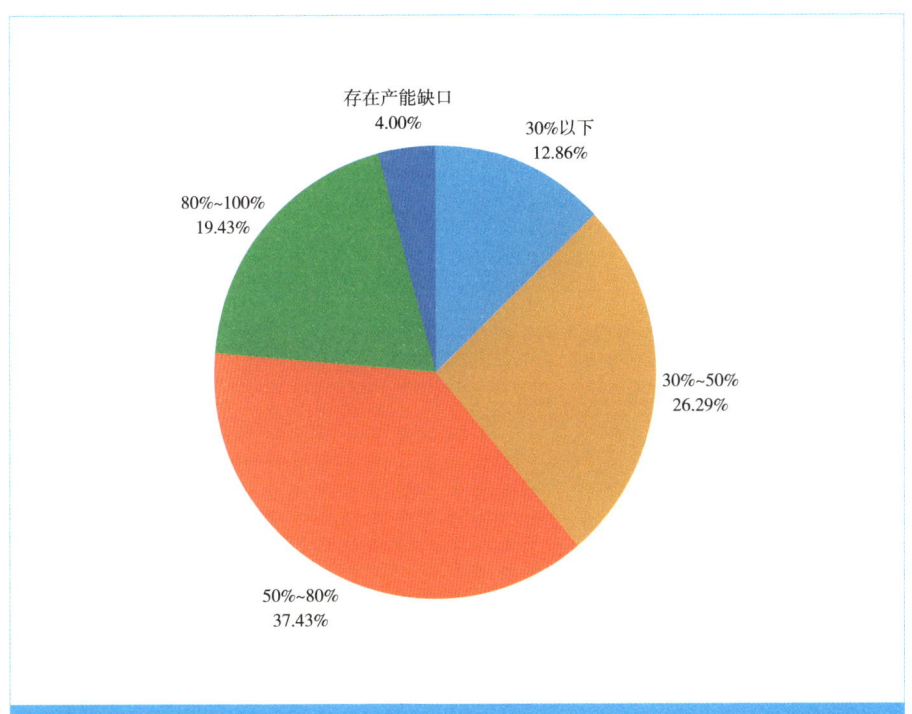

图 4　2018 年 3 月全国驾校教练车辆使用率

资料来源：中国交通运输协会驾校联合会问卷调查相关数据。

（三）资本流入驾培市场情况分析

业内人士认为，若严格达到交通运输部相关驾校申办条件，开办一个一级驾校投资应为500万~1000万元人民币，二级驾校应为200万~500万元，三级驾校应为100万~200万元。公安部交管局公布的数据显示，2017年底驾校总数比2012年底多出7600余所，意味资本流入我国驾培市场的额度为数百亿元。与此同时，资本还大举进入互联网学车平台，在短短三年间，进入学车平台的资本就达数十亿元人民币（见表1）。

表1 部分互联网学车平台融资情况统计

名称	轮次	融资金额	融资时间	投资者
OK学车	C轮	数千万人民币	2016/7/18	软银中国
	B轮	数千万人民币	2015/10/28	浙江富润股份 华睿投资
	A轮	1000万人民币	2013/12/28	华睿投资
	天使轮	50万人民币	2011/2/21	未透露
趣学车	B+轮	数亿元人民币	2017/8/10	经纬创投 春晓资本等
	B轮	1亿元人民币	2016/6/30	凤凰祥瑞资本 好望角投资 兴和投资等
	A轮	数千万人民币	2016/2/1	投资方未知
	天使轮	500万元人民币	2015/7/18	梅花天使创投 安芙兰资本
派学车	A轮	未披露	2018/1/2	青松基金
	Pre-A轮	数千万元人民币	2016/12/1	真格基金
	天使轮	数百万元人民币	2016/7/1	荒合资本
58学车	A轮	数千万元人民币	2015/7/18	华创资本 58同城
	天使轮	数百万元人民币	2014/3/12	58同城
猪兼强	B轮	未透露	2017/2/28	同创伟业、天弘国富
	A轮	数千万元人民币	2016/3/9	广发信德

数据来源：天眼查（www.tianyancha.com）。

从供给市场看，资本的快速和过量流入驾培市场，是驾校数量剧增和驾校内部资源配置过度的根源。从目前我国驾培市场对资本的需求量看，已表现出严重过剩，这也提示计划进入驾培行业的投资者要注意投资风险，同时也告诫驾校经营者应注重资源的合理配置和产能利用率的提升。

三 市场竞争情况

从我国驾培市场的发展始来看，在 2015 年以前均处于垄断或半垄断阶段，主要靠资源垄断给各驾校带来高价格、高利润。但随着政策红利的释放，驾校数量和资源配置快速增加，加快了市场供大于求局面的形成，加之驾培产品的技术、品牌等附加值低，驾培产品在同一区域内同质化非常严重，导致不少驾校为占有更多的生源市场份额而进行策略性降价甚至展开了激烈的价格战。

（一）价格战分析

2015 年以来，由于供求关系的转变，"僧多粥少"已成为我国驾培市场的真实写照。同一区域的不少驾校为了生存，采取不遵循市场规律的竞争，更有甚者展开了不择手段、以挤垮对手为目的的恶性竞争。据业内统计，2014 年度全国驾校人均招生价格为 5000 元以上，2015 年全国驾校人均招生价格为 4500 元左右，2016 年全国驾校人均招生价格为 3500 元左右，2017 年全国驾校人均招生价格为 3000 元左右，2018 年全国驾校人均招生价格为 2500~3000 元，2018 年不少地区的个别驾校和互联网学车平台平均招生价格已降到了人均 2000 元左右。

据中国交通运输协会驾校联合会对"驾校的总体学费（含考试费）平均在以下哪个区间"的问卷调查情况看，全国招生价格为 1000~2000 元的驾校占比为 6.57%，2001~3000 元的占比为 37.71%，3001~4000 元的占比为 32.57%（见图 5）。但驾校经营实际情况是，若严格按照《中华人民共和国机动车驾驶员培训教学大纲》内容完成对驾培人的教学培训，其固定成本应不低于 3000 元，这就意味着目前全国有 44.28% 的驾校有恶性竞争之嫌。

在该联合会对"贵校 2018 年的学费价格与 2017 年同期相比，下降还是上升？"调查问卷情况看，招生价格下降 20% 以上的驾校占比为 16.57%，招生价格下降 5%~20% 的驾校占比为 31.71%（见图 6）。

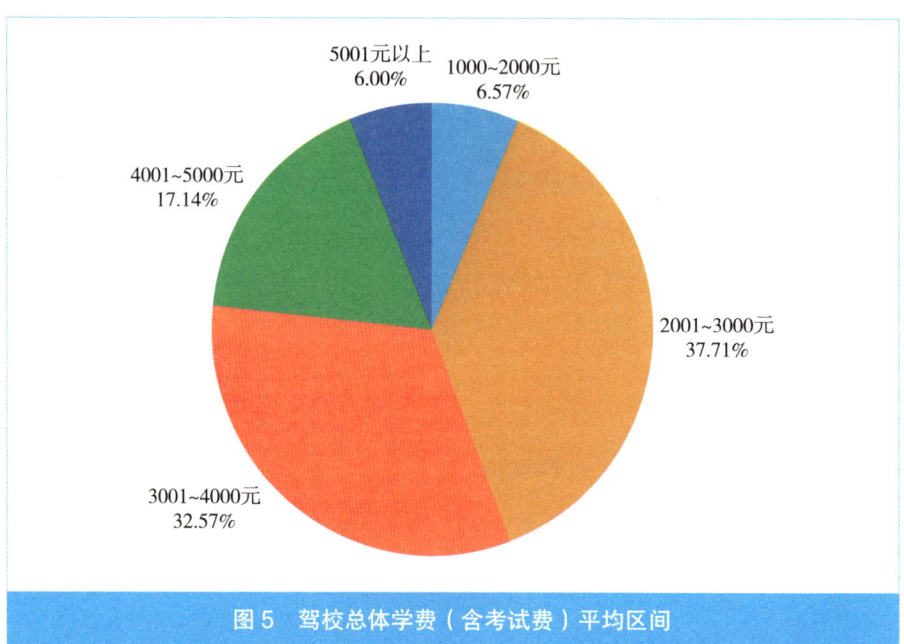

图5　驾校总体学费（含考试费）平均区间

资料来源：中国交通运输协会驾校联合会问卷调查相关数据。

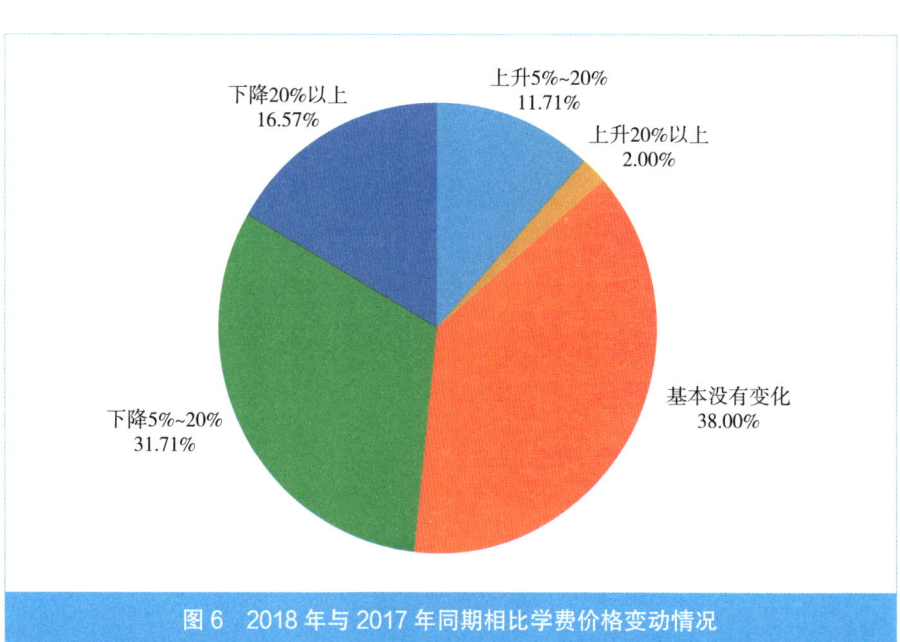

图6　2018年与2017年同期相比学费价格变动情况

资料来源：中国交通运输协会驾校联合会问卷调查相关数据。

该联合会对"近一年,您觉得当地的总体学费水平是上升还是下降?"调查统计显示,预测招生价格还将下降 20% 以上的驾校比例占到了 31.71%,预测招生价格还将下降 5%~20% 的驾校比例占到了 38.29%(见图 7)。调查结果反映出我国驾培市场的价格战还处于高潮期,驾校经营者对行业市场好转的信心重振还需时日。

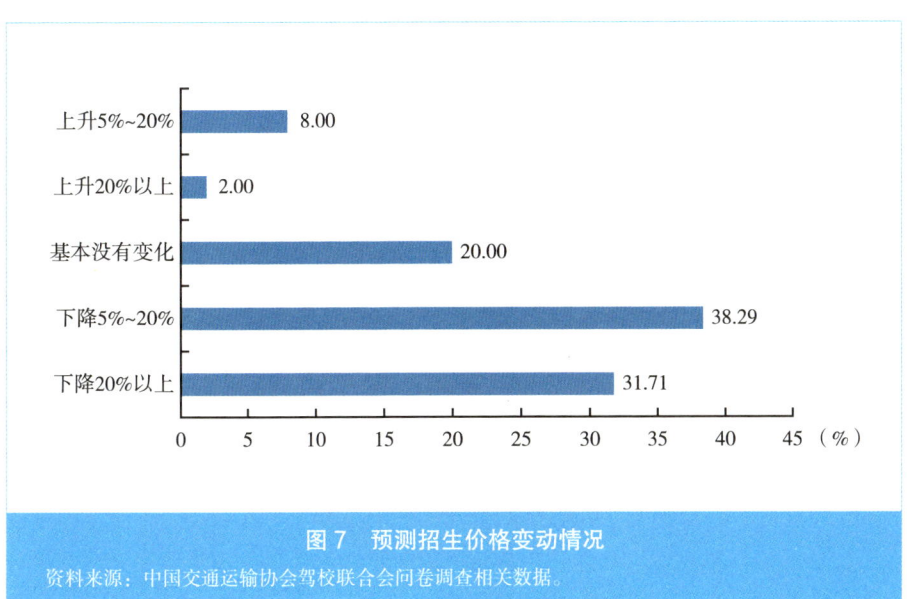

图 7 预测招生价格变动情况

资料来源:中国交通运输协会驾校联合会问卷调查相关数据。

(二)经营成本分析

经营收入和成本管理是企业生产经营永恒的主题。在同一区域驾培市场价格差异不大的情况下,驾校可以凭借其成本低的优势,在激烈的市场竞争中获得有利的地位,形成发展的良性循环。在经济学中,通过加强成本管理来增加利润,是一条投资最小、见效最快的有效途径。

近年来,随着居民消费指数 CPI 的逐年上涨,影响驾校经营成本的土地使用(训练场)、油气、人力资源等费用逐年增加,不断地挤压驾校经营的利润空间。

中国交通运输协会驾校联合会对"驾校的经营成本(土地、人员工资、税务成本）变化"调查统计显示，全国驾校经营成本增加在 10% 以内的驾校占比为 36.29%，成本增加为 10%~20% 的驾校占比为 31.71%，成本增加在 20% 以上驾校的占比达 13.71%（见图 8）。调查结果反映出，经营成本上升的驾校占比高达 81.71%，驾校经营成本的不断增长，在压缩了企业的利润空间的同时，也严重挫伤了驾校经营者按市场规律参与竞争的主动性、自觉性，恶化了驾培市场区域性经营环境。

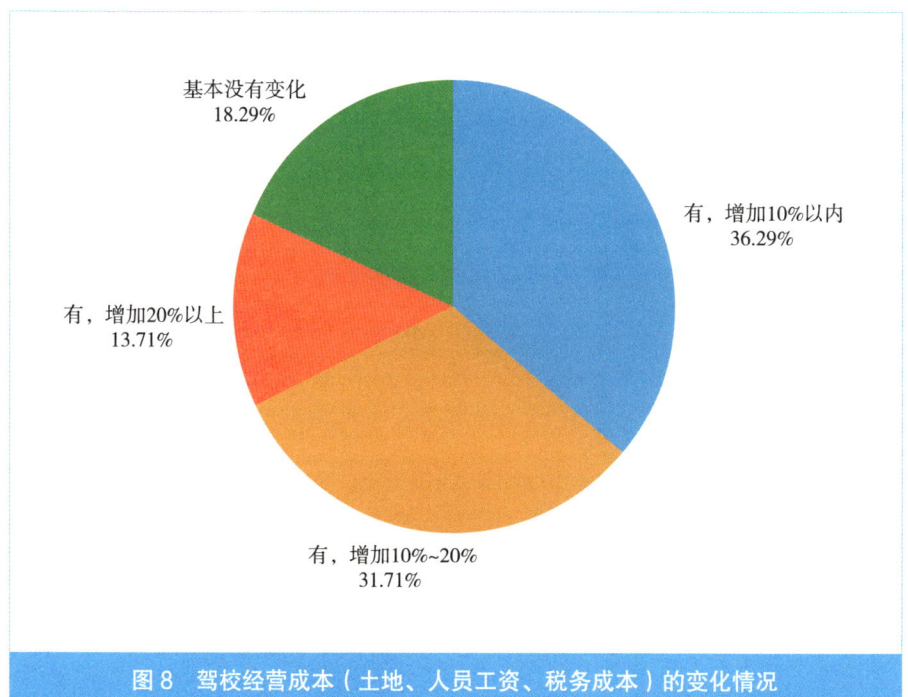

图 8　驾校经营成本（土地、人员工资、税务成本）的变化情况

资料来源：中国交通运输协会驾校联合会问卷调查相关数据。

（三）驾校经营效益分析

企业要生存，效益是根本。近年来，由于驾培市场的恶性竞争，不少驾校的资金链随时都有断裂危险，为在竞争中生存下来，经营者不得不采取不计成本地降低服务费、拼价格，投资人怕血本无归而不得不继续追加投资，"哀则哀矣，而难为继也"的驾校有增无减。

从驾校经营景气程度看,经营很是萧条的驾校占比为 10.57%,经营不景气的驾校占比为 31.14%,经营一般的驾校占比为 47.43%,经营景气和高度景气的驾校占比仅为 10.86%(见图 9)。

从驾校经营状况看,2017 年比 2016 年下跌 10% 以上的驾校占比高达 52.29%,下跌 10% 以内的驾校占比为 14.57%,持平的驾校占比为 16.86%,上升的驾校仅占 13.71%(见图 10)。

从企业经营好坏的重要参数——利润水平看,2017 年度,大幅亏损的驾校占比为 11.71%,小幅亏损的驾校占比为 22.57%,经营亏损的驾校高达 34.28%(见图 11)。上述三组调查数据,不仅反映出目前不少驾校的经营举步维艰,随时均有崩盘的危险,而且预示着驾校处于严冬期,行业要走出困境,实现良性发展尚需时日。

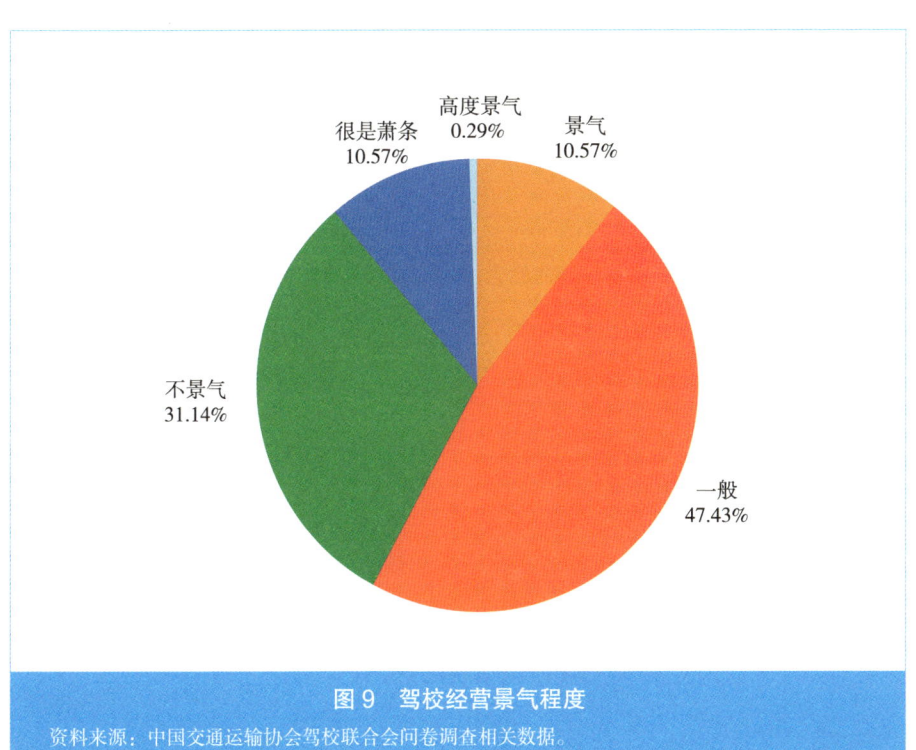

图 9　驾校经营景气程度

资料来源:中国交通运输协会驾校联合会问卷调查相关数据。

驾培行业蓝皮书

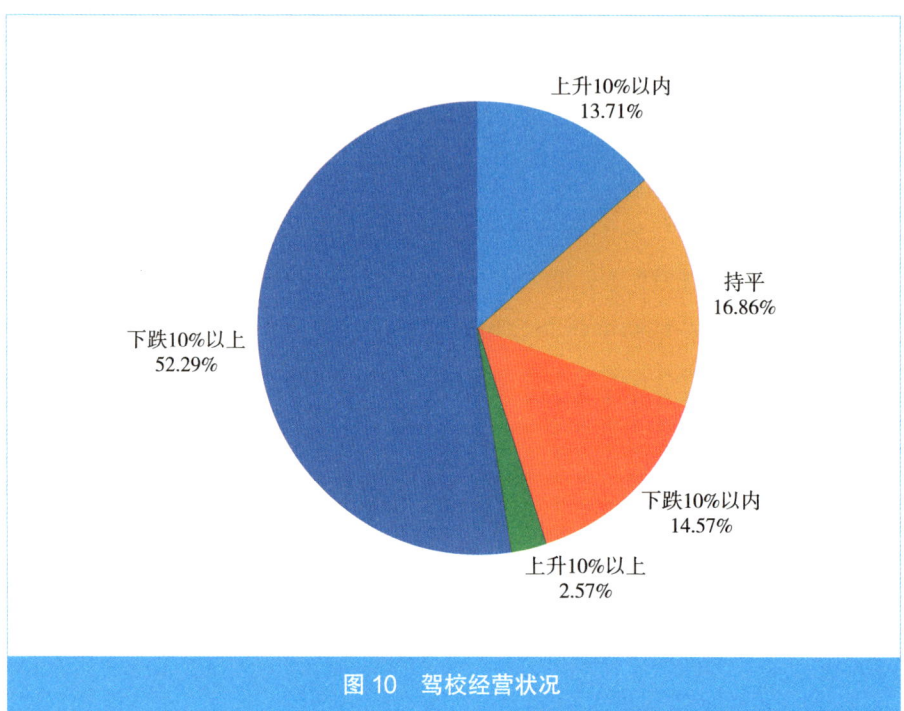

图 10 驾校经营状况

资料来源：中国交通运输协会驾校联合会问卷调查相关数据。

选项	小计	比例
大幅盈利	4	1.14%
小幅盈利	155	44.29%
保本持平	71	20.29%
小幅亏损	79	22.57%
大幅亏损	41	11.71%
本题有效填写人次	350	

图 11 2017 年驾校经营盈利状况

资料来源：中国交通运输协会驾校联合会问卷调查相关数据。

四 驾培机构经营战略

从我国驾培市场的需求规模看,每年驾培的总营收规模应在 2000 亿元左右,且此需求将持续较长时间。从资源供给情况看,我国驾培市场严重供大于求,资产的利用率极低。从市场竞争看,我国不少区域的驾培市场已不是遵循市场规律的自由竞争,而是违背市场规律的恶性竞争。驾校要有效参与市场竞争,必须找准市场需要的切入点,强化经营者信心,切实做好企业转型升级、市场营销、品牌打造等战略性工作。

(一)做好经营者信心强化

从目前情况看,不少驾校处于亏损状态,加之驾培属传统行业,且长期缺乏扎实有效的规范和监管,区域性恶性竞争还会愈演愈烈,这势必导致驾校经营者信心极度低迷。从对 2018 全国驾校经营者经营信心度调查情况看(见图 12),平均值为 52.92 分,对当地驾培市场的营商环境信心度调查情况看(见图 13),平均值仅为 44.85 分。且有 24.86% 的被调查者认为当前国内驾培市场萧条,46% 的被调查者认为当前国内驾培市场不景气(见图 14)。有 16% 的驾校经营者认为本地驾培市场未来三年萧条,36.29% 的驾校经营者认为本地驾培市场未来三年不景气,34.29% 的驾校经营者认为本地驾培市场未来三年景气度一般(见图 15)。有 35.14% 的被调查经营者认为驾驶员考试制度对驾校发展影响较大,有 54.86% 的被问卷经营者认为驾培管理政策对驾校发展影响较大,有 84% 的被问卷经营者认为行业无序竞争对驾校发展影响较大(见图 16)。上述调查统计显示,较大部分驾校经营者对行业的未来信心不足,对经营环境的改善过分依赖于行业政策的改变,大多经营者急切期盼行业主管部门营造一个公平竞争的外部环境。但作为驾培市场的经营者、参与者,失掉信心就易失掉抓住市场的机会,驾校投资人和经营者务必重建信心,走出坐等政策利好的传统驾培思维误区。

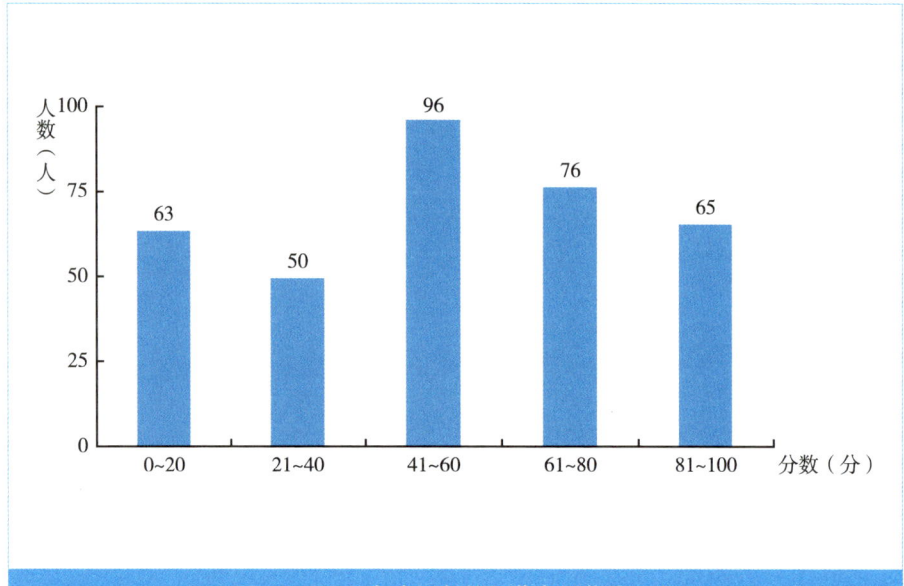

图 12　2018年全国驾校经营者经营信心度

资料来源：中国交通运输协会驾校联合会问卷调查相关数据。

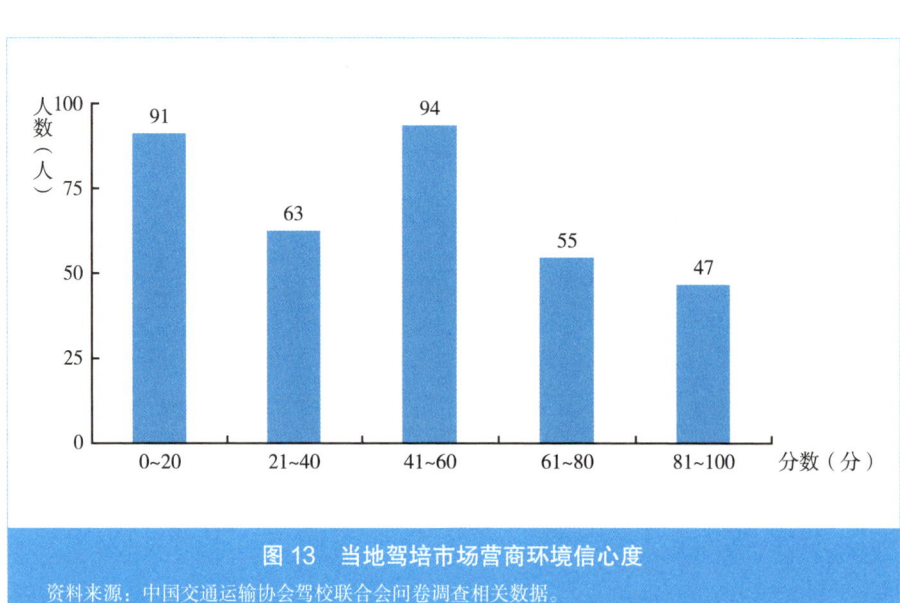

图 13　当地驾培市场营商环境信心度

资料来源：中国交通运输协会驾校联合会问卷调查相关数据。

2018年驾培行业投资依据分析

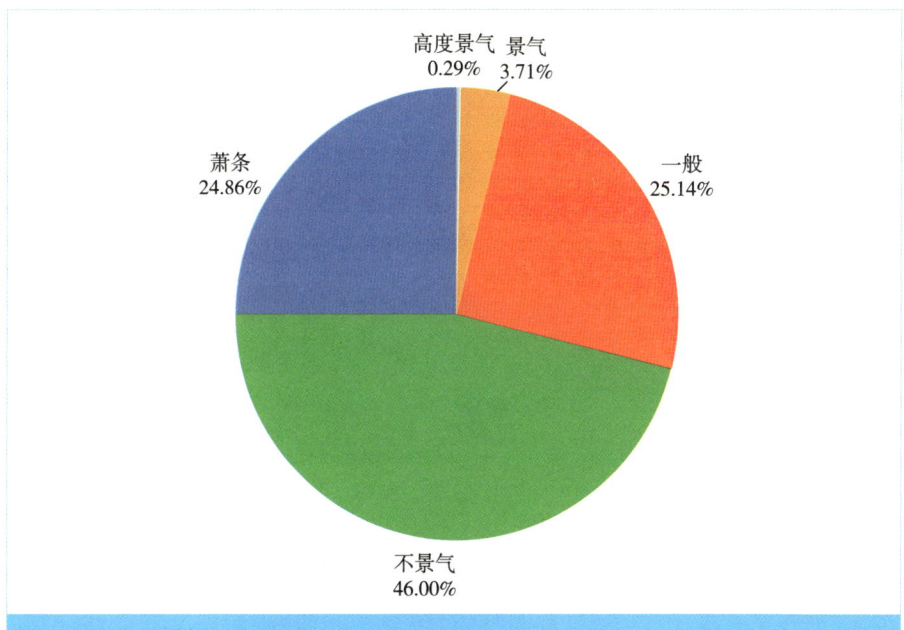

图14 驾培市场景气情况

资料来源：中国交通运输协会驾校联合会问卷调查相关数据。

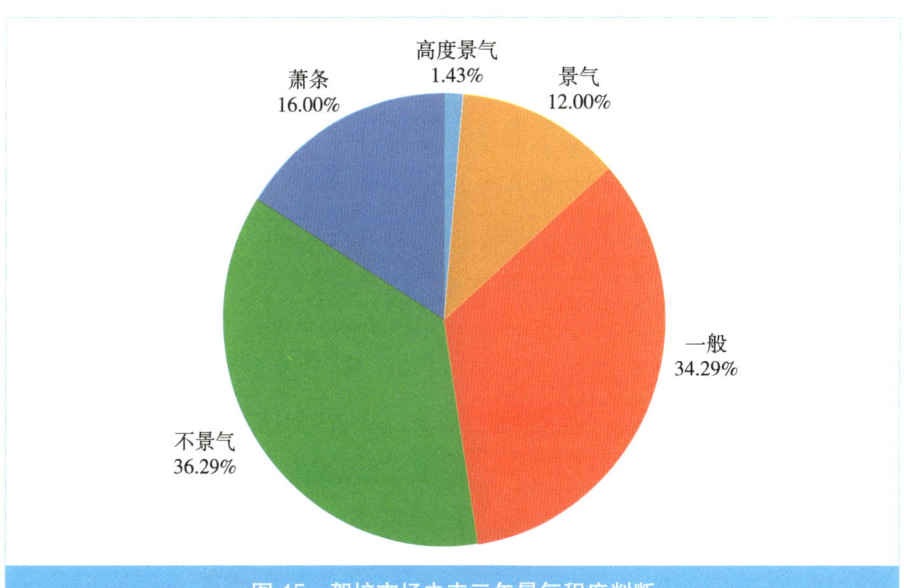

图15 驾培市场未来三年景气程度判断

资料来源：中国交通运输协会驾校联合会问卷调查相关数据。

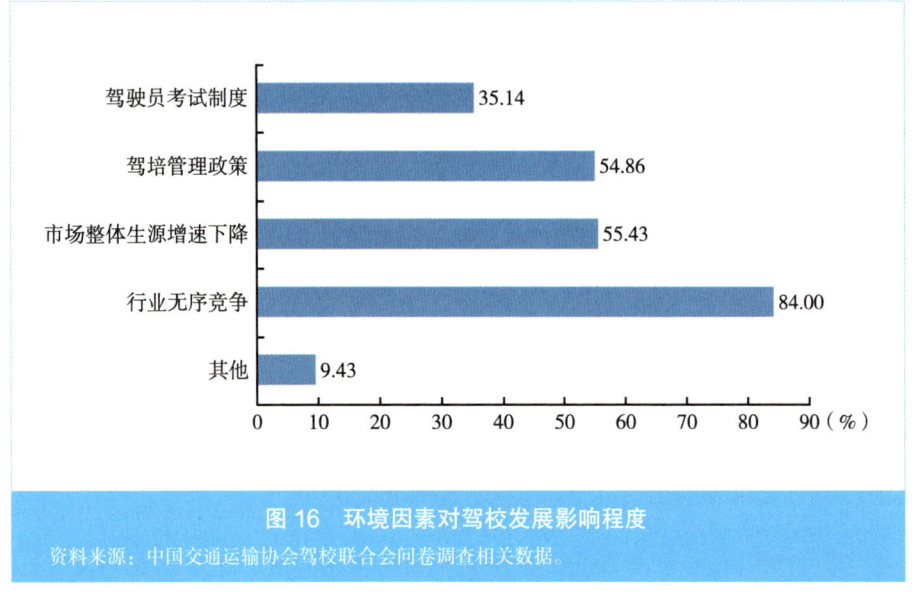

图 16 环境因素对驾校发展影响程度

资料来源:中国交通运输协会驾校联合会问卷调查相关数据。

(二)做好驾校转型升级

由于市场供大于求的局面难以在短期内发生改变,如何在竞争中生存、在竞争中发展是摆在驾校投资人和经营者面前的重大课题。就传统驾校而言,应着重在以下几个方面做好转型升级工作。

一是改粗放管理为精细化管理。驾校要着力解决过去漏洞大、经营成本高、规章制度难落实等问题,把降低成本提升利润空间作为直接抓手。二是改变坐收垄断红利的思维。经营者要走出以挂靠、加盟为主的经营管理模式,着力打造自己过硬的经营管理团队、营销队伍和教练员队伍,以此提高经营收入和经营利润。三是改变驾培服务产品。垄断时期驾校的服务产品较为单一,目前需为学车人群提供更多、更贴近需求的驾培产品供客户选择。四是改变传统服务模式。过去那种"师傅带徒弟"的倒服务模式已不适应现代学车人群对权利意识的尊重和维护,需建立完善一整套具有自身特色的服务标准、服务模式及检查考核机制。

就规模较大的驾校而言,应着力抓好自身品牌打造、控制好对外扩张速度,不断优化自身的运营模式、服务模式、教学方式、营销模式等系列工作,处理好投资与回报、规模与效益、品牌与市场份额占有的关系。特别是在扩大投资时一定要考虑驾培服务的区域性、方便性特点,把小而美驾校+连锁有机结合起来,防止投资大、摊子大、浪费高的问题发生。

对于那些"无品牌、无团队、无营销、无管理、无服务"和资金链即将断裂、经营亏损严重的驾校,要么尽快改变现有经营管理模式,实现扭亏为盈;要么敢于面对现实,自觉参与到行业整合和优质品牌兼并重组中去,以完成自身企业质的变化。目前,个别品牌驾校已迈出了区域整合的步伐,如东方时尚已走出北京,且年营收已达11亿元(见表2)。据行业专家预测,未来三年是驾培区域整合、品牌确立、优胜劣汰的三年。

表2 全国驾校凭借规模优势开启区域整合情况

企业	营收规模及覆盖区域
东方时尚	2016年营收11亿元,北京(90%)、云南(10%)
一乘股份	2016年营收2.8亿元,云南(100%)
福财股份	2016年营收1500万元,山东(100%)
安行天下	2016年营收1300万元,安徽(100%)

资料来源:智研咨询整理。

(三)做好驾校品牌打造

品牌战略是企业实现快速发展的必要条件,也是企业文化建设及彰显的重要组成部分。就我国驾培行业而言,驾校的品牌建设还较为滞后,除北京东方时尚这一驾校品牌在全国具有一定影响力外,还没有更多的驾校品牌被社会普遍认可。这为全国各驾校提供了品牌打造公平竞争的时间,也给驾校品牌效益实现创造了公平竞争机会。

业内专家预测,未来五年内谁在全国或本区域树立了社会认可的驾校品牌,谁就会占领驾培市场巨大份额,谁就会成为驾培市场价格竞争及培训服

务标准、模式的制定者和引领者。那么，如何打好驾校的品牌战略呢？

驾校品牌战略就是要做好品牌决策、品牌模式选择、品牌识别界定、品牌管理规划等方面的工作。在我国目前驾培行业还无过硬的驾校品牌时期，建议驾校以自创品牌为主，小型驾校也可考虑加盟某一品牌；在确定品牌模式时，中、小规模驾校建议以综合性的单一品牌为主，对业务已扩张至全国范围的超大型驾校，也可选择多品牌战略，以适应不同区域性、阶段性对品牌的需要；在品牌识别界定时，驾校应从品牌的理念识别、行为识别与符号识别等方面规范驾校品牌的内外涵义；在品牌管理时，驾校应从组织机构与管理机制上为品牌建设做好保驾护航工作，为品牌发展创建夯实基础。

（四）做好市场营销服务

市场营销是企业的一个职能战略，是企业战略体系的核心，它依据企业的要求与规范制定市场营销的目标、途径与手段，并通过市场营销目标的实现支持和服务于企业战略。

在驾校资源垄断时期，传统驾校几乎缺失市场营销这一重要经营要素，于是在激烈市场竞争开始后显得束手无策。从我国大多数驾校生源市场占有份额看，近年来大多驾校的市场占有率均呈下降趋势。究其原因，大多是驾校不重视自身营销人才的培养储备和队伍建设，更谈不上运用互联网科技手段做好驾校营销工作。

驾校要想从营销角度提高自身竞争力，就必须不断建立、完善高效的市场营销系统，打造强有力的市场营销团队，努力在整体营销、互联网平台营销方面有新的突破；就必须在持续完善线上线下相融合的渠道体系和驾培服务产品上有新的举措；就必须不断拓展驾校客户资源，优化客户结构，增加客户黏度，提升自身的获客能力；就必须以打通线上线下服务边界，实施专业化营销、对接精准营销，不断增强主动获客能力，有效节约人力成本；就必须立足营销精度提升，掌握生源市场的区域性、时段性特点，零距离为学车人群提供贴心服务，真正实现"便民、灵活、高效"的驾培服务。

（五）做好安全防事故工作

近两年，不少驾校为降低生源下滑速度，维持经营所需的资金流，不得不弱化对教练员、教练车辆、教学场地和学员的管理以降低成本、增大营收。但弱化管理不仅会给驾校埋下了巨大安全隐患，而且会给驾校带来巨大责任和经济损失。

2015年，成都市的"4.19"较大交通事故，一所驾校的教练车被一辆满载砂石的重型拖挂车翻倒后掩埋，造成3人死亡、2人重伤。2016年8月21日上午，济南一所驾校教练车在省道248线商河段组织学员培训时，发生一起惨烈事故，教练车在行驶中失控撞向中央护栏，车体被护栏钢板贯穿，坐在后座的一名20岁左右的女学员伤重身亡，驾车的教练员和另外一男一女两名学员受伤。2017年7月16日19时，成都某驾校教练车在简阳禾丰镇青杠村一个未经审批的简易训练场地实施训练时发生事故，致使在休息区学员当场死亡，且"7.16"事故涉及4所驾校。这些重大交通事故，在给驾校带来了沉重的经济赔偿负担的同时，也给社会稳定带来了极大的不良影响，究其原因大多是驾校对教学场地、教练员、教练车辆严重失管造成的。

总之，我国目前驾培市场投资环境和市场竞争均较激烈，投资人和经营者信心指数较低，但机动车驾驶培训上千亿元人民币的市场需求又极大地吸引着巨大的资本市场。

在这样的情况下，作为行业主管业务部门在做好投资预警的同时，也要做好驾培资源的科学配置，更要加大驾培市场的监管和执法力度，为经营者提供一个公平、公正的竞争环境。驾校投资人既要看到我国驾培这一巨大市场，又要充分考虑自己对行业的认知度和投资风险的承受力，防止盲目投资给自身带来的损失。

驾校经营者要转变传统经营管理理念，注重研究适应市场的营销、管理、运营模式；注重研究让学员认可的个性化、多样化、差异化的服务产品及标准；注重研究按纲施教所需的教学方式和教练员队伍能力素质的提升；注重研究不同时期和任务下教学场地、教练车辆和教练员、学员的有效管理，防止失教、失管和大小安全事故的发生。

B.12
2018年驾培市场投资风险预警

钟鸿峰

摘　要： 全国多个城市发布了驾培市场投资风险预警公告,对供给能力、培训需求、发展趋势做了可靠分析。总体来看,行业产能过剩仍将持续,部分区域竞争激烈,培训机构投资回报率相应减少。本文为有计划进入驾培行业的投资者,提供全面可靠的依据,认清行业的整体形势和竞争情况,也可以帮助从业人员,紧跟驾培行业发展形势,针对自身的发展情况及时作出调整和优化,适应市场变化谋求发展。

关键词： 产能过剩　竞争激烈　投资回报低

一　全国驾培市场投资风险预警

自2015年开始,全国多个城市交管部门陆续发布了驾培市场投资风险预警公告,其中部分城市是连续几年发布。公告目的是鉴于新办驾培机构筹建要求高、周期长、培训能力严重过剩、竞争异常激烈,且未来市场不稳定因素较多,建议拟新申办驾培机构的投资者,在申办驾培机构前期,对驾培市场进行全面的调查研究,正确评估投资风险、谨慎投资,避免造成投资损失。

各地基于真实的数据统计,对驾培行业的供给能力、培训需求,发展趋势做了可靠的分析。总体来看,驾培市场供给过剩的局面仍将持续,部分区域市场竞争日益激烈，而培训机构经营成本增加，利润空间和投资回报率将相应减少。各地发布的预警公告的共性如下。

（一）供大于求，市场已趋于饱和

大部分城市在2012~2015年培训量达到历史新高，随后开始呈现下降趋势，报名人数显著减少。由于刚成年的年轻人已成为学车者的绝对主体，原先一家买车老少都学的状况通过近年来培训的消化已逐渐减少。驾培市场的人口红利已基本消失，下一阶段学车群体将回归到人口自然增长人群。驾校招生压力明显增强，而驾校数量一直在逐年增加，竞争愈演愈烈。教练车闲置现象较为普遍，大部分驾培机构面临着生源不足的问题，报名人数出现了不同程度的负增长。另外，受宏观经济下行和驾培改革等因素的影响，有些打算学车的人选择观望状态。

（二）行业价格竞争激烈

从驾培市场供需情况来看，培训能力已经呈现供大于求的特性，驾培行业买方市场基本形成，驾培机构相互争抢生源而展开的竞争日趋加剧，各地以低价竞争生源的现象严重，与此同时运营成本的增加也将导致利润空间的缩小和投资回报率的相应降低。市场将更青睐规范经营、具有品牌优势、提供优质服务、满足学驾群体个性化、差异化需求的驾培机构。

（三）投资成本大，风险高

根据中华人民共和国国家标准《机动车驾驶员培训机构资格条件》（GB/T30340—2013）及《机动车驾驶员培训教练场技术要求》（GB/T30341—2013）等相关要求，新办一所驾校，前期的总体投资巨大。在建成投入经营后，土地成本、场地设施维护、教学车辆费用（维修、保养、保险、燃料、折旧等）、人员工资等每年的支出也较大，成本很高。总体来看，投资回报周期长，投资风险较大。

交通运输部《机动车驾驶员培训管理规定》中明确申请人需提交"教练

场地使用权证明或产权证明及复印件",要求场地需要取得合法有效的土地手续。如果土地手续不合法,在国土规划部门进行土地使用情况监督检查时,可能面临办公场所或教练场地被拆除以及法人代表受相关法律制裁的风险。

2017年至2018年,很多城市陆续发布了预警公告,本文在《2017驾培行业发展蓝皮书》的基础上做了更新。为有计划进入驾培行业的投资者,提供更全面可靠的依据,认清行业的整体形势和竞争情况。也可以帮助从业者,紧跟驾培行业发展形势,针对自身的发展情况及时作出调整和优化,适应市场变化谋求发展。

二 青岛市驾培市场投资风险预警

(一)概述

1. 青岛城市概况

青岛是山东省地级市,国家计划单列市、副省级城市。全市共7个市辖区,代管3个县级市,包括:市南区、市北区、李沧区、黄岛区、崂山区、城阳区、即墨区、胶州市、平度市和莱西市。2016年末,全市常住总人口920.4万人,同比增长1.18%;其中,市区常住人口497.07万人,同比增长1.4%。

截至2015年底,全市高速公路里程达到818.4公里,公路通车里程达到16301公里(含青龙高速莱阳境内10.5公里)。其中,国道833.9公里,占公路通车里程5.1%;省道2343.1公里、占公路通车里程14.4%;农村公路及专用公路13124公里,占公路通车里程80.5%,居全国同类城市前列。公路密度每百平方千米达到146.8公里,发达的公路网络增强了地域辐射和功能衔接能力,为在新常态下汽车保有量的飞速增长提供了必要条件。

公路运输随之稳步上行,2016年,青岛累计完成公路货运量2.07亿吨,同比增长9.5%,完成公路货运周转量470.4亿吨公里,同比增长3.3%。全年客运量完成4532万人次,同比增长3.7%,完成客运周转量71.8亿人千米,同比增长0.7%。

2. 国内及青岛市汽车保有量基本情况

随着我国经济社会持续快速发展,人民群众生活水平不断提升,汽车刚性需求保持旺盛,汽车保有量呈现迅猛增长趋势。据公安部交通管理局统计,截至 2017 年 6 月底,全国机动车驾驶人达 3.71 亿人,其中汽车驾驶人 3.28 亿人。机动车保有量达 3.04 亿辆,其中汽车保有量 2.05 亿辆,与 2016 年底相比,机动车保有量增加 938 万辆,增长 3.18%;2017 年上半年机动车新注册登记量达 1594 万辆,略高于去年同期水平。全国共有 6 个城市的汽车保有量超 300 万辆,23 个城市超 200 万辆,49 个城市超 100 万辆。图 1 中列出了全国汽车保有量超过 200 万辆的城市,分别是北京（555 万辆）、成都（429 万辆）、重庆（350 万辆）、上海（341 万辆）、苏州（332 万辆）、深圳（318 万辆）、天津（282 万辆）、郑州（282 万辆）、西安（254 万辆）、东莞（245 万辆）、武汉（244 万辆）、杭州（238 万辆）、石家庄（238 万辆）、广州（234 万辆）、青岛（232 万辆）、南京（230 万辆）、宁波（213 万辆）、佛山（213 万辆）、保定（209 万辆）、长沙（205 万辆）、昆明（204 万辆）、潍坊（202 万辆）、临沂（201 万辆）。青岛排名第 15 位,比 2016 年底的排名前进一名。

图 2 统计了青岛全市 2008 年至 2017 年 6 月的机动车保有量和私家车保有量,从该图中可以看出,机动车保有量和私家车保有量保持逐年增长的态势。截至 2016 年底,青岛全市机动车保有量达到 221 万辆,是 2008 年的 3.68 倍;私家车保有量达到 190 万辆,是 2008 年的 4.75 倍;私家车保有量占比达到 86%,与 2008 年相比,提高了 19%。

3. 国内及青岛市驾培行业基本情况

随着私家车保有量的持续增长,汽车驾驶技术成为人们生活的一种技能,驾驶培训的需求也随之不断攀升。为适应培训需求的快速增长,驾培市场全面激发。截至 2016 年底,全国共有驾培机构 16512 户,同比增长 9.3%;机动车驾驶教练员 87.1 万人,同比增长 13%（其中,理论教练员、驾驶操作教练员分别为 6.2 万人、79.1 万人,分别同比增长 6.9%、5.9%）;拥有教学车辆 72.73 万辆;年培训量（不含北京和天津）达到 2686.57 万人次,同比增长 2.4%（其中,培训合格人次 2257.82 万人次）。图 3 统计了近 10 年来全国驾培机构数量和培训量,从图中可以看出,驾培机构数量保持逐年稳步增长,

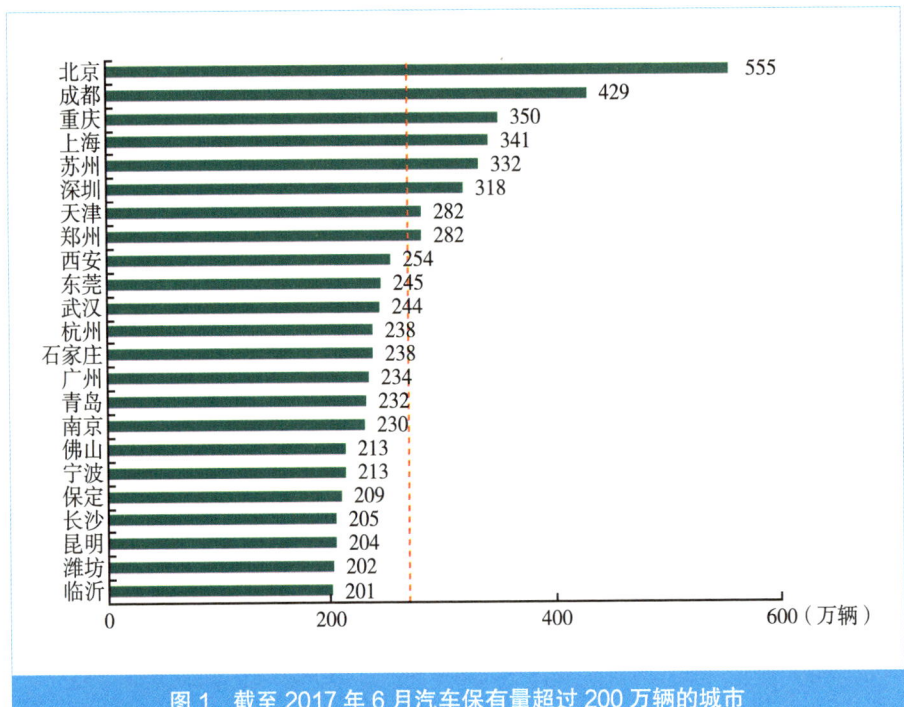

图1 截至2017年6月汽车保有量超过200万辆的城市

图2 青岛市2008年至2017年6月机动车保有量和私家车保有量

培训量仅在 2013 年出现过一次降低，整体呈现增长趋势。

截至 2017 年 6 月底，青岛市机动车驾驶人数量达 318.82 万人，其中，汽车驾驶人 313.64 万人。图 4 中统计了青岛市不同驾龄的机动车驾驶人比例，驾龄不满 1 年、驾龄在 16~20 年以及驾龄超过 20 年的驾驶人，都约占总驾驶人数量的 8%，驾龄不满 4 年的驾驶人共 98.71 万人，占全部数量的 31%。

根据公安部、交通运输部、中国保险监督管理委员会联合发布的《关于机动车驾驶证自学直考试点的公告》，青岛是全国 16 个市（州）试点小型汽车、小型自动挡汽车驾驶证自学直考的城市之一。2017 年上半年，全市新增驾驶人 11.97 万人，自学直考报名人数 422 人，其中 237 人通过自学直考取得驾驶证，占全市新增驾驶人总数的 0.2%，选择驾培机构进行驾驶培训依然是青岛学员学驾的主要途径。

图 3　近 10 年全国驾培机构数量及培训量

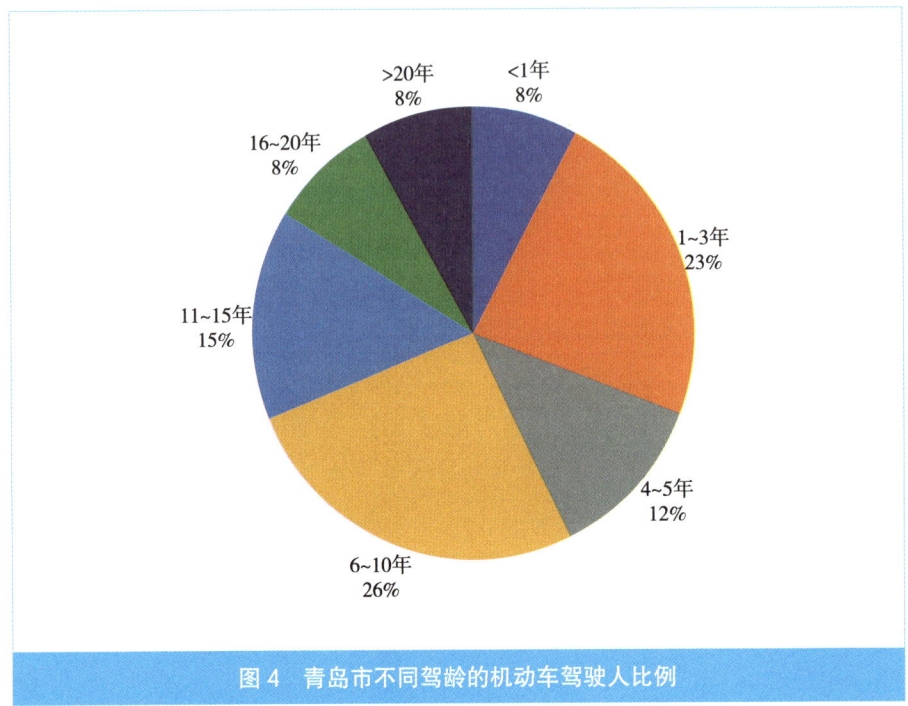

图4 青岛市不同驾龄的机动车驾驶人比例

青岛市驾培机构的数量增长严格按照《青岛市"十三五"驾校发展规划（2016年—2020年）》的要求，2016年驾培机构增加3户，2017年驾培机构增加1户，目前共有驾培机构73户，与"十二五"末相比，增长5.8%，远低于全国的增长比例。培训量在2014年达到近年来最高值25万人次后呈现下降趋势，2016年的年培训量为18.5万人次，同比下降了16%。

（二）青岛市驾培市场现状

1. 驾培机构布局分析

截至2017年9月30日，青岛市共有各类机动车驾驶员培训机构73户，与2016年底相比，新增一级驾校1户。其中，一级驾校32户，占比43.8%；二级驾校28户，占比38.4%；三级驾校13户，占比17.8%。驾培机构具体分布为：市内三区26户、崂山区2户、城阳区8户、黄岛区11户、即墨区10户、胶州市6户、平度市5户、莱西市5户，如图5所示。73所驾培机构共有教练场91块，其中27%的驾培机构拥有2块教练场地，全市教练场地总面积约3702883平方米。

除小型汽车、小型自动挡汽车驾驶培训业务外，全市范围内共有8户驾培机构可提供大中型客车（A1、B1）驾驶培训，其中，市内三区1户、黄岛区2户、即墨区1户、胶州市1户、平度市2户、莱西市1户；6户驾培机构可提供城市公交车（A3）驾驶培训，其中，市内三区1户、黄岛区1户、即墨区1户、胶州市1户、平度市1户、莱西市1户；6户驾培机构可提供牵引车（A2）驾驶培训，其中，黄岛区1户、即墨区1户、胶州市1户、平度市2户、莱西市1户；7户驾培机构可提供大型货车（B2）驾驶培训，其中，黄岛区2户、即墨区1户、胶州市1户、平度市2户、莱西市1户；7户驾培机构可提供道路运输驾驶员从业资格培训，其中，城阳区1户、黄岛区2户、即墨区1户、胶州市1户、平度市1户、莱西市1户。

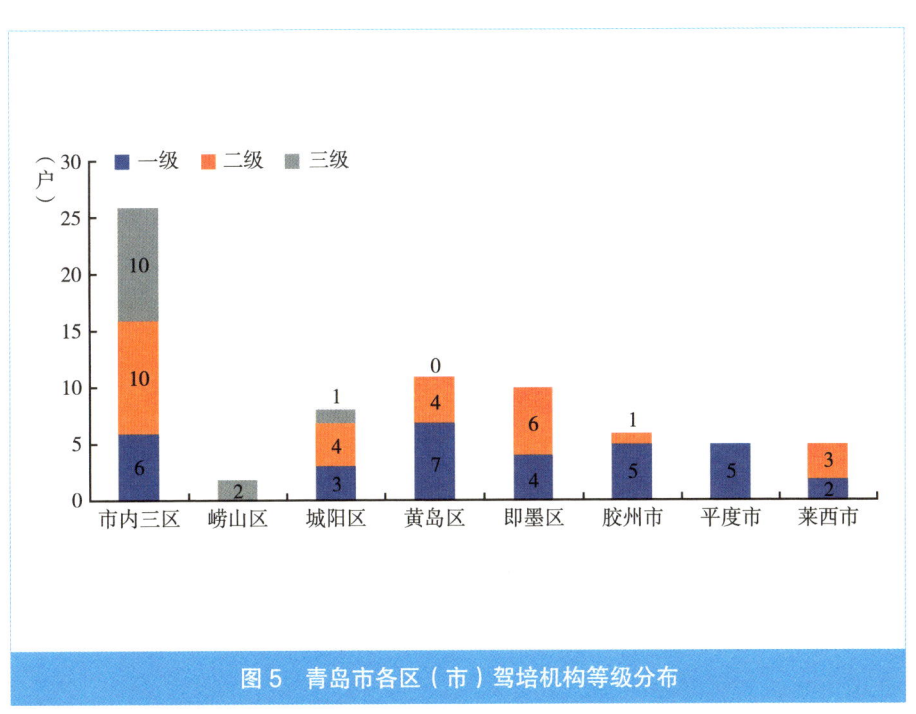

图5　青岛市各区（市）驾培机构等级分布

根据《2016年青岛市国民经济和社会发展统计公报》中的统计数据，将2016年全市常住人口分布情况与各区（市）驾培机构数量进行了对比分析，如图6所示。从图中可以看出，各区（市）的常住人口与驾培机构数量存在一定的相关性，常住人口较多的区（市）所设驾培机构数量也较多（见图6）。

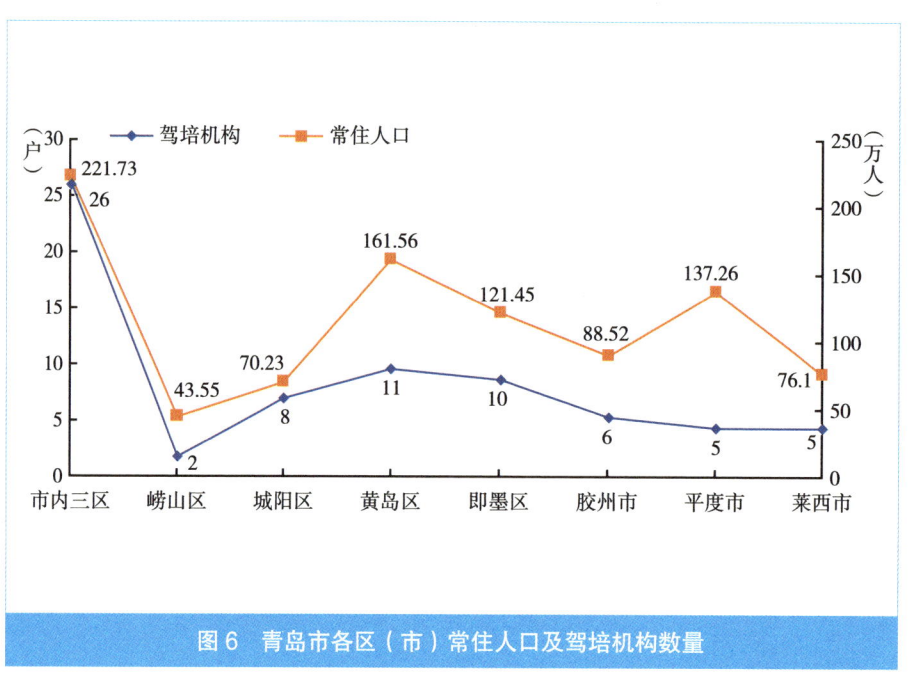

图6 青岛市各区（市）常住人口及驾培机构数量

2. 驾培机构资源配置分析

表1统计了全市各区（市）驾培机构的基本情况，从该表中可以看出，全市73户驾培机构共有教练车6007辆，比2016年增加了80辆，共有教练员7521名和其他从业人员942名，其中理论教练员425名，比2016年增加了26人；操作教练员7096名，比2016年增加了981人，其他从业人员942名，比2016年减少91人。

表1 2017年青岛市各区(市)驾培机构基本情况

地区	驾培机构（户）	教练车（辆）	理论教练员（人）	操作教练员（人）	其他从业人员（人）
市内三区	26	1588	105	1862	295
崂山区	2	56	9	76	15
城阳区	8	639	63	737	96
黄岛区	11	950	84	1223	139
即墨区	10	821	60	977	140
胶州市	6	582	32	774	80
平度市	5	969	46	956	106
莱西市	5	402	26	491	71
合计	73	6007	425	7096	942

根据《机动车驾驶员培训机构资格条件》(GB/T 30340-2013)的相关要求，每户驾培机构的理论教练员应按教练车总数的3%配备，不少于2人；而驾驶操作教练员不能少于相应车型教练车总数的100%。全市驾培机构相关数据统计中可以发现，从整体数据来看，各区(市)的教练车与操作教练员配比能满足国标要求，如图7所示。以每一个驾培机构为个体进行单独考量，所有驾培机构所配备的理论教练员数量及操作教练员数量均符合国标要求，如图8所示。

表2中对全市各区(市)不同车型的教练车情况进行了统计。依据数据分别计算了各种车型教练车所占比例，如图9所示。结合表2和图9可以看出，6007辆教练车中92.46%为小型汽车，4.66%为小型自动挡汽车，1.42%为大型货车，图表中数据可以侧面反映出驾培市场中学员学车时绝大多数还是申领C1驾驶证。

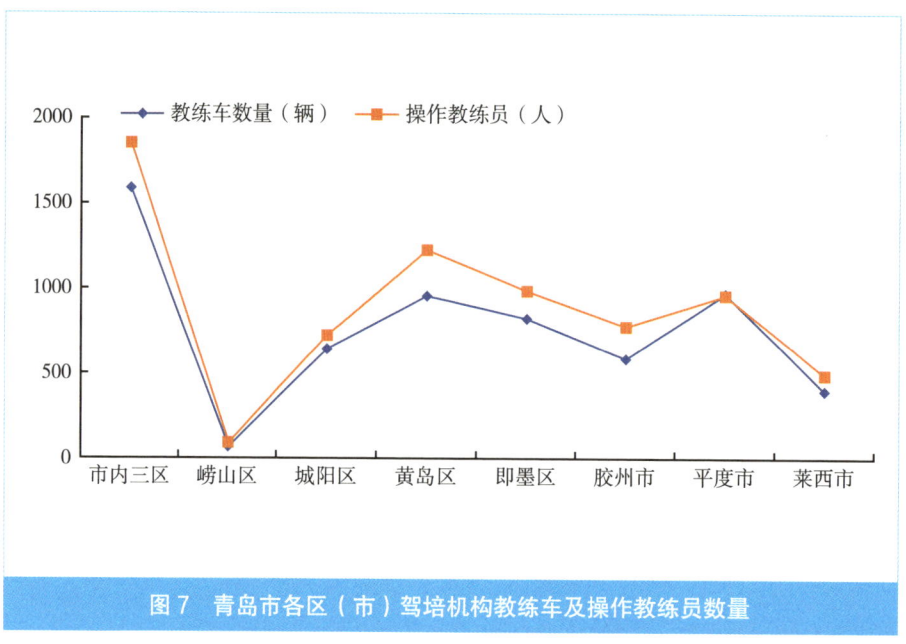

图7　青岛市各区（市）驾培机构教练车及操作教练员数量

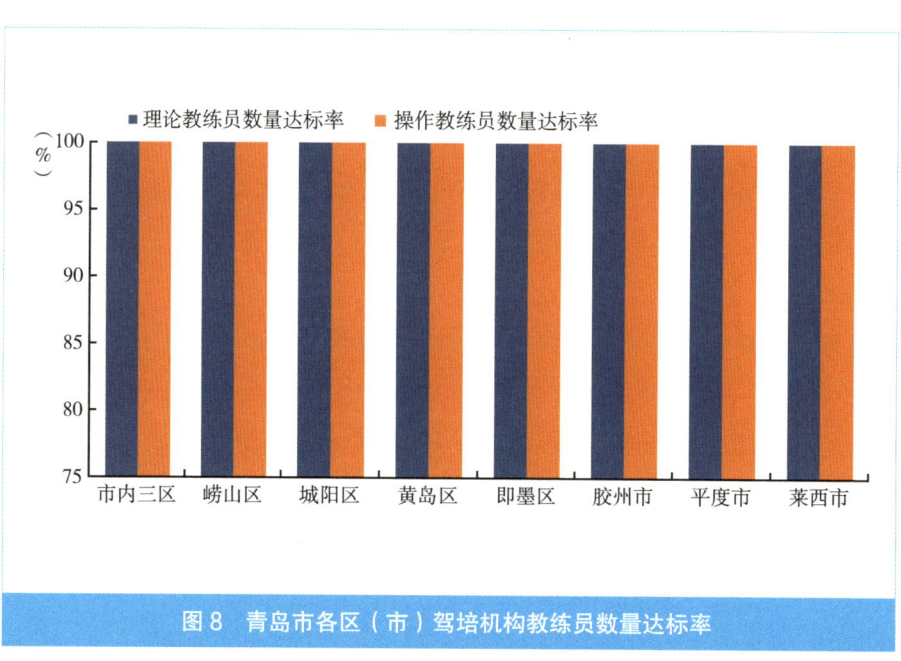

图8　青岛市各区（市）驾培机构教练员数量达标率

表2 2017年青岛市各区（市）教练车情况

单位：辆

车型＼区域	市内三区	崂山区	城阳区	黄岛区	即墨区	胶州市	平度市	莱西市	合计
大型客车	5	0	0	5	3	3	20	2	38
牵引车	0	0	0	1	1	2	22	1	27
城市公交车	4	0	0	1	1	1	1	1	9
中型客车	0	0	0	0	0	1	5	0	6
大型货车	0	0	0	7	3	3	70	2	85
小型汽车	1406	54	611	898	799	556	843	387	5554
小型自动挡汽车	167	2	28	38	14	16	6	9	280
低速汽车	5	0	0	0	0	0	2	0	7
其他	1	0	0	0	0	0	0	0	1
合计	1588	56	639	950	821	582	969	402	6007

图9 青岛市2017年教练车类型情况

所有教练车分布区域及比例和数量如图10、图11所示。结合图10和11可以看出，市内三区驾培机构数量最多，教练车数量也最多，占全市所有教练车数量的26.4%。其次为平度市和黄岛区，教练车数量占全市总量的16.1%和15.8%。从驾培机构数量上来看，平度市虽然只有5所驾培机构，但从图5

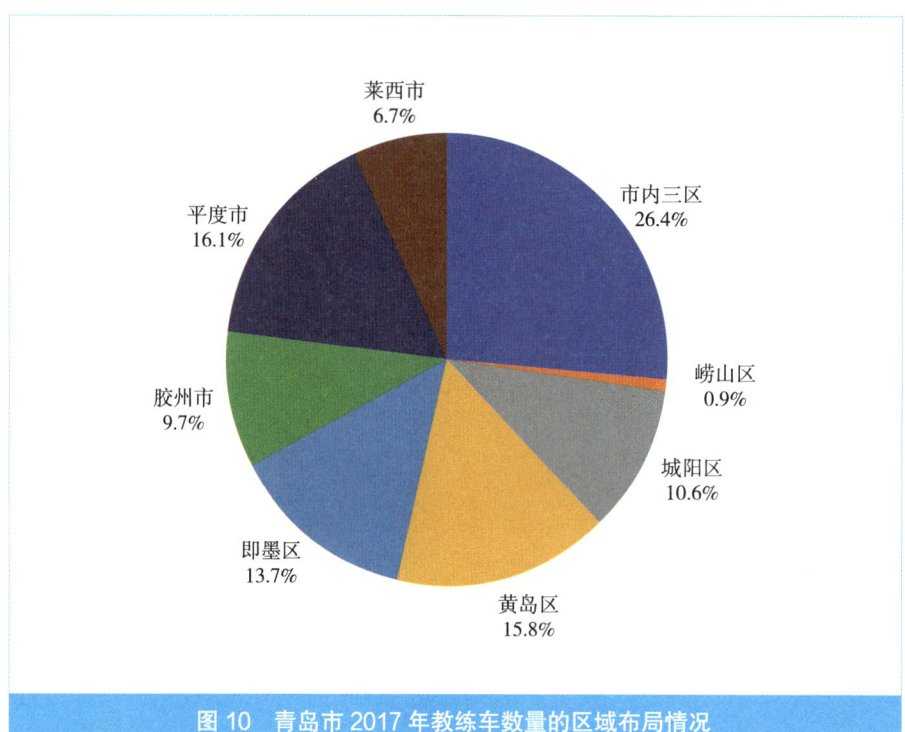

图 10　青岛市 2017 年教练车数量的区域布局情况

图 11　青岛市 2017 年各区（市）教练车和驾培机构数量

中可以看出平度市的 5 所驾培机构等级均为一级，因此平度市教练车数量仅少于市内三区，比其他区（市）多。

全市 73 户驾培机构中，共有 2 户教练车数量超过 200 辆,8 户超过 150 辆,13 户超过 110 辆，18 户超过 100 辆。拥有超 100 辆以上教练车的驾培机构占全市驾培机构总数的 1/4，26% 的驾培机构拥有 61~80 辆教练车，20% 的驾培机构拥有 81~100 辆教练车，11% 的驾培机构拥有 41~60 辆教练车，10% 的驾培机构拥有 31~40 辆教练车，还有 8% 的驾培机构教练车数量小于 30 辆，具体如图 12 所示。

3. 培训量分析

图 13、图 14 分别统计了近 10 年青岛市驾培行业的年培训量数据以及近 10 年青岛市驾培行业培训量年增长率。从图 13 和图 14 中可以看出，2006 年青岛市培训量仅为 12.1 万人次，2008 年培训量首次突破 15 万人次，2009 年为 16.5 万人次，3 年时间增长了 4.4 万人次；到 2010 年培训量剧烈下滑，同

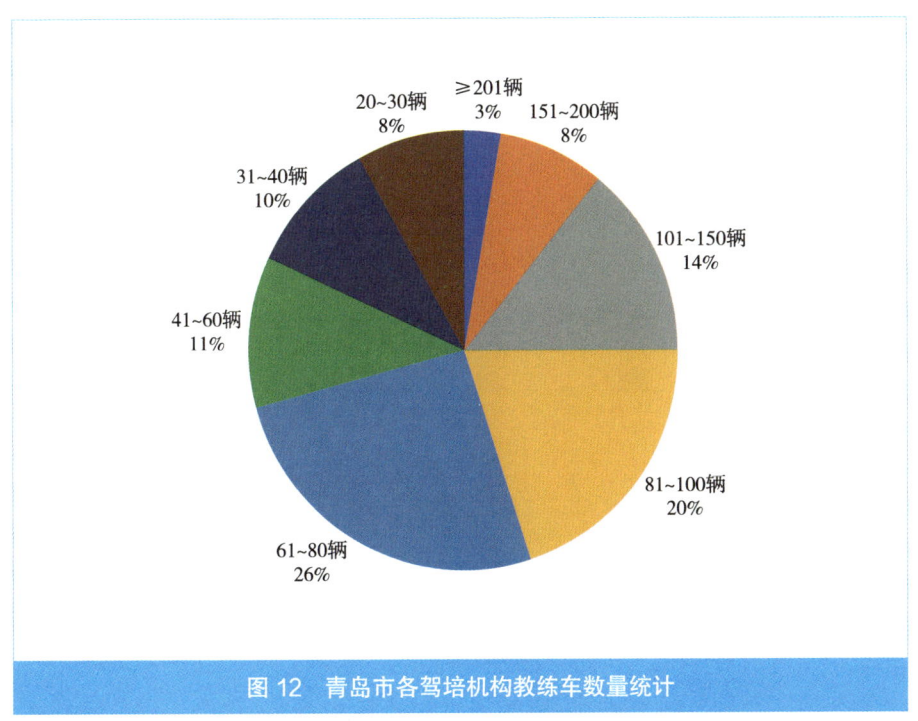

图 12　青岛市各驾培机构教练车数量统计

图 13　近 10 年青岛市驾培行业年培训量

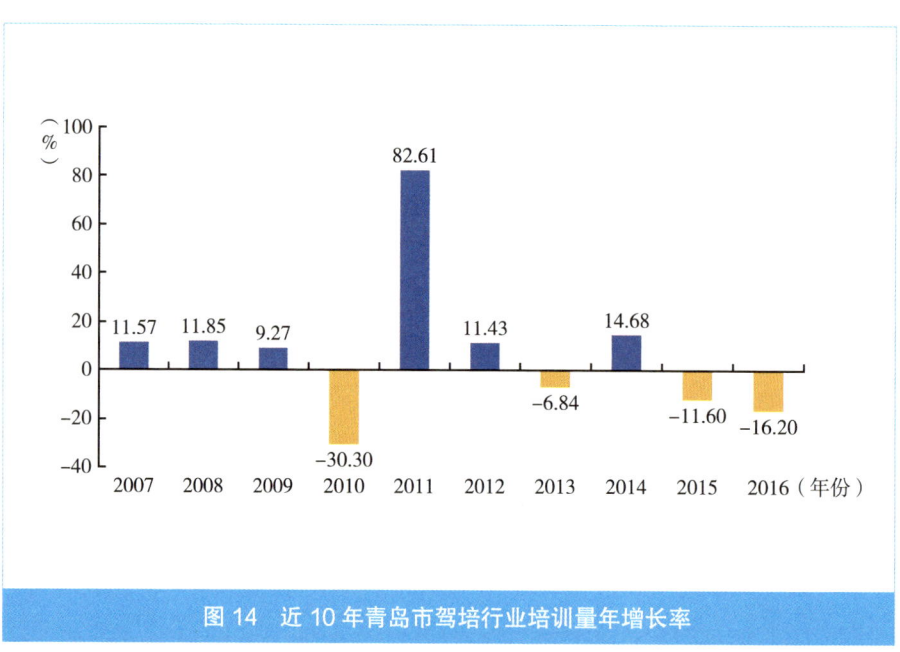

图 14　近 10 年青岛市驾培行业培训量年增长率

比减少 30%，但到 2011 年，年培训量达到 21 万人次，同比增长约 83%，到 2014 年达到近年来最高值 25 万人次，随后两年开始呈现下降趋势，2016 年的年培训量为 18.5 万人次，同比下降约 16%。

截至 2017 年 9 月 30 日，2017 年前三季度全市培训人数 11.9 万人，图 15 统计了全市各区（市）的培训量。从该图中可以看出，市内三区约 2.81 万人，黄岛区约 2.2 万人，平度市约 1.96 万人，城阳区约 1.55 万人，即墨区约 1.20 万人，胶州市约 1.17 万人，莱西市约 0.95 万人，崂山区约 0.07 万人。培训量排名前三的为市内三区、黄岛区和平度市。

图 15　2017 年 1~9 月青岛市各区（市）培训量

4. 学员特征分析

表 3 中统计了 2012 年至 2017 年 9 月底全市的培训量基本情况，从表中可以看出近 5 年来的培训学员总数以及男学员数、女学员数、本地学员数、35 岁以下学员数。图 16 统计了近 5 年青岛市女学员和本地学员比例情况，从图 16 中可以看出，女性学员的比例呈增加趋势，从 2012 年的 42.15% 增加至

2017年的48.82%，而男性学员的比例相反，呈下降趋势。本市户籍学员的比例不断下降，从2012年的60.85%下降至2017年的52.1%，驾培市场的学员中有近一半是来自外省（市）户籍，随着本市户籍学车库存量的不断消耗，外省（市）户籍学员的比例还将持续增加，是学驾学员的重要组成部分。

表3　近年来青岛市培训量分类统计情况

单位：万人

时间	培训学员总数	男学员数	女学员数	本地学员数	35岁以下学员数
2012年	23.37	13.52	9.85	14.22	18.22
2013年	21.79	12.56	9.22	12.63	17.60
2014年	24.98	13.89	11.09	14.02	20.26
2015年	22.12	11.83	10.28	12.56	17.84
2016年	18.53	10.03	8.5	9.97	14.43
2017年1~9月	11.9	6.09	5.81	6.2	9.48

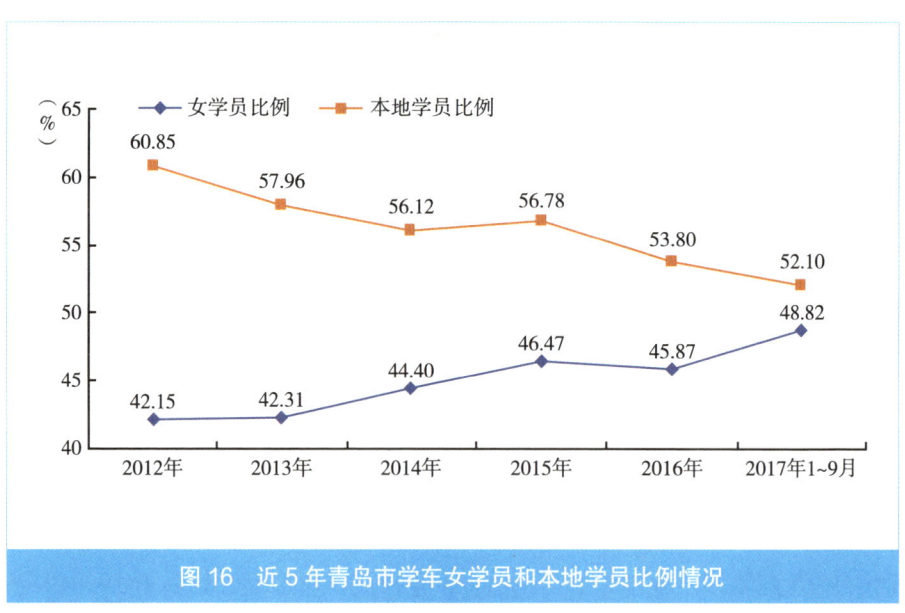

图16　近5年青岛市学车女学员和本地学员比例情况

2017 年 1~9 月，青岛市学驾人员在 35 岁以下的有 9.48 万人，约占所有学员总数的 80%。从近 5 年的数据可以看出，如图 17 所示，青岛市学员年龄在 35 岁以下的比例基本在 80% 上下浮动，学驾人员主要以青年人为主。

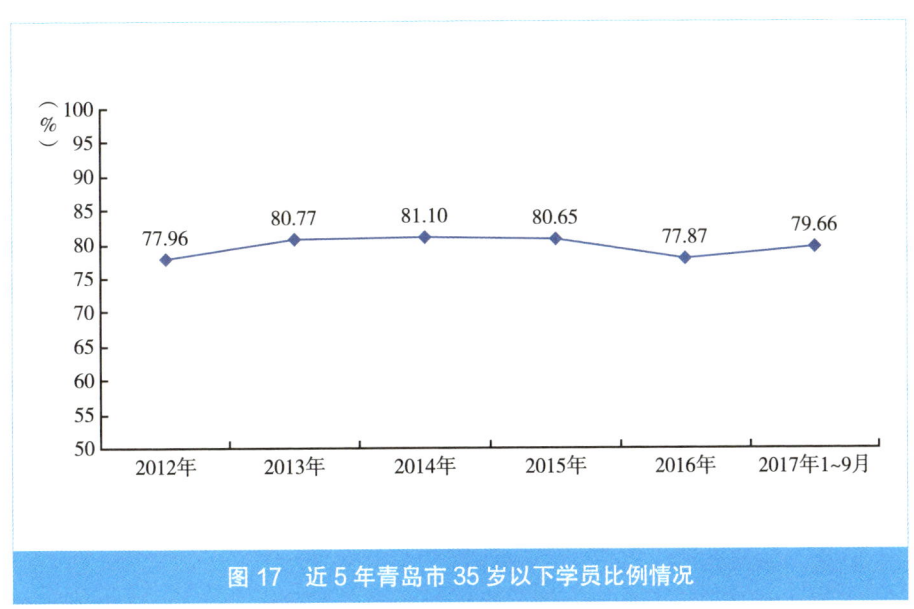

图 17 近 5 年青岛市 35 岁以下学员比例情况

5. 驾培机构的质量信誉考核结果分析

为提高驾培机构管理和服务水平，青岛市道路运输管理局对全市驾培机构开展了质量信誉考核工作。除 2016 年新增的 3 户、2017 年新增的 1 户以及正处于改制中的 2 户驾培机构未参与 2016 年度的驾培企业质量信誉考核，全市共有 67 户驾培机构参与质量信誉考核。从公示的考核结果可以看出，在市内三区、崂山区及城阳区的 35 户驾培机构中，11 户考核结果为 AAA 级（优良），6 户为 AA 级（合格），18 户为 A 级（基本合格），分别占比 31.43%、17.14%、51.43%，其中考核结果为 A 级的驾培机构最多，一半以上的驾培机构在本次考核中结果仅为基本合格；在黄岛区、即墨区、胶州市、平度市及莱西市的 32 户驾培机构中，19 户为 AAA 级，11 户为 AA 级，2 户为 A 级，分别占比 59.38%、34.38%、6.25%，其中考核结果为 AAA 级的驾培机构最多，

A级最少。图18统计了青岛市各区（市）驾培机构质量信誉考核结果情况，从图18中可以看出每个区（市）考核等级分布情况。

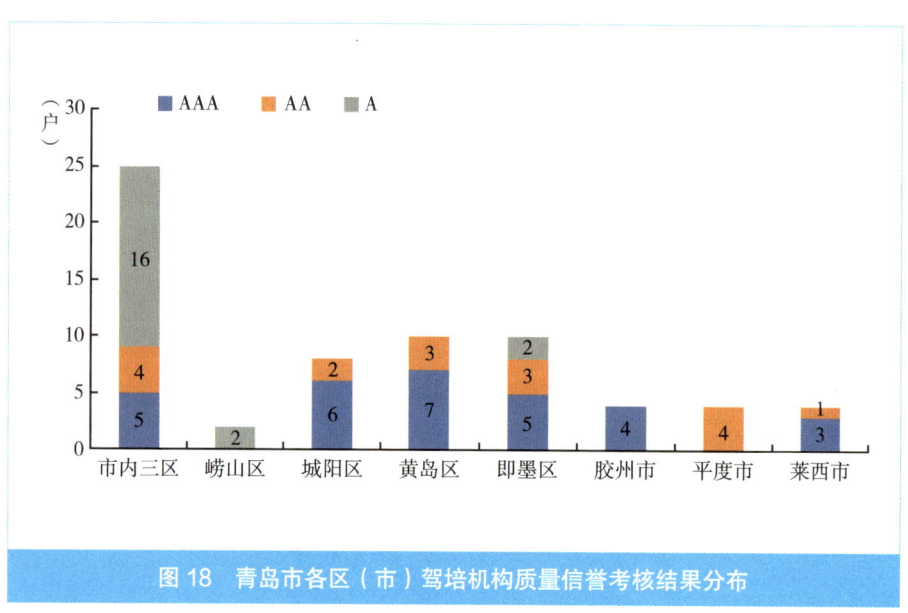

图18　青岛市各区（市）驾培机构质量信誉考核结果分布

全市无考核不合格的驾培机构。城阳区、黄岛区及胶州市、莱西市的质量信誉考核结果整体优于市内三区、即墨区、崂山区及平度市。

（三）青岛市驾培行业产能利用率

1. 市场供给能力分析

根据《机动车驾驶培训教学与考试大纲》（以下简称大纲）中的学时安排，各类车型对应的基础和场地驾驶、道路驾驶所需的基本学时要求不同，以此测算教练车可提供的理论核算培训能力。

考虑到教练车的正常维护及教练车需送学员参加考试等实际情况，假设每车每周有1天休息、维护或送学员参加考试，不参与培训。按每车每天工作8小时，每周培训6天计算，每年52周，再扣减每年国家规定法定节假日

11 天，核算每年每车培训时间为 2416（302×8）小时。根据大纲对各车型基本学时要求，可预估出单车/年理论核算培训能力，如图 19 所示，各车型的单车每年理论核算培训能力分别为：大、中型客车 43（A1、B1）人，牵引车（A2）36 人，城市公交车（A3）28 人，大型货车（B2）28 人，小型汽车（C1）、低速载货汽车（C3）60 人，小型自动挡汽车（C2）63 人，残疾人汽车（C5）60 人，其他车型（C4、D、E、F）120 人。

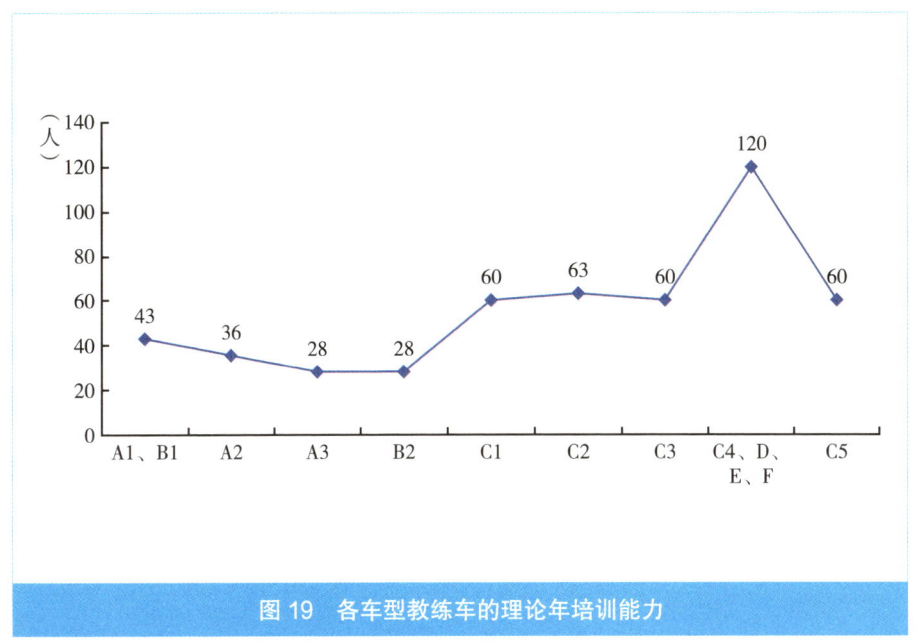

图 19　各车型教练车的理论年培训能力

根据青岛市各区（市）各车型教练车数量以及各车型教练车的理论年培训能力，可预估出青岛各区（市）所有驾培机构的整体培训能力，如图 20 所示。

全市可提供的理论核算年培训量约为 35.7 万人次，其中市内三区约 9.6 万人次，崂山区约 0.3 万人次，城阳区约 3.8 万人次，黄岛区约 5.7 万人次，即墨区约 4.9 万人次，胶州市约 3.5 万人次，平度市约 5.5 万人次，莱西市约 2.4 万人次。

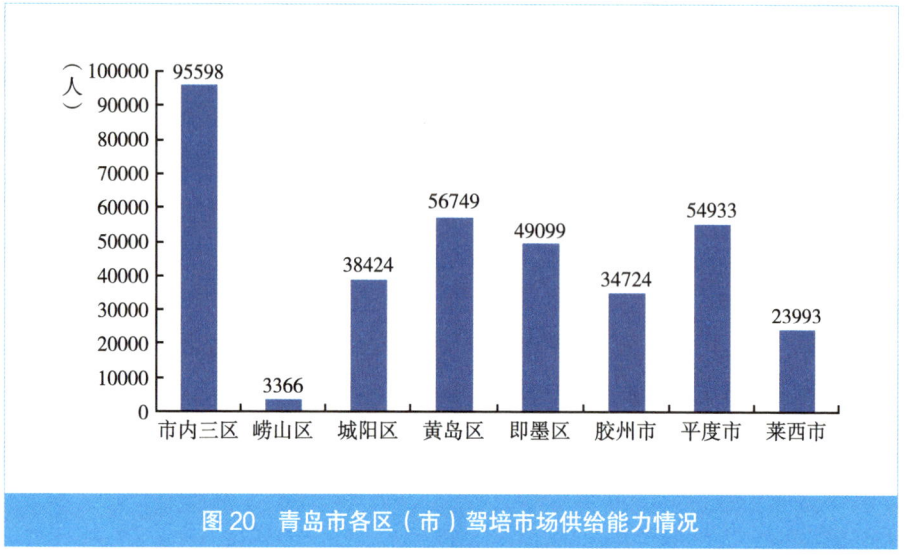

图20 青岛市各区（市）驾培市场供给能力情况

2. 培训量预测分析

根据2017年各驾培机构1月至9月的培训量，预测各驾培机构2017年培训量，预估全市2017年整年的培训量为15.86万人次，其中市内三区全年培训量约3.75万人次，崂山区约948人次，城阳区约2.07万人次，黄岛区约2.93万人次，即墨区约1.6万人次，胶州市约1.55万人次，平度市约2.6万人次，莱西市约1.26万人次。相比2016年的18.5万人次的年培训量，2017的年培训量预计约下滑14.27%。

3. 驾培市场产能利用率分析

产能利用率，即驾培机构实际培训量与理论培训能力的百分比，其中理论培训能力为前文所述的理论核算培训能力。实际培训量为前面所述2017年培训量预测值。这一指标能反映出当地驾培市场的市场需求与市场供给能力之间的关系。全市73户驾培机构，除去市内三区和平度市各1户改制中的驾培机构暂无招生量外，计算剩余71户驾培机构的产能利用率，各区之间的详细比例如图21所示。

表4 青岛市2017年培训量

单位：人

地区	2017年1~9月培训量	2017年培训量（估计）
市内三区	28104	37472
崂山区	711	948
城阳区	15493	20657
黄岛区	21958	29277
即墨区	12013	16017
胶州市	11650	15533
平度市	19560	26080
莱西市	9483	12644
合计	118972	158628

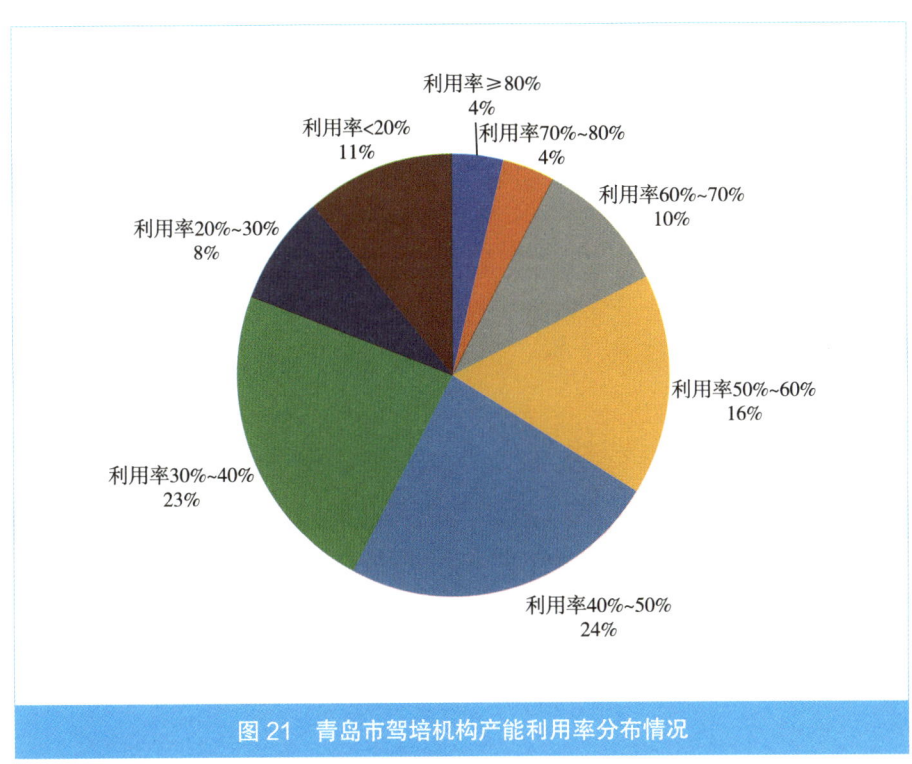

图21 青岛市驾培机构产能利用率分布情况

从结果分析发现，全市驾培机构的加权平均产能利用率为45.23%，产能利用率超过80%的仅3户，产能利用率超过70%的驾培机构仅有14%，利用率在40%~50%和30%~40%区间的数量最多，分别占24%和23%，66%的驾培机构产能利用率不足50%，产能利用率不足20%的驾培机构占11%。

青岛市所有驾培机构都处于供大于求的局面，若考虑教学大纲中提出模拟教学4学时，驾培机构使用模拟器教学与教练车教学相结合的方式，或教练车全年无休的方式测算最大理论培训能力，将会使教练车的理论培训能力略有提高，即实际产能利用率比上述测算更低，可以看出全市驾培行业产能过剩。

将所有驾培机构的产能利用率按区（市）分组，并将每组样本按产能利用率从高到低排列，如图22所示。从图22中可以看出各区（市）的驾培机构间产能利用率差异较大。

图23中分别计算了各区（市）驾培市场的加权平均产能利用率。从图23中可以看出，全市共有3个区（市）的驾培机构平均产能利用率超过50%，城阳区的平均产能利用率最高，为53.76%；其次为莱西市和黄岛区，分别为52.7%和51.59%。平度市、胶州市、市内三区在40%~50%区间范围，即墨区和崂山区的产能利用率偏低，仅为30%左右。

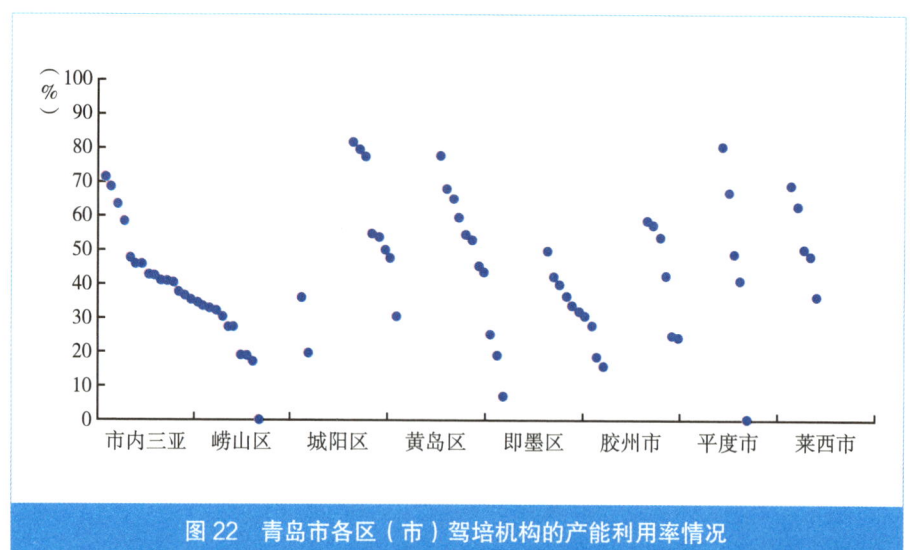

图22　青岛市各区（市）驾培机构的产能利用率情况

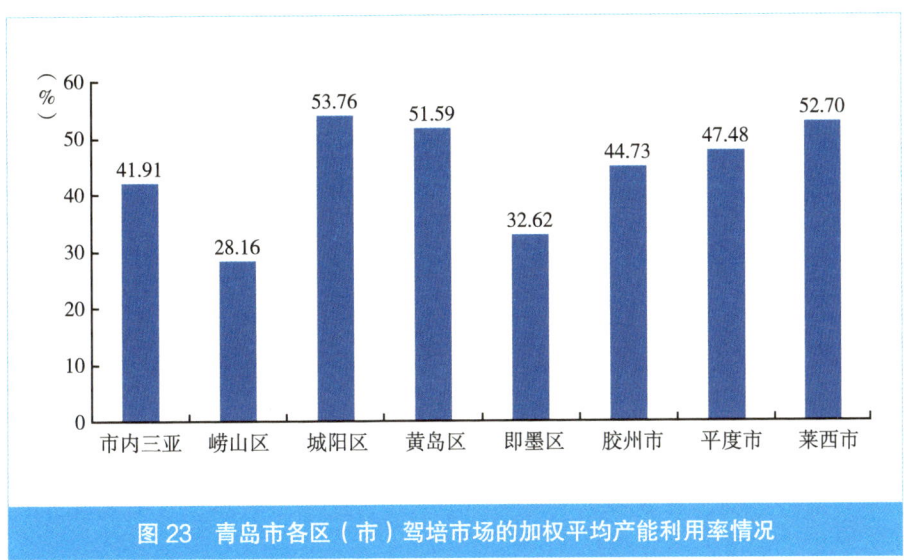

图 23　青岛市各区（市）驾培市场的加权平均产能利用率情况

（四）青岛市驾培行业风险预警

1. 市场面临的主要风险要素

2017 年政府工作报告提出，今年重点工作任务之一是用改革的办法深入推进"三去一降一补"，即"去产能、去库存、去杠杆、降成本、补短板"。为贯彻落实中央的决策部署，交通运输部将 64 项供给侧结构性改革重点任务纳入全年计划，以深化交通运输供给侧结构性改革为主线，扎实推进降成本、补短板、强服务、"放管服"改革、优化投资和市场环境等各项重点工作。从青岛全市驾培市场产能利用率分析可以看出，青岛市驾培行业整体产能过剩，供大于求，市场竞争非常激烈，去产能成为青岛驾培行业的焦点之一。基于当前青岛市驾培市场的现状，建议驾培机构经营者以及拟投资驾培行业的投资者综合评判相关风险因素。

（1）市场需求呈下降趋势

从青岛市近年来的培训量数据来看，全市的驾驶培训量在 2014 年达到峰值 25 万人，随后呈现下滑态势。随着近年来的学车热潮，学车群体存量大部分已消化，学员总量已经从峰值下降，驾培市场的人口红利已基本消失，下一阶段学车群体将回归到人口自然增长人群，即学员主体将是适龄青年。预测未来几年，青岛市驾培量变化将在振荡期结束后趋于人口自然增长趋势，不再会出现大幅增长。

（2）生源主力军逐渐发生转变

近几年，青岛驾培行业中，本市户籍学员的比例不断下降，外省（市）户籍学员的比例在持续增加。随着政府招商政策的出台，各地招商引资提供的就业机会给城市带来更多的外省（市）户籍人员，这将会促使驾培行业中外省（市）户籍学员的比例进一步提升。外省（市）户籍学员将成为驾培机构生源的主力军，但这部分生源易受经济大环境、驾培行业政策以及当地培训价格的影响，生源流动性较大，易造成潜在学员数量上的波动，可能会影响经营者和投资者对驾培市场需求的判断。

（3）驾培行业亟须去产能

近几年，青岛市驾培机构数量没有出现大幅度增加，稳步按照《青岛市"十三五"驾校发展规划（2016年—2020年）》中提出的目标执行。但以目前全市6007辆教练车的数量测算，全市可提供的最大理论年培训量约为43.4万人次，理论核算年培训量约为35.7万人次，与青岛市2017年培训量相比，全市驾培机构的加权平均产能利用率约为45.23%。目前青岛市驾培行业的培训能力已远超出市场需求，买方市场正在逐渐形成，驾培机构已出现学员生源不足的现象。在行业竞争日趋激烈的形势下，如何化解产能过剩问题需经过行业长期的探索和实践。

（4）行业改革冲击力大

驾培行业目前处于驾培改革攻坚期，各项改革措施对行业的影响较大。2016年，公安部、交通运输部、中国保险监督管理委员会《关于机动车驾驶证自学直考试点的公告》中明确青岛为试点小型汽车、小型自动挡汽车驾驶证自学直考地之一，虽然目前通过自学直考的学员较少，但难以判断日后的发展趋势。随着选择自学直考方式学员的增多，以及可能催生的互联网学车平台，都将对传统驾培机构带来一定的冲击。此外，2017年1月，交通运输部办公厅、公安部办公厅发布的《关于开展大型客货车驾驶人职业教育的通知》中明确在大客车驾驶人职业教育试点工作的基础上，在全国范围开展大型客车、牵引车驾驶人职业教育，也会对现有驾培市场造成一定冲击，对行业生态影响深远。随着驾考改革的深入，不排除后续相关政策继续推出的可能性。

（5）投入成本高，回报周期长

根据《中华人民共和国道路运输条例》、国家标准《机动车驾驶员培训机构资格条件》（GB/T30340-2013）、《机动车驾驶员培训教练场技术要求》（GB/T30341-2013）中的有关规定和条件，新办一所驾培机构要求有健全的培训机构和管理制度，还要有与培训业务相适应的教练员和管理人员，教学车辆和其他教学设施、设备、场地等方面的要求。驾培机构硬件投资包括土地购置或租赁费用，教练场地硬化及科目设置费用、教学及办公用房等建设费用，教练车辆、教学模拟器、信息化教学设备等购置费用。目前各市（区）新增驾培机构均为一级，而筹建一所80辆教练车的一级驾校，至少需要教练场地33000平方米（约50亩），机动车驾驶模拟器20台，计算机30台，理论教练员3人，驾驶操作教练员80人，结业考核员4人，安全管理人员1人。前期的总体投资巨大，在建成投入经营后，土地成本、场地设施维护、教学车辆费用（维修、保养、保险、燃料、折旧等）、人员工资等每年的支出也较大，成本很高。总体来看，投资回报周期长，投资风险较大。

2. 行业转型升级聚焦提质增效

青岛市驾培市场面临产能过剩、市场供大于求的局面，驾培机构多数仍处于以低价格争生源的初级竞争阶段，驾培行业发展遭遇瓶颈。此外，驾培行业供给侧结构性改革带来的消费结构和服务方式的变化会相应地增加驾培机构的经营成本，驾培机构的利润空间和投资回报率会相应降低，经营管理不善的驾培机构易出现亏损甚至被市场淘汰。在市场竞争趋热、市场环境趋冷的形势下，驾培机构应顶住市场压力，在行业供给侧结构性改革中寻求发展，通过强服务、创品牌、转变培训模式、提升培训质量等方式创造新需求，聚焦于提升服务质量、提升培训质量、去产能增效能，用品牌化发展赢得更大市场份额。

（1）坚定市场信心

尽管自学直考在青岛试点，但目前驾培机构仍是学员学车时的首要选择，驾培机构仍是驾驶培训的主渠道。虽然近两年的培训量出现下降趋势，但作为即将承办上合组织峰会的城市，定会迎来产业政策调整，出台新的招商引资政策，新增就业机会带来的大量外省（市）户籍人员将成为驾培行业潜在生源，在一定程度上能使培训量降幅趋于平稳，培训量基数依然保持在一个较高水平，驾培机构经营者仍可对近几年驾培市场保持乐观的预期，对行业前景和发展保持信心。

（2）升级服务模式

随着驾培改革的深入推进和公众对驾培服务提出的更高要求，青岛市驾培机构开始推行先培训、后付费的计时收费培训模式，这将会改变驾培机构一次性预收全部培训费用的单一传统收费模式，逐步向多种培训收费模式并存转型。此外，驾培改革中提出了要实行学员自主预约培训时段、自主选择教练员、自主选择缴费方式、分科目跨驾培机构参加培训等，可以看出，为学员提供更多的个性化、多样化、差异化的教学和服务将成为驾培机构竞争的重要着手点。

（3）转变经营理念

目前，虽然在青岛选择计时培训计时收费、先培训后付费模式的学员较少，但随着学员消费理念的逐渐改变以及在驾培改革政策倒逼的形势下，驾培机构运营模式、服务模式、教学方式、教练员队伍管理等各项改革势在必行，这对于习惯传统经营模式的驾培机构经营者是个较大挑战。为适应驾培改革带来的新变化，经营者要转变经营思路和理念，主动研究如何在新环境下提升驾培机构的管理水平，如何转变培训模式以适应新的消费需求，使驾培机构在发展转型中实现平稳过渡。教练员作为传统驾培机构连接学员的重要纽带，要逐渐打破传统的师傅带徒弟的模式，向服务型教练员模式转变，强化服务意识，保证服务质量和教学质量双优质。

（4）再造管理流程

为了适应驾培市场新服务模式的需求，驾培机构必须要实现管理流程再造，提升服务能力和效率，塑造良好口碑和特色品牌。驾培机构一方面要建立与新服务模式配套的相关制度，如学员预约制度、学员评价制度、教练员管理制度、计时培训教学管理方法等,形成多位一体的管理体系;另一方面要及时调整管理环节,根据市场调整相应业务模块,如提供多种预约培训的方式、让学员能根据教练员培训质量、学员评价、不同时段培训价格等信息自主预约培训时段与教练员;最后,还要利用信息化技术提升管理效率,进一步优化管理的流程,如建立驾培服务管理平台,并依托平台实现教练车、教练员、学员、培训记录和学时的高效管理。

3. 投资风险警示

在目前整个驾培市场产能过剩、培训能力充足而生源下降、驾培机构投资回报率逐步降低、行业变革迅猛、试点自学直考的环境下,建议拟在青岛市投资驾培机构和拟新增培训能力的团体和个人,一定要密切关注行业信息和动态,充分调研了解青岛市驾培市场情况,认清现实,不能过于乐观的估计驾培市场行情;要客观评估自身的管理服务能力,准确测算投资回报和风险;严密论证投资的可行性,慎重决策,风险自担,切忌盲目投资,以避免造成不必要的投资损失。

三 其他地区驾培市场投资风险预警

(一)上海市驾培市场投资风险预警

1. 上海市驾培市场概况

(1)行业供给能力

截至 2017 年 6 月 30 日,本市现有各类机动车驾驶员培训机构(以下简称培训机构)201 户。其中,具有普通机动车驾驶员培训经营项目的培训机构(以下简称普通培训机构)199 户;具有机动车驾驶员培训教练场经营项目的培训机构(以下简称经营性教练场)22 户。全行业教练车保有量 18438 辆,教练员 26580 人。根据《机动车驾驶培训教学与考试大纲》规定的培训学时估算,每辆教练车每年最大培训量约为 54 人,本市机动车驾驶员培训行业(以下简称驾培行业)年最大培训供给能力约为 90 万人次。

（2）培训市场需求

近几年，本市驾培行业招生量波动较大。2012年，本市机动车驾驶员招生量达到历史最高峰58.5万，之后大幅下降，2013年招生量降幅约为34%。2017年1月到6月，本市招生量约为21.8万人次，与2016年同期相比减少13.9%。从近几年培训行业供给能力和招生量分析，本市驾培行业实际培训能力远远超出市场需求。

2. 上海市驾培市场发展和供需趋势

（1）行业发展趋势

近年来，上海驾培行业坚持推行"计时培训、计时收费、先学后付"管理服务模式。2016年下半年，为贯彻国家机动车驾驶培训制度改革精神，切实加强道路交通安全源头管理，提升行业监管效能，上海市明确于2017年1月1日起，驾培行业全面施行计时培训管理工作，培训机构招收的新学员应实行计时培训。同时，培训机构还应当为新学员提供先学后付、一次性付费等多种收费方式供学员选择。学员选择先学后付方式能够实现自主预约培训时段、自主选择教练员、自主选择培训价格、自主选择付费方式，保障学员合法权益，是驾培行业鼓励和引导的方向。

（2）市场供求趋势

驾培行业正处于政策制度改革和结构性调整期，驾培市场需求呈现较大波动。同时，受上海市达到驾驶适龄人口负增长、外省（市）在沪人员居住证政策办理条件和机动车驾驶培训考试改革等诸多因素影响，今后驾培市场有效需求不足，招生量可能趋于下滑。而上海市驾培行业实际供给能力远大于市场需求，市场供给过剩的局面仍将持续，部分区域市场竞争日益激烈。培训机构投资和经营成本增加，投资回报率和利润空间相应减少。培训机构品牌化建设和经营将日趋成为驾培企业生存与发展的重要因素。

（二）青海省驾培市场投资风险预警

1. 2017年上半年青海省全省机动车驾驶培训市场基本情况

截至2017年6月30日，青海省机动车驾驶培训机构共115户。其中：一级驾校 11 户、二级驾校 45 户、三级驾校 59 户。具体分布：西宁市 41 户、海东市 29 户、海西州 17 户、海南州 6 户、海北州 6 户、黄南州 4 户、果洛州 2 户、玉树州 10 户。

全省在岗教练员约 4240 余人，拥有各类教练车 3716 辆（包括大型车辆 539 辆、小型车辆 3177 辆），机动车驾驶模拟器 720 余台，根据《机动车驾驶培训教学与考试大纲》规定的培训学时测算，年培训能力达到 25.3 万余人次。

2. 2017年上半年驾培市场运行分析

（1）驾培机构数量有序增长

2017 年上半年，青海省全省驾培机构增加到 115 户，同比增长 8.50%，环比增长 1.77%。新增的驾培机构主要是集中在西宁地区，呈现出培训车型小型、科目单一的特点。

（2）学驾报名人数趋于平稳

据公安交警部门统计数据，2017 年上半年新增机动车驾驶人为 55229 人，预计全年将达到 14 万人。从 2012 至 2017 年全省新增机动车驾驶人情况分析，2015 年起青海省全省机动车新增驾驶人增长速度放缓，学驾报名人数将趋于相对平稳的趋势。

（3）驾培能力供大于求

通过分析，2011 年到 2013 年青海省全省学驾培训需求比较旺盛，全省的培训供给不能很好地满足学驾培训需求，从 2013 年以后开始逐步呈现出供大于求的局面，2015 年全省出现约 8 万的剩余供给，2016 年出现 10 万多的剩余供给，这种供大于求的局面将会持续存在，导致驾培机构出现车辆等资源的闲置浪费，以及低价竞争等不正当竞争手段的产生，将进一步恶化市场正常环境，影响正常经营秩序。

（4）驾培能力地区差异较大

由于青海省各地区经济发展水平、人口数量和学驾需求等不同，各地区驾驶培训能力分布呈现出不同程度的差异。西宁市的年培训能力为全省最大，达到 108291 人次，约占全省年培训能力的 42%；而果洛州的年培训能力为全省最小，为 4207 人次，约占全省年培训能力的 1.6%。

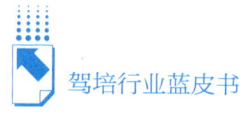

（5）培训车辆以小型车辆为主

青海省驾驶培训车型以小型车辆为主，小型车辆占各类车辆总数的85.5%，年培训能力达220104人次，占全年总培训能力的87%。大型车辆培训主要以大型货车为主，占大型车辆总数的81%，年培训能力达14466人次。其中海南、黄南、果洛、玉树州无牵引车、城市公交等培训车型。

3. 2017年上半年驾培市场预警分析

（1）产能过剩，市场需求放缓

根据全省驾培市场运行数据分析，青海省驾培行业实际供给能力已经大于实际培训量。根据全省新增机动车驾驶人分析，市场需求将保持平稳或者下降趋势，而市场供给过剩的局面将持续存在，造成资源的浪费、局部竞争的加剧等。

（2）服务新模式冲击传统培训方式

"先培训后付费、计时培训"服务模式在全省推广，促使驾培机构从盲目的数量扩张向内涵型的质量发展方向转变，使培训机构不断提升硬件设施设备和服务质量，满足学驾人员多元化、差异化、个性化的学驾需求。

（3）行业监管更加规范严格

2017年在全省驾培机构开展驾培机构资格条件审核工作，严格按照国家相关法规规章和标准，全方位、针对性的从严审核资格条件，严厉整顿不合格的驾培机构，进一步规范驾培市场经营行为，净化市场环境。同时，省级监管服务平台建设应用工作已经启动，将利用信息化技术手段，加强驾培机构相关数据及学时推送的审核管理，实现驾培机构的备案管理和学员学驾全过程的动态监管，提升驾培行业监管能力和水平。

（三）无锡市驾培市场投资风险预警

1. 无锡市机动车驾驶培训市场现状

截至2016年底，无锡市从事各类机动车驾驶培训机构（以下简称驾培机构）共51所，其中无锡市区33所，江阴市7所，宜兴市11所。全市驾培机构拥有各类教学车辆近共3400辆，注册机动车驾驶培训教练员4500余名。

2016年度，全市新增驾培机构5所，新增教练车200余辆，年培训能力达到24万余人。

2016年度全市共有16.05万名学员报名学车（含已退学2000余人），同比下降2.51%，其中无锡市区8.9万人，同比下降3.42%，江阴市46142人，同比下降2.17%，宜兴市25582人，同比下降0.56%。与2015年度相比，全市70%的驾培机构报名人数出现了不同程度的负增长，其中降幅超过10%的驾培机构占总数的34.78%。

随着无锡驾驶培训能力的逐年增长，生源的减少，目前整个市场呈现供大于求的局面，市场竞争，尤其是招生方面的竞争较为激烈。

表1 无锡市2012~2016年招生情况

年度	2012年	2013年	2014年	2015年	2016年
招生人数（万人）	19.83	14.5	17.8	16.47	16.05

2. 筹建驾驶员培训机构所面临的风险

随着近几年无锡市驾培市场的大发展，驾培机构培训能力不断提高，市场已趋于饱和。在目前宏观经济持续下行的大背景下，无锡驾培市场需求明显下降、市场竞争日趋激烈，投资新办驾培机构将面临较大风险。

（1）驾培改革的影响

一是驾培市场进一步放开后，符合国家标准的规定、采取"先培后付"新模式的经营方式即可申办驾培机构，市场供给的增加将加剧驾培机构间的竞争；二是实行计时培训计时收费后，驾培机构将在设施设备、人员工资、燃料油耗等方面投入增加，生产成本明显提高。

（2）人口结构变化的影响

受计划生育政策影响，我国19~22周岁年龄段的人口从2012年起快速减少。而青年人正是驾培市场上消费的主力军。据统计，无锡近几年30周岁以下学员人数占总数的65%左右。青年人口数量的减少直接导致了驾培市场上需求总量的下降。

（3）驾校筹建和运营成本的影响

根据《机动车驾驶员培训管理规定》《江苏省机动车驾驶人培训管理办法》和国家标准《机动车驾驶员培训机构资格条件》（GB/T 30340-2013）、《机动车驾驶员培训教练场技术要求》（GB/T 30341-2013）中的有关开设驾培机构的规定和条件，新办一所驾培机构对场地要求较高，基础建设投资成本较大。驾培机构建成投入经营后，其场地租金、教学车辆和场地设施维护、燃料消耗、人员工资等固定成本也较高。

综上，在目前培训能力充足而生源下降，整个市场趋于饱和，驾培机构筹建和运营成本较高的情况下，新办驾培机构将面临着不小的投资风险。

为此，无锡市交通运输管理处特发布无锡市机动车驾驶培训市场投资预警，建议拟新申办驾培机构的投资者，在申办驾培机构前期，对无锡市驾培市场进行全面的调查研究，正确评估投资风险、谨慎投资，避免造成投资损失。

社会科学文献出版社　　**皮书系列**

❖ 皮书起源 ❖

"皮书"起源于十七、十八世纪的英国，主要指官方或社会组织正式发表的重要文件或报告，多以"白皮书"命名。在中国，"皮书"这一概念被社会广泛接受，并被成功运作、发展成为一种全新的出版形态，则源于中国社会科学院社会科学文献出版社。

❖ 皮书定义 ❖

皮书是对中国与世界发展状况和热点问题进行年度监测，以专业的角度、专家的视野和实证研究方法，针对某一领域或区域现状与发展态势展开分析和预测，具备原创性、实证性、专业性、连续性、前沿性、时效性等特点的公开出版物，由一系列权威研究报告组成。

❖ 皮书作者 ❖

皮书系列的作者以中国社会科学院、著名高校、地方社会科学院的研究人员为主，多为国内一流研究机构的权威专家学者，他们的看法和观点代表了学界对中国与世界的现实和未来最高水平的解读与分析。

❖ 皮书荣誉 ❖

皮书系列已成为社会科学文献出版社的著名图书品牌和中国社会科学院的知名学术品牌。2016年，皮书系列正式列入"十三五"国家重点出版规划项目；2013~2018年，重点皮书列入中国社会科学院承担的国家哲学社会科学创新工程项目；2018年，59种院外皮书使用"中国社会科学院创新工程学术出版项目"标识。

中国皮书网

（网址：www.pishu.cn）

发布皮书研创资讯，传播皮书精彩内容
引领皮书出版潮流，打造皮书服务平台

栏目设置

关于皮书：何谓皮书、皮书分类、皮书大事记、皮书荣誉、皮书出版第一人、皮书编辑部

最新资讯：通知公告、新闻动态、媒体聚焦、网站专题、视频直播、下载专区

皮书研创：皮书规范、皮书选题、皮书出版、皮书研究、研创团队

皮书评奖评价：指标体系、皮书评价、皮书评奖

互动专区：皮书说、社科数托邦、皮书微博、留言板

所获荣誉

2008年、2011年，中国皮书网均在全国新闻出版业网站荣誉评选中获得"最具商业价值网站"称号；

2012年，获得"出版业网站百强"称号。

网库合一

2014年，中国皮书网与皮书数据库端口合一，实现资源共享。

权威报告·一手数据·特色资源

皮书数据库
ANNUAL REPORT(YEARBOOK) DATABASE

当代中国经济与社会发展高端智库平台

所获荣誉

- 2016年,入选"'十三五'国家重点电子出版物出版规划骨干工程"
- 2015年,荣获"搜索中国正能量 点赞2015""创新中国科技创新奖"
- 2013年,荣获"中国出版政府奖·网络出版物奖"提名奖
- 连续多年荣获中国数字出版博览会"数字出版·优秀品牌"奖

成为会员

通过网址www.pishu.com.cn或使用手机扫描二维码进入皮书数据库网站,进行手机号码验证或邮箱验证即可成为皮书数据库会员(建议通过手机号码快速验证注册)。

会员福利

- 使用手机号码首次注册的会员,账号自动充值100元体验金,可直接购买和查看数据库内容(仅限使用手机号码快速注册)。
- 已注册用户购书后可免费获赠100元皮书数据库充值卡。刮开充值卡涂层获取充值密码,登录并进入"会员中心"—"在线充值"—"充值卡充值",充值成功后即可购买和查看数据库内容。

数据库服务热线:400-008-6695
数据库服务QQ:2475522410
数据库服务邮箱:database@ssap.cn
图书销售热线:010-59367070/7028
图书服务QQ:1265056568
图书服务邮箱:duzhe@ssap.cn

社会科学文献出版社 皮书系列
卡号:932188842144
密码:

中国社会发展数据库（下设12个子库）

全面整合国内外中国社会发展研究成果，汇聚独家统计数据、深度分析报告，涉及社会、人口、政治、教育、法律等12个领域，为了解中国社会发展动态、跟踪社会核心热点、分析社会发展趋势提供一站式资源搜索和数据分析与挖掘服务。

中国经济发展数据库（下设12个子库）

基于"皮书系列"中涉及中国经济发展的研究资料构建，内容涵盖宏观经济、农业经济、工业经济、产业经济等12个重点经济领域，为实时掌控经济运行态势、把握经济发展规律、洞察经济形势、进行经济决策提供参考和依据。

中国行业发展数据库（下设17个子库）

以中国国民经济行业分类为依据，覆盖金融业、旅游、医疗卫生、交通运输、能源矿产等100多个行业，跟踪分析国民经济相关行业市场运行状况和政策导向，汇集行业发展前沿资讯，为投资、从业及各种经济决策提供理论基础和实践指导。

中国区域发展数据库（下设6个子库）

对中国特定区域内的经济、社会、文化等领域现状与发展情况进行深度分析和预测，研究层级至县及县以下行政区，涉及地区、区域经济体、城市、农村等不同维度。为地方经济社会宏观态势研究、发展经验研究、案例分析提供数据服务。

中国文化传媒数据库（下设18个子库）

汇聚文化传媒领域专家观点、热点资讯，梳理国内外中国文化发展相关学术研究成果、一手统计数据，涵盖文化产业、新闻传播、电影娱乐、文学艺术、群众文化等18个重点研究领域。为文化传媒研究提供相关数据、研究报告和综合分析服务。

世界经济与国际关系数据库（下设6个子库）

立足"皮书系列"世界经济、国际关系相关学术资源，整合世界经济、国际政治、世界文化与科技、全球性问题、国际组织与国际法、区域研究6大领域研究成果，为世界经济与国际关系研究提供全方位数据分析，为决策和形势研判提供参考。

法律声明

"皮书系列"(含蓝皮书、绿皮书、黄皮书)之品牌由社会科学文献出版社最早使用并持续至今,现已被中国图书市场所熟知。"皮书系列"的相关商标已在中华人民共和国国家工商行政管理总局商标局注册,如LOGO( )、皮书、Pishu、经济蓝皮书、社会蓝皮书等。"皮书系列"图书的注册商标专用权及封面设计、版式设计的著作权均为社会科学文献出版社所有。未经社会科学文献出版社书面授权许可,任何使用与"皮书系列"图书注册商标、封面设计、版式设计相同或者近似的文字、图形或其组合的行为均系侵权行为。

经作者授权,本书的专有出版权及信息网络传播权等为社会科学文献出版社享有。未经社会科学文献出版社书面授权许可,任何就本书内容的复制、发行或以数字形式进行网络传播的行为均系侵权行为。

社会科学文献出版社将通过法律途径追究上述侵权行为的法律责任,维护自身合法权益。

欢迎社会各界人士对侵犯社会科学文献出版社上述权利的侵权行为进行举报。电话:010-59367121,电子邮箱:fawubu@ssap.cn。

社会科学文献出版社